“十四五”全国统计规划教材

U0893021

寿险精算学

史维良◎编著

中国统计出版社
China Statistics Press

图书在版编目(CIP)数据

寿险精算学 / 史维良编著. -- 北京 : 中国统计出版社, 2024. 12. --(“十四五”全国统计规划教材).

ISBN 978-7-5230-0542-2

Ⅰ. F840.622

中国国家版本馆CIP数据核字第2024WE1222号

寿险精算学

作　　者/史维良
责任编辑/徐　颖
封面设计/黄　晨
出版发行/中国统计出版社有限公司
通信地址/北京市丰台区西三环南路甲6号　邮政编码/100073
发行电话/邮购(010)63376909　书店(010)68783171
网　　址/http://www.zgtjcbs.com/
印　　刷/三河市双峰印刷装订有限公司
经　　销/新华书店
开　　本/710mm×1000mm　1/16
字　　数/246千字
印　　张/12.75
版　　别/2024年12月第1版
版　　次/2024年12月第1次印刷
定　　价/36.00元

版权所有,侵权必究。

如有印装差错,请与发行部联系退换。

国家统计局
全国统计教材编审委员会第七届委员会

主　　任:毛有丰

副 主 任:文兼武　金　红　刘爱华　赵彦云

邱　东　徐勇勇　肖红叶　耿　直

委　　员:(按姓氏笔画排序)

王晓军　毛有丰　文兼武　叶礼奇　刘爱华

李金昌　肖红叶　邱　东　宋旭光　陈　峰

金　红　周　勇　赵彦云　阎海琪　耿　直

徐勇勇　郭建华　程维虎　曾五一

学术委员:(按姓氏笔画排序)

王　震　王兆军　刘　扬　刘定平　阮　敬　杜金柱

李　萍　李金昌　杨　灿　肖红叶　吴喜之　何书元

汪荣明　陈　峰　罗良清　金勇进　周　勇　赵彦云

柯惠新　洪永淼　耿　直　夏结来　徐勇勇　郭建华

唐年胜　梁景予　蒋　萍　程淮中　程维虎　曾五一

专业委员:(按姓氏笔画排序)

于声涛　万国京　万崇华　马　骏　王　彤　王　震

王汉生　王兆军　王学钦　尹建鑫　石　磊　石玉峰

平卫英　卢兆丰　田百洲　史代敏　冯兴东　吕光明

朱　胜　朱启贵　朱建平　向书坚　刘　洪　刘玉秀

刘立丰　刘立新　刘定平　米子川　阮　敬　苏为华

杜金柱　李　元　李　勇　李　勇　李　萍　李丽莉

李金昌　李朝鲜　杨　军　杨仲山　杨汭华　杨贵军

吴海山　吴德胜　余华银　汪博兴　宋丙涛　张　波

张宝学　张钟文　张维群　张景肖　陈　明　陈　欣

陈　峰　林华珍　罗良清　周　勇　郑　明　房祥忠

郝元涛　胡太忠　胡晓晖　钟新联　洪永淼　秦宗槐

夏结来　徐国祥　郭建华　唐年胜　唐晓彬　曹显兵

梁景予　韩志刚　程淮中　程维虎　傅德印　舒红平

谢　桦　虞文武　薛付忠　戴延寿

前 言

精算学于1988年引入我国，随着保险事业的飞速发展，精算理论与精算实务作为保险业发展的基础也得到了深入发展。精算学是以概率论和数理统计为基础，利用数理统计模型来估计和分析未来不确定事件（风险）产生的影响，特别是对于财务的影响。保险精算学就是在此基础上发展起来的，用来研究保险事故的出险规律、保险事故损失额的分布规律、保险人承担风险的平均损失和分布规律、保险费和责任准备金等保险具体问题计算方法的应用科学。毫无疑问，精算学主要应用在保险领域，同时与金融、投资和风险管理等领域的关系日益密切。

精算学通常被分为寿险精算和非寿险精算，本书是寿险精算学。即将人寿保险精算作为主要内容，主要讲述生命表基本理论；人寿保险基本理论和基本算法；生存年金的基本理论和基本算法；保费和责任准备金的厘定原理和基本算法。本教材读者的定位是精算学专业、保险学和金融学等非纯粹的精算专业的本科生，因此在编写过程中主要运用图示法、图表数据和文字等比较直观的方法介绍寿险精算学的理论和方法。本书编者参考了大量国内外精算教材与文献，认真取舍，精心编排，并结合非研究型院校的特点和培养目标，力图在精算实践上有所突破，从而使本教材内容更充实、更具实践意义。

由于作者水平有限，时间仓促，书中的缺点和错误在所难免，恳请广大读者提出宝贵意见。

编者

2024年6月29日

出版说明

教材之于教育,如行水之舟楫。统计教材建设是统计教育事业的重要基础工程,是统计教育的重要载体,起着传授统计知识、培育统计理念、涵养统计思维、指导统计实践的重要作用。

全国统计教材编审委员会(以下简称编委会)成立于1988年,是国家统计局领导下的全国统计教材建设工作的最高指导机构和咨询机构,承担着为建设中国统计教育大厦打桩架梁、布设龙骨的光荣而神圣的职责与使命。自编委会成立以来,共组织编写和出版了“七五”至“十三五”七轮全国统计规划教材,这些规划教材被全国各院校师生广泛使用,对中国统计教育事业作出了积极贡献。

党的十九届五中全会审议通过的《中共中央关于制定国民经济和社会发展第十四个五年规划和二〇三五年远景目标的建议》,为推进统计现代化改革指明了方向,提供了重要遵循。实现统计现代化,首先要提升统计专业素养,包括统计知识、统计观念和统计技能等方面要适应统计现代化建设需要,从而提出了统计教育和统计教材建设现代化的新任务新课题。编委会深入学习贯彻党的十九届五中全会精神,准确理解其精神内涵,围绕国家重大现实问题、基础问题和长远问题,加强顶层设计,扎实推进“十四五”全国统计规划教材建设。本轮规划教材在组织编写和出版中重点把握以下方向:

1. 面向高等教育、职业教育、继续教育分层次着力打造全系列、成体系的统计教材优秀品牌。

2. 围绕统计教育事业新特点,组织编写适应新时代特色的高质量高水平的优秀统计规划教材。

3. 积极利用数据科学和互联网发展成果,推进统计教育教材融媒体发展,实现统计规划教材的立体化建设。

4. 组织优秀统计教材的版权引进和输出工作,推动编委会工作迈上新台阶。

5. 积极组织规划教材的编写、审查、修订、宣传评介和推广使用。

“十四五”期间,本着植根统计、服务统计的理念,编委会将不忘初心、牢记使命,充分利用优质资源,继续集中优势资源,大力支持统计教材发展,进一步推动统计教育、统计教学、统计教材建设,进一步加强理论联系实际,有序有效形成合力,继续创新性开展统计教材特别是规划教材的编写研究,为培养新一代统计人才献智献策、尽心尽力。

同时,编委会也诚邀广大统计专家学者和读者参与本轮规划教材的编写和评审,认真听取统计专家学者和读者的建议,组织编写出版好规划教材,使规划教材能够在以往的基础上,百尺竿头,更进一步,为我国统计教育事业作出更大贡献。

国家统计局

全国统计教材编审委员会

2021年9月

目 录

第一章 总论

第一节 精算学的起源与发展

精算科学起源于人寿保险中的保费计算，是为适应寿险业发展的需要产生和发展起来的。1693年，哈雷彗星的发现者英国著名天文学家爱德华·哈雷发表了世界上第一个完整的死亡表，用科学的方法精确算出各年龄段人口的死亡率，为寿险的形成奠定了科学的基础。18世纪中期，托马斯、辛普森根据哈雷的死亡表构造了依死亡率变化而变化的保险费率表，后来詹姆斯·多德森又根据年龄的差异确定了更为精确的保险费率表，进一步为精算奠定了基础。1762年世界第一家寿险公司——伦敦公平保险公司的成立，标志着现代寿险制度的建立。该公司以死亡率表为依据，采用均衡保费理论计算保费，标志着寿险精算的开始。

精算科学最初应用于人寿和年金保险中对人口死亡率的估计，逐步扩展到非寿险、养老金、社会保障等领域。在保险领域，精算学主要研究人寿、健康、财产、意外伤害、退休等事故的出险规律、损失的分布规律、保费的厘定、保险产品的设计、准备金的提取、盈余的分配、基金的投资、资产负债管理、偿付能力管理等，以确保保险公司经营的稳健发展。在社会保障事业中，精算科学研究退休、医疗、失业、工伤、生育等保障的成本与债务分配方案以及基金投资方案等，为社会保障事业的经济安全性和财务稳定性提供定量分析依据。

风险是指事件发生的不确定性，风险的发生既可能造成损失，也可能带来收益。在保险中由于人们更关心风险造成损失的发生，因此风险常被定义为未来损失发生的不确定。在人们的日常生活和社会经济领域中，风险无处不在，无时不有。人们可能会由于死亡给家庭带来损失；由于疾病付不起医疗费丧失治疗机会给身体和生命带来损失；由于老年无所依靠生活难以自理而使老年生活难以维持等；也有可能由于各种自然灾害或者意外事故造成家庭财产的损失；或者由于过失行为或侵权行为造成他人财产的损毁或人身伤亡等。保险经营的对象正是风险，通过投保将风险造成的损失转移给保险人，由众多面临同类风险的投保者共同分担损失，从而减少和避免风险造成的损失。精算科学就是保险经营的科学基础，投保者以保费的形式通过购买保险公司发行的保单实现风险转移,保单的价格由它所承担风险的出险概率和损失大小决定,投保者面临的风险和损失大小要在实际的风险和损失发生后才能确定。因此保险经营成本即保单的价格是保险契约成立之前的计算,而出险后的保险金的赔偿是在保单销售之后。为应付未来成本投保时收取的保险费,与未来实际发生的现实成本存在时间差,这就需要运用精算学方法预先估计保险成本并依据保费交纳时期的长短对保险成本进行分摊,确定保险费率。因此精算科学是对风险的评价和可能产生的财务结果进行预先评估的方法体系,包括对风险发生规律的认识、对损失的评价、对损失分摊方案的分析等。社会保障制度的建立和发展,需要根据社会经济、人口的发展状况,运用精算学方法对退休、疾病、失业、工伤、生育等风险进行评价,科学评估各种风险下社会保障的成本和债务,研究合理分摊债务的方法,为有效的社会保障制度提供数量分析依据。

第二节　保险精算学的理论基础及基本原理

保险精算学是以现代数学和概率论与数理统计为基础,对保险经营管理的各个环节进行数量分析,为保险业提高管理水平、制定策略和做出经营管理决策提供科学依据和工具的一门学科。概率论、利息理论和生命表技术的发展为精算科学的研究发展奠定了理论基础。在保险和社会保障领域,精算科学通过对风险事件及其损失的预先评价,实现科学的风险管理,为保险和社会保障事业的财务稳健发展提供基本保障。但精算并不仅限于寿险精算,它还包括非寿险精算。因寿险和非寿险在保险标的、保额、保险期限、保险合同的性质、承保的风险的均匀性、保费的估算方法都有所不同,故对二者的精算方法也不同。对寿险精算来说,一个重要课题就是估计被保险人的生、老、病、死、残的概率;对非寿险精算来说,因保险事故造成的损失受很多不确定因素的影响,如何估计未来损失的分布就显得尤为重要。非寿险精算的发展晚于寿险精算的发展,但随着科学技术的发展,非寿险精算的理论日益完善,已成为独立于寿险精算的一门学科。

由于人身保险的保险标的是人的生命和身体,因此保险事故发生带来的损失很难用价值标准衡量。故人身保险事故发生时,保险人的赔偿金额即保险金额一般根据投保人的经济收入水平、生活水平和缴费能力等,由投保人和保险人协商,在契约成立时预先确定。

进行人身保险精算时首先要研究被保险人遭受危险事件的出险率及出险率的变动规律。出险率是发生危险事故的概率,对于人寿保险而言即是被保险人的死亡概率或者存活概率,而死亡概率和存活概率又是互补的,因此通常只需研究其中之一的变动规律即可,故人寿保险是以生命表理论研究被保险人的死亡规律的。1662年,格朗特(Graunt)运用英国的死亡数据研究了一组人的死亡和生存规律,奠定了生命表的基础。1671年荷兰数学家约翰•德•威特(John De Witt)完成了生命年金的理论研究,并根据人的死亡概率计算出生命年金的现值。1693年,英国著名数学家、天文学家爱德华•哈雷(Edwar Hally)编制完成了世界上第一份生命表(死亡表),它精确地表示了每岁人的死亡率,反映了不同人群的生命风险及其规律。关于生命表和生命年金理论的研究,特别是生命表的编制完成,在人寿保险发展史上是一个里程碑,它为寿险精算技术和现代人寿保险制度奠定了科学的数理基础。人寿保险通常是长期契约,在保险期内保险事故总会发生,而保险给付额通常是事先约定好的,因此利率对保险费率的厘定影响很大,而通常无须考虑保险事故发生的频率和损失幅度。因此应该计算保险费和保险金的利息,比如在计算保险期初或期末的保险费价值时,应该以不同时期交纳的保险费为本金在一定利率下以复利的形式计算它们的现值和终值。17世纪初发表的复利理论,为研究保险和养老金资产投资奠定了基础。1657年,荷兰数学家克里斯蒂安·惠更斯(Christiaan Huygens)发表了关于概率计算的文章,奠定了精算科学的概率基础。

危险事故的发生针对单个人而言是随机的、不可测的,而对社会总体是必然的、确定的。保险是将个别风险单位的某些风险转移到保险公司,保险公司利用在大多数情况下损失发生的相对稳定性使风险分散,由各投保人公平合理地共同分担总的损失。对单个投保人来说,损失的发生是不确定的,且在其把风险转移给保险公司后,损失发生的不确定性并没有消失,只是从保险公司的整体方面来看,损失发生的不确定性被消除了,这就是概率论中的大数定律,是保险精算的一个基本原理。大数定律是指随机现象在每次独立观察中出现的偶然性将在大量重复观察中呈现必然的规律性。因此当面临同样风险且相互独立的被保险人组成被保险集团时,相当于对随机事件进行多次重复观察,被保险集团中发生危险事件的频率随着被保险人数增多而趋于稳定值,这个稳定值就是危险事件发生的概率,也正是被保险人面临危险事故的可能性。

单个被保险人遭遇危险事故是随机的,不可测的,通过保险,在一定风险下,保险人把单个被保险人面临的不确定的损失转移到自己身上,也就把不确定的损失转移为保险人对全体被保险人确定的损失补偿额。根据保险人和被保险人权利与义务的对等关系,即保险人承担风险的开支与获得保险费的收入相等,或被保险人通过保险避免的损失额与交纳的保费相等,就可以进行基本精算。保险公司按照风险大小确定的保费称为纯保费,按照契约规定出险赔付的金额称为保险金。从总体上看,纯保费收入总额与保险金支付总额相等,以维持保险公司收支平衡。这就是精算学上的“收支平衡原则”，或者称为“精算等价原理”，是保险公司进行保费计算的重要原理和依据。

保险经营的风险在于未来实际发生的损失是否与估计的期望损失值一致，每个投保人应交的纯保费必与其分担的损失的期望值相等。保险人是以出险率为基础计算保险费的，只有当投保人数足够多时，出险频率才趋于稳定的概率值，否则实际发生保险事故的频率可能偏离概率值，从而可能使保险人因对所承担的风险估计产生偏差而蒙受损失。由大数定律可知，投保人数愈多，实际损失与期望损失值愈接近，保险经营愈稳固。因此合理的保险经营必须维持最小限度的投保人数，并不断使投保人数增加。

第三节 保险的概念和种类

众所周知，保险是保险人(或称保险公司)与投保人之间的一种契约：即众多面临某种风险的人自愿共同筹集保险基金，以保险费的形式向保险人交纳，当保险事故发生时，由保险人负责给出险的被保险人或指定的受益人赔偿一定的保险金额。

人身保险是以人的生命和身体为保险标的的保险，其保险事故是指人的生、老、病、死、残、失业等。人身保险依保险事故的不同可以分为人寿保险、健康保险和人身意外伤害保险。其中人寿保险是指在保险期内以被保险人的生存和死亡为保险事故的保险。即被保险人在保险期内死亡或生存到一定年龄，保险人按照契约的约定给付相应的保险金。健康保险又称为疾病保险，是指在保险期内被保险人因疾病不能从事正常工作或因疾病造成伤残或死亡时，依照契约由保险人负责给付保险金的保险。意外伤害保险是指在保险期内，由于被保险人遭受外来的、突发的意外事故，致使其身体伤残或死亡时，依照契约由保险人负责给付保险金的保险。健康保险和人身意外伤害保险与本书所讲的精算不是一个体系，这里不再赘述。

由于人寿保险在人身保险中占绝大比例，因此也把人寿保险称为狭义的人身保险，或简称为寿险。与之相对应，把非人身保险，如财产保险、责任险、农业保险等统称为非寿险。人寿保险可分为死亡保险、生存保险和生死合险，其中死亡保险是指在保险期内以被保险人死亡为保险金给付条件的保险；生存保险是指在保险期内以被保险人生存为保险金给付条件的保险。按照保险金给付方式可分为纯粹的生存保险和生存年金。在实际操作中，一般不开办纯粹的生存保险，它常与死亡保险组成生死合险的形式。生死合险又称两全保险，是生存保险和死亡保险的组合。在保险期内若被保险人死亡则给付死亡保险金，若存活则给付生存保险金。

第二章 寿命分布与生命表理论

人寿保险是在保险期内以被保险人的生存或死亡为保险金给付条件的保险，因此被保险人的寿命长短是保险人关心的问题。而一个人的寿命是无法事先确定的，通过概率计算讨论死亡年龄的概率分布，进而描述死亡的规律是本章的关键所在。事实上，在寿险中，保险费率的厘定、责任准备金的提取、保单现金价值的计算及保单红利的分配都需要考虑死亡率这个重要因素，而各年龄的死亡率构成了一张生命表，也就是说所有这些计算都建立在生命表基础之上，因此生命表的研究是寿险精算的研究基础。

第一节 寿命分布

寿命分布是以被保险人的死亡或生存状况，即生命状态为研究对象，通过计算死亡概率或生存概率等函数，来讨论其概率分布规律的，这是建立寿险精算模型的重要基础。

我们把从出生到死亡的时间长度称为一个人的寿命，这是不能事先确定的，因此在概率上称为随机变量，记为X，这是一个连续型随机变量。在寿险中，我们定义被保险人的生存和死亡时间为随机变量，即保险人的责任给付时间为随机变量，在此前提下进行保费、责任准备金、现金价值等的计算。这里为了简化问题，假设利率为常数，记为预定利率，而不是随机变量。

被保险人既可考察单个被保险人，即“单一生命状态”，也可以考察两个或两个以上的被保险人，即“多生命状态”。这里我们考察的是单一生命状态的寿命分布情况。虽然我们不能确定一个人的寿命可以有多长，但是了解有关寿命的某些情况，讨论死亡年龄的寿命分布规律，是建立寿险精算模型的基础。

一、死亡年龄的概率分布

（一）连续型死亡年龄的概率分布

假设新生婴儿的死亡年龄是X，它是一个连续型随机变量，$F(x)$是X的分布函数，则：

$$F(x)=P_r(X\leqslant x)\quad(x\geqslant 0)$$

这是指新生儿在x岁之前死亡的概率。

显然，有$F(0)=0$。

假设随机变量X的分布函数$F(x)$是连续可导的，且$f(x)$是随机变量X的概率密度函数，则：

$$f(x)=F'(x)$$

或

$$F(x)=\int_0^x f(t)\,dt$$

其均值与方差分别是：

$$E(X)=\int_0^{+\infty}xf(x)\,dx$$

$$D(X)=\int_0^{+\infty}[x-E(X)]^2dx=E(X^2)-[E(X)]^2$$

（二）离散型死亡年龄的概率分布

生命表描述了人口在整数年龄上存活和死亡的规律。若将新生婴儿的死亡年龄X取整数值即整数年龄，并用字母K表示，即$K=[X]$，此时K为离散型随机变量，则离散型随机变量K的概率分布律为：

表2.1 离散型随机变量K的概率分布律

死亡年龄(K)	0	1	2	3	…
概率(q)	q_0	q_1	q_2	q_3	…

其中，$\sum_{i=0}^{\infty}q_i=1$，$q_i\geqslant 0$（$i=0,1,2,3,\cdots$）。

其分布函数为：

$$F(k)=\sum_{i\leqslant k}q_i,\ i\geqslant 0$$

均值和方差分别是：

$$E(K)=\sum_{i=0}^{\infty}iq_i$$

$$\mathrm{Var}(K)=\sum_{i=0}^{\infty}[i-E(K)]^2q_i=E(K^2)-[E(K)]^2$$

寿命分布除了用分布函数$F(x)$来描述外，还经常用另一个分布函数即生存函数来表示。

二、生存函数

假设新生婴儿的死亡年龄是随机变量X,其分布函数为$F(x)$,则定义生存函数为$S(x)$,即:

$$\begin{aligned} S(x) &= P_r(X > x) \\ &= 1 - P_r(X \leqslant x) \\ &= 1 - F(x) \quad (x \geqslant 0) \end{aligned} \tag{2.1}$$

这是指新生儿活过x岁的概率,它表示了一个人的生存概率。

显然,有$S(0)=1$。

即精算模型中只对那些出生时是活着的婴儿进行计算。

可以看出,函数$F(x)$与$S(x)$都可以描述新生婴儿能活到x岁的概率,但是在概率论与数理统计学中,人们习惯于用分布函数$F(x)$来描述,而在精算学和人口统计学中,常以生存函数$S(x)$来研究。

从分布函数$F(x)$的性质,可得到生存函数有如下基本性质:

1.$S(0)=1$, $\lim\limits_{x \to +\infty} S(x) = 0$;

2.$S(x)$是一个关于x的单调递减函数;

3.$S(x)$是一个右连续函数。

关于生存函数$S(x)$的一般图形,如图2.1所示。

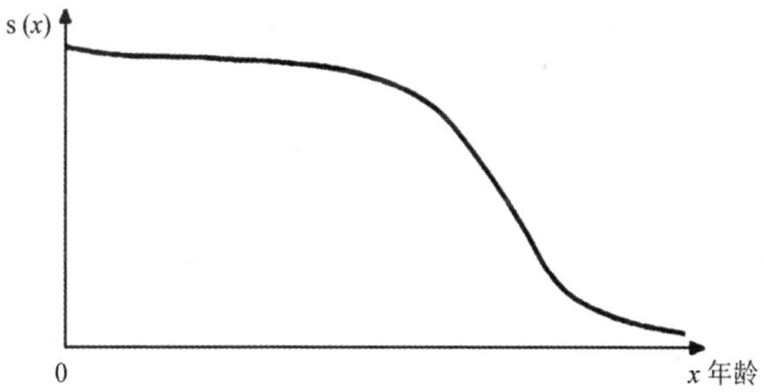

图2.1 生存函数

三、寿命分布的几种表现形式

1.新生婴儿在年龄x岁与z岁$(x<z)$之间死亡的概率是:

$$P_r(x < X \leqslant z) = F(z) \quad F(x) = s(x) - s(z) \tag{2.2}$$

2.新生婴儿在x岁活着的条件下,在年龄x与$z(x<z)$岁之间死亡的概率是:

$$P_r(x < X \leqslant z | X > x) = \frac{P_r(x < X \leqslant z \cap X > x)}{P_r(X > x)}$$

$$= \frac{P_r(x < X \leqslant z)}{P_r(X > x)}$$

$$= \frac{F(z) - F(x)}{1 - F(x)}$$

$$= \frac{s(x) - s(z)}{s(x)}$$

$$= 1 - \frac{s(z)}{s(x)} \tag{2.3}$$

3.一般地,新生婴儿在x岁活着的条件下,于年龄y岁与$z\left(x < y < z\right)$岁之间死亡的条件概率是:

$$P_r(y < X \leqslant z | X > x) = \frac{P_r(y < x \leqslant z)}{P_r(X > x)}$$

$$= \frac{F(z) - F(y)}{1 - F(x)}$$

$$= \frac{s(y) - s(z)}{s(x)} \tag{2.4}$$

例2.1 计算下列概率分布:

(1)新生婴儿活过30周岁的概率;

(2)新生婴儿在50岁之前死亡的概率;

(3)30岁的人在未来一年的死亡概率;

(4)30岁的人在40岁至50岁之间死亡的概率。

解 假设新生婴儿的死亡年龄是随机变量X,则:

(1) $$P(X > 30) = S(30)$$

(2) $$P(X \leqslant 50) = F(50)$$

(3) $$P(30 < X \leqslant 31 | X > 30) = \frac{F(31) - F(30)}{1 - F(30)} = \frac{S(30) - S(31)}{S(30)} = 1 - \frac{S(31)}{S(30)}$$

(4) $$P(40 < X \leqslant 50 | X > 30) = \frac{F(50) - F(40)}{1 - F(30)} = \frac{S(40) - S(50)}{S(30)}$$

四、余命分布

在购买保险时,被保险人是已经活到某个年龄x岁的人,假设被保险人的死亡年龄是随机变量X,这时寿险公司更加关心的是被保人在投保后未来还能活多久的概率,也即被保险人的剩余寿命$X - x$的分布。我们用(x)表示一个x岁的人,则$T(x) = X - x$表示其剩余寿命,简称余命随机变量。在不引起混淆的情况下也将随机变量$T(x)$简记为T。

在考虑一个x岁的人的余命T时，我们已经知道这个人活到了x岁，即已知$X > x$，那么T的分布就是已知$X > x$时X的条件分布，有关T的概率就是在已知$X > x$时相应的X的条件概率。记T的分布函数为$F_T(t)$，则有x岁的人投保后在时间t之前死亡的概率：

$$\begin{aligned} F_T(t) &= P_r(T \leqslant t) \\ &= P_r(X \leqslant x + t | X > x) \\ &= \frac{F(x+t) - F(x)}{1 - F(x)} \\ &= \frac{S(x) - S(x+t)}{S(x)} \\ &= 1 - \frac{S(x+t)}{S(x)} \quad (x \geqslant 0) \end{aligned} \tag{2.5}$$

设余命随机变量T的密度函数为$f_T(t)$，则：

$$f_T(t) = F'(t) = [1 - \frac{S(x+t)}{S(x)}]' = -\frac{S(x+t)'}{S(x)} \tag{2.6}$$

在寿险经营业务中，讨论余命随机变量$T(x)$的概率分布具有重要的现实意义，但是在实际业务运作中，可操作性较差，因此需要引入离散型余命随机变量。

设$K(x)$表示(x)未来寿命的周年数，它是余命随机变量$T(x)$的最大取整部分，即简记为K，即：

$$K(x) = [T(x)]$$

例如：某年龄为30岁的人，在35岁零9个月时死亡，则他的余命$T(30) = 5.75$，取整余命$K(30) = 5$，即他从30岁往后活过的整年数是5年。

对于任意非负整数K，有：

$$P_r(K(x) = k) = P_r(k \leqslant T(x) < k + 1),\ k = 0,1,2\cdots$$

（一）生命表函数

生命表是反映一批人从出生到陆续死亡全过程的一种统计表。这里观察的这一批人，不包括因出生的新增人口和迁入迁出的人口，即是封闭人口。生命表中的内容用生命表函数来表示，用来反映一些寿命分布规律。具体描述如下：

1. (x)：表示x岁的人，在这里表示x岁投保的人，也即x岁活着的人。

2. $x \sim x + n$：表示两个确切整数年龄间的生存时期。

3. l_x：存活到确切整数年龄x岁的人口数。其中$x = 0,1,\cdots,w - 1$。l_x是同时出生的一批人数，我们关注的是这批人在生命期的死亡规律，即各年龄的死亡规律。在生命表中，一般选择0岁为初始年龄，此年龄的人数通常取整数如10万，100万，1000万等。其中w是生命表的年龄上限，是指人的极限年龄；人口存活的最高年龄为$w - 1$。

4. d_x：x岁的人在$x \sim x+1$岁上死亡的人数。即x岁的人在$x+1$岁前死亡的人数。生命表中0岁的人数l_0经过一年要死去一部分，这部分死亡人数记为d_0，到1岁时存活的人数记为人l_1，经过一年又死去d_2，以此类推，有：

$$\begin{gathered} l_0 - d_0 = l_1 \\ l_1 - d_1 = l_2 \\ \vdots \\ l_x - d_x = l_{x+1} \end{gathered} \tag{2.7}$$

由于在最高年龄w上没有存活人数，$l_w = 0$，因此：

$$l_{w-1} - d_{w-1} = l_w = 0$$

故

$$l_{w-1} = d_{w-1} \tag{2.8}$$

由(2.7)式得：

$$\begin{aligned} l_x &= d_x + l_{x+1} \\ &= d_x + d_{x+1} + l_{x+2} \\ &= d_x + d_{x+1} + d_{x+2} + \cdots + l_{w-1} \\ &= d_x + d_{x+1} + d_{x+2} + \cdots + d_{w-1} \\ &= \sum_{t=0}^{w-1-x} d_{x+t} \end{aligned}$$

则：

$$l_0 = d_0 + d_1 + d_2 + \cdots + d_{w-1} = \sum_{t=0}^{w-1} d_x \tag{2.9}$$

${}_n d_x$：x岁的人在$x \sim x+n$岁死亡的人数。即(x)经过n年的死亡人数。当$n=1$时，记为d_x，则：

$${}_n d_x = l_x - l_{x+n} \tag{2.10}$$

5. q_x：x岁的人的死亡概率。指x岁的人存活到$x+1$岁前死亡的概率，即(x)在$x \sim x+1$的死亡概率。则：

$$q_x = \frac{d_x}{l_x}$$

即以在$x \sim x+1$岁的死亡人数与x岁的存活人数l_x的比例表示。

p_x：x岁的存活概率。即$x+1$岁上的存活人数与x岁上存活人数的比例：

$$p_x = \frac{l_{x+1}}{l_x} = 1 - q_x$$

${}_n q_x$：x岁的人在$x \sim x+n$岁的死亡概率。即x岁的人存活到$x+n$岁前死亡的概率。当$n=1$时，记为q_x。即以$x \sim x+n$岁上的死亡人数与x岁的存活人数的比例表示。则：

$$ {}_nq_x = \frac{l_x - l_{x+n}}{l_x} = \frac{{}_nd_x}{l_x} $$

${}_np_x$:x岁的人在$x+n$岁上的存活概率。也即x岁的人经过n年仍然活着的概率。则:

$$ {}_np_x = \frac{l_{x+n}}{l_x} = 1 - {}_nq_x $$

${}_{n|}q_x$:x岁的人活过n年并在$n+1$年上死亡的概率。即x岁的人在$x+n \sim x+n+1$上死亡的概率。则:

$$ {}_{n|}q_x = \frac{d_{x+n}}{l_x} = \frac{l_{x+n} - l_{x+n+1}}{l_x} $$

又可表示为x岁的人活到$x+n$岁,并在$x+n+1$前死亡的概率,即(x)活到$x+n$岁上的生存概率与$x+n \sim x+n+1$上的死亡概率的乘积。其中(x)活到$x+n$岁的概率为${}_np_x$。

$$ {}_{n|}q_x = {}_np_x \cdot q_{x+n} = \frac{l_{x+n}}{l_x} \cdot \frac{d_{x+n}}{l_{x+n}} = \frac{d_{x+n}}{l_x} $$

${}_{n|m}q_x$:x岁的人在$x+n \sim x+n+m$岁上死亡的概率,即x岁的人活到$x+n$岁并在$x+n+m$前死亡的概率。

又可表示为x岁的人活到$x+n$岁的生存概率与$x+n \sim x+n+m$上的死亡概率的乘积。则:

$$ \begin{aligned} {}_{n|m}q_x &= {}_np_x \cdot {}_mq_{x+n} \\ &= \frac{l_{x+n}}{l_x} \cdot \frac{l_{x+n} - l_{x+n+m}}{l_{x+n}} \\ &= \frac{l_{x+n}}{l_x}\left(1 - \frac{l_{x+n+m}}{l_{x+n}}\right) \\ &= \frac{l_{x+n}}{l_x} - \frac{l_{x+n+m}}{l_x} \\ &= {}_np_x - {}_{n+m}p_x \end{aligned} \tag{2.11} $$

6. L_x:x岁的人平均生存的人年数,人年数是表示人群存活时间的复合单位,1人年表示1个人存活了1年,2个人每个人存活半年也是1人年。假设死亡服从均匀分布,x岁生存人年数可表示为(0岁组除外):

$$ L_x \approx \frac{l_x + l_{x+1}}{2} \tag{2.12} $$

${}_nL_x$:x岁的人在$x \sim x+n$岁生存的人年数。

在死亡均匀分布假设下,$x \sim x+n$岁的死亡人数${}_nd_x$平均来说存活了$\frac{n}{2}$年,而活到$x+n$岁上的人l_{x+n}均存活了n年,则:

$$_{n}L_x \approx nl_{x+n} + \frac{n}{2}{}_{n}d_x = \frac{n}{2}(l_x + l_{x+n}) \tag{2.13}$$

7. T_x:x岁的人群未来累计生存人年数。表示存活到确切年龄的人群未来将存活的总人年数。

$$T_x = L_x + L_{x+1} + \cdots + L_{w-1} = \sum_{t=0}^{w-x-1} L_{x+t} \tag{2.14}$$

8. $\overset{0}{e}_x$:x岁人群的平均余寿,表示存活到x岁的人群l_x平均还能存活的年数。则:

$$\overset{0}{e}_x = \frac{T_x}{l_x} \tag{2.15}$$

当$x = 0$时:

$$\overset{0}{e}_0 = \frac{T_0}{l_0}$$

$\overset{0}{e}_0$:表示出生时的平均寿命。即指出生同一批人从出生到死亡平均每人存活的年数。

e_x:表示取整平均余寿,它是离散型的。

(二)生命表函数与寿命分布

在精算学中,生命表函数是常用来表示关于未来余命$T(x)$的概率分布,两者的表达关系现介绍如下。

1.连续型余命的寿命分布

设x为死亡年龄,(x)表示x岁的人,$T(x)$表示(x)的余命,它是连续型随机变量,其概率分布函数为$F_T(t)$,t为投保后的生存时间长度,则有:

$$F_T(t) = P_r(T(x) \leqslant t) = P_r(x < X \leqslant x + t|X > x) = {}_tq_x \tag{2.16}$$

它正是(x)在t时间内死亡的概率。

$T(x)$的生存函数记为$S_T(t)$,则:

$$S_T(t) = P_r(T(x) > t) = P_r(X > x + t|X > x) = {}_tP_x \tag{2.17}$$

即$S_T(x)$为(x)经过t年仍然活着的概率。

在考虑到x岁的人的余命分布时,我们已经知道这个人已经活到了x岁,因此其概率是一个条件概率。

更为一般的记号${}_{n|m}q_x$,表示(x)活过n年后,在往后m年内死亡的概率,即:

$$\begin{aligned}
{}_{n|m}q_x &= P_r(n < T(x) \leqslant n+m) \\
&= P_r(x+n < X \leqslant x+n+m|X > x) \\
&= T(n+m) - T(n) \\
&= \frac{F(x+n+m) - F(x+n)}{1 - F(x)}
\end{aligned}$$

$$
\begin{aligned}
&= \frac{S(x+n)-S(x+n+m)}{S(x)} \\
&= {}_{n+m}q_x - {}_nq_x \\
&= {}_np_x - {}_{n+m}p_x \\
&= S(n)-S(n+m) \qquad (2.18)
\end{aligned}
$$

所以有：

$$
\begin{aligned}
{}_tP_x &= P_r(T(x) > t) \\
&= P_r(X > x + t|X > x) \\
&= \frac{S(x+t)}{S(x)} \qquad (2.19)
\end{aligned}
$$

2.离散型余命的寿命分布

设$K(x)$是离散型余命随机变量，它是$T(x)$的取整函数，即$K(x) = [T(x)]$，简记为K。则：

$$P_r[K(x) = k] = P_r(k \leqslant T(x) < k + 1),\ k = 0,1,2,\cdots \qquad (2.20)$$

由于连续型随机变量有：

$$P_r[T(x) = k] = P_r[T(x) = k + 1] = 0,\ k = 0,1,2,\cdots \qquad (2.21)$$

所以：

$$
\begin{aligned}
P_r[K(x) = k] &= P_r[k < T(x) \leqslant k + 1] \\
&= F_T(k+1)-F_T(k)= {}_{k+1}q_x - {}_kq_x \\
&= S_T(k)-S_T(k+1)= {}_kp_x - {}_{k+1}p_x \\
&= {}_kp_x \cdot q_{x+k} \\
&= {}_{k|}q_x \qquad (2.22)
\end{aligned}
$$

即$K(x) = k$的概率就是(x)在$x + k \sim x + k + 1$上死亡的概率。

第二节 死亡力

精算学中，我们除了用寿命分布即(x)将在未来某一段时间内死亡的概率分布外，还需讨论(x)将在某一瞬间死亡的变化情况，即死亡力。

死亡力是描述瞬间死亡水平的指标，简称死力。是指到达x岁的人当中，在此一瞬间里死亡的人所占的比率。死力也称瞬间死亡率或死亡密度，通常用μ_x表示，其关系式是：

$$\mu_x = \lim_{\triangle x \to 0^+} \frac{S(x) - S(x + \triangle x)}{\triangle x} \cdot \frac{1}{S(x)}$$

$$= -\frac{S'(x)}{S(x)}$$

$$= \frac{F'(x)}{1 - F(x)} \tag{2.23}$$

其中，$\dfrac{S(x) - S(x + \triangle x)}{S(x)}$ 是 (x) 在 $x \sim x + \triangle x$ 上的死亡概率，$\dfrac{S(x) - S(x + \triangle x)}{\triangle x \cdot S(x)}$ 是 $x \sim x + h$ 上的死亡概率密度，表示单位时间的死亡概率，$\lim\limits_{\triangle x \to 0^+} \dfrac{S(x + \triangle x) - S(x)}{h}$ 正是生存函数的导数。

死力也同生存函数一样，可以用来确定随机变量 X 的分布。对式(2.22)两边分别积分：

$$-\int_x^{x+n} \mu_y \, dy = -\int_x^{x+n} \frac{S'(y)}{S(y)} dy$$

$$= -\ln S(y)|_x^{x+n}$$

$$= -[\ln S(x + n) - \ln S(x)]$$

$$= -\ln \frac{S(x + n)}{S(x)}$$

$$= -\ln {}_n p_x$$

所以：

$${}_n p_x = e^{-\int_x^{x+n} \mu_y dy}$$

$${}_n p_x = e^{-\int_0^n \mu_{x+s} ds}$$

同理：

$${}_t p_x = e^{-\int_0^t \mu_{x+s} ds}$$

$$\mu_x = -\frac{S'(x)}{S(x)} = -[\ln S(x)]'$$

$$\int_0^x \mu_y \, dy = -\int_0^x [\ln S(y)]' dy$$

$$\ln S(y)|_0^x = -\int_0^x \mu_y \, dy$$

$$S(x) = e^{-\int_0^x \mu_y dy} \tag{2.24}$$

设余命随机变量为 $T(x)$，概率密度函数记为 $f_T(t)$，它是 $T(x)$ 的导数，则：

$$
\begin{aligned}
f_T(t) &= T'(x) \\
&= -\frac{S'(x)}{S(x)} \\
&= \frac{S(x+t)}{S(x)} \cdot [-\frac{S'(x+t)}{S(x+t)}] \\
&= {}_t p_x \cdot \mu_{x+t} \quad (t \geqslant 0)
\end{aligned} \tag{2.25}
$$

显然,有下列公式存在:

$$\int_{-\infty}^{\infty} f_T d(t) = \int_0^{+\infty} {}_t p_x u_{x+t} dt = 1$$

$$F_T(T \leqslant n) = \int_0^n f_T(t)dt = \int_0^n {}_t p_x \cdot u_{x+t} dt = {}_n q_x$$

$$T_T(n < T \leqslant n+m) = \int_n^{n+m} f_T(t)dt = \int_n^{n+m} {}_t p_x u_{x+t} dt = {}_{n|m} q_x$$

例 2.2 设死力 $u_x = \dfrac{1}{1+x}, x \geqslant 0$,求:

(1)随机变量 X 的分布函数与密度函数;

(2)随机变量 $T(x)$ 的分布函数与密度函数;

(3)$Pr(10 < X \leqslant 20)$;

(4)${}_{10|5}q_{30}$。

解 (1)

$$F_X(x) = 1 - S_X(x) = 1 - {}_x p_0$$

$${}_x p_0 = e^{-\int_0^x u_s ds} = e^{-\int_0^x \frac{1}{1+s} ds}$$

有:

$$
\begin{aligned}
F_X(x) &= 1 - e^{-\ln(1+x)} \\
&= \frac{x}{1+x} \quad (x \geqslant 0)
\end{aligned}
$$

$$f_X(x) = F_X'(x) = \frac{1}{(1+x)^2} \quad (x \geqslant 0)$$

(2)

$$
\begin{aligned}
F_T(t) &= 1 - S_T(t) \\
&= 1 - e^{-\int_0^t u_{x+s} ds} = 1 - e^{-\int_0^t \frac{1}{1+x+s} ds} \\
&= 1 - e^{-\ln \frac{1+x+t}{1+x}} \\
&= \frac{t}{1+x+t} \quad (x \geqslant 0,\ t \geqslant 0)
\end{aligned}
$$

$$
\begin{aligned}
f_T(t) &= F_T'(t) \\
&= \frac{1+x}{(1+x+t)^2} \quad (x \geqslant 0,\ t \geqslant 0)
\end{aligned}
$$

(3) $$\Pr(10<X<20)=F_X(20)-F_X(10)$$
$$=\frac{20}{1+20}-\frac{10}{1+10}$$
$$=0.043$$

(4) $${}_{10|5}q_{30}=\frac{S_x(40)-S_x(45)}{S_x(30)}=\frac{F_x(45)-F_x(40)}{1-F_x(30)}$$
$$=F_T(15)-F_T(10)$$
$$=\frac{15}{1+30+15}-\frac{10}{1+30+15}$$
$$=\frac{15}{46}-\frac{10}{41}$$
$$=0.326-0.244$$
$$=0.082$$

例2.3 已知$F_0(t)=1-e^{-\lambda t},\lambda>0$,求:$u_x$。

解 由$F_0(t)$知$f_0(t)=\lambda e^{-\lambda t}$。有:

$$u_x=-\frac{s'(x)}{s(x)}=\frac{[1-F_0(x)]'}{1-F_0(x)}=\frac{f_0(x)}{1-F_0(x)}=\frac{\lambda e^{-\lambda x}}{e^{-\lambda x}}=\lambda$$

例2.4 $u_x=0.003,20\leqslant x\leqslant 30$,求:${}_{5|3}q_{20}$。

解 由于在$20\leqslant x\leqslant 30$时,$u_x=0.003=u_{x+t}$为常数。

$${}_tp_{20}=e^{-\int_0^t u_{x+s}ds}$$

$${}_{5|3}q_{20}=\int_5^8 {}_tp_{20}\cdot u_{20+t}dt=\int_5^8 e^{-0.003t}\cdot 0.003dt=-0.008826$$

第三节 非整数年龄的寿命分布

生命表是以整数年龄分组编制的,即给出的是整数年龄上的寿命分布。在保险精算实践中,常常需要非整数年龄上的寿命分布。例如,我们已知60岁的人在61岁前死亡概率为0.01368,但60岁的人在未来3个月内死亡的概率${}_{0.25}q_{60}$是多少呢?60岁3个月的人在70岁仍然活着的概率${}_{0.75}p_{60.25}$又是多少呢?这就需要在生命表给出整数年龄的寿命分布上加上各相邻年龄间的寿命分布,即非整数年龄的寿命分布。而非整数年龄的寿命分布需要在一定假设下利用生命表函数进行估计,下面介绍三种不同假设下的寿命分布的生存函数形式。

一、年龄内均匀分布假设

假设死亡在整数年龄之间均匀发生，此时生存函数在$x+t$的值可由在x的值和$x+1$的值之间进行线性插值而得到，即：

$$s(x+t)=(1-t)s(x)+ts(x+1) \quad (0<t<1)$$

在这一假设下可得：

$$\begin{aligned} {}_tq_x &= \frac{s(x)-s(x+t)}{s(x)} \\ &= \frac{s(x)-[(1-t)s(x)+ts(x+1)]}{s(x)} \\ &= \frac{t[s(x)-s(x+1)]}{s(x)} \\ &= t\cdot q_x \end{aligned} \tag{2.26}$$

$${}_tp_x=1-{}_tq_x=1-t\cdot q_x$$

$$\begin{aligned} {}_yq_{x+t} &= \frac{s(x+t)-s(x+t+y)}{s(x+t)} \\ &= \frac{[(1-t)s(x)-ts(x+1)]-(1-t-y)s(x)+(t+y)s(x+1)}{(1-t)s(x)+ts(t+1)} \\ &= \frac{y[s(x)-s(x+1)]/s(x)}{\{s(x)-t[s(x)-s(x+1)]\}/s(x)} \\ &= \frac{yq_x}{1-tq_x} \quad (0<t<1,\ 0\leqslant y\leqslant 1,\ y+t\leqslant 1) \end{aligned} \tag{2.27}$$

在年龄内均匀分布假设下，$T(x)$的密度函数$f_T(t)$在$0<t<1$内是常数，并且

$$\begin{aligned} f_T(t) &= \frac{s'(x+t)}{s(x)} \\ &= \frac{-[(1-t)s(x)+ts(x+1)]'}{s(x)} \\ &= \frac{s(x)-s(x+1)}{s(x)} \\ &= q_x \end{aligned} \tag{2.28}$$

例 2.5 设某人在3个月前满75岁，根据附表1中国人身保险业经验生命表(2010—2013)——非养老类业务一表(CL1)，在年龄内均匀分布假设下求其在5年内死亡的概率。

解 先求其在5年后仍生存的概率。

$$
\begin{aligned}
{}_5p_{75.25} &= {}_{0.75}p_{75.25}\cdot {}_4p_{76}\cdot {}_{0.25}p_{80}\\
&=(1-{}_{0.75}q_{75.25})\frac{l_{80}}{l_{76}}(1-{}_{0.25}q_{80})\\
&=(1-\frac{0.75q_{75}}{1-0.25q_{75}})\frac{l_{80}}{l_{76}}(1-0.25q_{80})\\
&=(1-\frac{0.75\times 0.048921}{1-0.25\times 0.048921})\times\frac{465915}{607547}\times(1-0.25\times 0.08222)\\
&=0.7232
\end{aligned}
$$

所以其5年内死亡的概率为：

$$
{}_5q_{75.25}=1-{}_5p_{75.25}=0.2768
$$

二、几何插值（年龄内常数死力假设）

假设生存函数在$x+t$的值可表示为：

$$
s(x+t)=s(x)^{1-t}\cdot s(x+1)^t\quad(0<t<1)
$$

在这一假设下有：

$$
{}_tp_x=\frac{s(x+t)}{s(x)}=\frac{s(x)^{1-t}s(x+1)^t}{s(x)}=[\frac{s(x+t)}{s(x)}]^t=(p_x)^t
$$

$$
{}_tq_x=1-{}_tp_x=1-(p_x)^t
$$

$$
\begin{aligned}
{}_yq_{x+t}&=\frac{s(x+t)-s(x+t+y)}{s(x+t)}\\
&=\frac{s(x+t)/s(x)-s(x+t+y)/s(x)}{s(x+t)/s(x)}\\
&=\frac{(p_x)^t-(p_x)^{t+y}}{(p_x)^t}\\
&=1-(p_x)^y\quad(0<t<1,\ 0\leqslant y\leqslant 1,\ y+t\leqslant 1)
\end{aligned}\tag{2.29}
$$

这时$T(x)$的密度函数可表示如下：

$$
\begin{aligned}
f_T(t)&=-\frac{s'(x+t)}{s(x)}\\
&=-\frac{s'(x+t)}{s(x+t)}\cdot\frac{s(x+t)}{s(x)}\\
&=[\ln s(x+t)]'{}_tp_x\\
&=-[(1-t)\ln s(x)+t\ln s(x+1)]'(p_x)^t\\
&=-\ln\frac{s(x+1)}{s(x)}(p_x)^t\\
&=-(\ln p_x)(p_x)^t\quad(0<t<1)
\end{aligned}\tag{2.30}
$$

从这一推导过程可以看到死力：

$$u_{x+1}=\frac{s'(x+t)}{s(x+t)}=-\ln p_x \quad (0<t<1) \tag{2.31}$$

这在x岁至$x+1$岁之间是一个常数，所以这种情形又称为年龄内常数死力假设。

例2.6 在常数死力假设下计算例2.5中的概率。

解

$$\begin{aligned}{}_5p_{75.25}&={}_{0.75}p_{75.25}\cdot{}_4p_{76}\cdot{}_{0.25}p_{80}\\&=(1-{}_{0.75}q_{75.25})\cdot{}_4p_{76}\cdot(p_{80})^{0.25}\\&=(p_{75})^{0.75}\cdot{}_4p_{76}\cdot(1-q_{80})^{0.25}\\&=(1-q_{75})^{0.75}\frac{l_{80}}{l_{76}}(1-q_{80})^{0.25}\\&=0.722893\end{aligned}$$

$${}_5q_{75.25}=1-0.722893=0.2771$$

三、巴尔杜奇假设(Balducci假设)

假如生存函数在$x+t$的值与其在x的值和$x+1$的值通过如下关系而得到，即称$s(x+t)$为$s(x)$和$s(x+1)$的调和插值：

$$\frac{1}{s(x+t)}=\frac{1-t}{s(x)}+\frac{t}{s(x+1)},\quad 0<t<1$$

这种年龄内的寿命分布又称为Balducci假设。在Balducci假设下，可以得到：

$${}_tp_x=\frac{p_x}{p_x+tq_x}$$

$${}_tq_x=\frac{tq_x}{p_x+tq_x}$$

$${}_yq_{x+t}=\frac{yq_x}{p_x+(t+y)q_x},\quad 0<t<1,\ 0\leqslant y\leqslant 1,\ y+t\leqslant 1$$

以及

$$f_T(t)=\frac{p_xq_x}{(p_x+tq_x)^2}\qquad(0<t<1) \tag{2.32}$$

例2.7 在Balducci假设下计算例2.5中的概率。

解

$$\begin{aligned}{}_5q_{75.25}&=1-{}_{0.75}p_{75.25}\cdot{}_4p_{76}\cdot{}_{0.25}p_{80}\\&=1-(1-{}_{0.75}q_{75.25})\cdot\frac{l_{80}}{l_{76}}\cdot\frac{p_{80}}{p_{80}+{}_{0.25}\cdot q_{80}}\\&=1-(1-{}_{0.75}\cdot q_{75})\cdot\frac{l_{80}}{l_{76}}\cdot\frac{1-q_{80}}{1-q_{80}+{}_{0.25}\cdot q_{80}}\\&=1-0.722559=0.277441\end{aligned}$$

下面将上述三种假设下的结果列入表2.2中以便查阅。

表2.2 年龄内寿命分布假设函数表

函数	假设		
	均匀分布	常数死力	Balducci
${}_tq_x$	$t \cdot q_x$	$1-(p_x)^t$	$\dfrac{tq_x}{p_x+tq_x}$
${}_tp_x$	$1-t \cdot q_x$	$(p_x)^2$	$\dfrac{p_x}{p_x+tq_x}$
${}_yq_{x+t}$	$\dfrac{yq_x}{1-tq_x}$	$1-(p_x)^y$	$\dfrac{yq_x}{p_x+(t+y)q_x}$
$f_T(t)$	q_x	$-(\ln p_x)(p_x)^t$	$\dfrac{p_xq_x}{(p_x+tq_x)^2}$

注：表中x为整数，$0<t<1$，$0\leqslant y\leqslant 1$，$0\leqslant y+t\leqslant 1$。

现在我们回过头来探讨平均余命的计算问题。先将公式(2.15)改写成：

$$\overset{0}{e}_x = \int_0^{\infty} t \cdot \frac{-s'(x+t)}{s(x)} dt$$

$$= -\int_0^{\infty} t \cdot ({}_tp_x)' dt$$

$$= -t\,{}_tp_x|_0^{\infty} + \int_0^{\infty} {}_tp_x\, dt$$

注意，$\lim\limits_{x\to\infty} t \cdot {}_tp_x = 0$，这是因为$t$大于一定年数之后${}_tp_x$便等于零。所以：

$$\overset{0}{e}_x = \int_0^{\infty} {}_tp_x\, dt$$

要通过上式计算平均余命仍需知道在所有年龄即包括非整数年龄上的寿命分布。因此，除了生命表之外我们还必须选择年龄内的寿命分布假设。下面我们在年龄内均匀分布假设下计算平均余命：

$$\overset{0}{e}_x = \int_0^{\infty} {}_tp_x\, dt = \sum_{k=0}^{\infty} \int_k^{k+1} {}_tp_x\, dt$$

令$t=k+s$，有：

$$\overset{0}{e}_x = \sum_{k=0}^{\infty} \int_0^1 {}_{k+s}p_x\, ds = \sum_{k=0}^{\infty} {}_kp_x \int_0^1 {}_sp_{x+k}\, ds$$

利用年龄内均匀分布假设得：

$$
\begin{aligned}
\overset{0}{e}_x &= \sum_{k=0}^{\infty} {}_k p_x \int_0^1 (1 - s q_{x+k}) ds \\
&= \sum_{k=0}^{\infty} {}_k p_x (1 - \frac{1}{2} q_{x+k}) \\
&= \sum_{k=0}^{\infty} \frac{l_{x+k}}{l_x} (1 - \frac{1}{2} \frac{d_{x+k}}{l_{x+k}}) \\
&= \sum_{k=0}^{\infty} [\frac{l_{x+k}}{l_x} - \frac{d_{x+k}}{2l_x}]
\end{aligned}
$$

因为k大于一定年数后l_{x+k}和d_{x+k}便等于零，所以上面的级数实际上是有限项级数，可以分项求和得：

$$
\begin{aligned}
\overset{0}{e}_x &= \sum_{k=0}^{\infty} \frac{l_{x+k}}{l_x} - \frac{1}{2l_x} \sum_{k=0}^{\infty} d_{x+k} \\
&= \sum_{k=0}^{\infty} \frac{l_{x+k}}{l_x} + 1 - \frac{1}{2l_x} \cdot l_x \\
&= e_x + \frac{1}{2}
\end{aligned}
$$

注意，上式中$\sum_{k=0}^{\infty} d_{x+k} = l_x$，因为$x$岁之后死亡的人数之和自然等于在$x$岁时的生存人数。

在年龄内常数死力假设下和Balducci假设下平均余命的计算过程相同。

第四节 生命表及类型

生命表是描述人的寿命或未来寿命概率分布的一种表示形式，人们根据大量的有关死亡规律的统计数据列或表格来反映人的寿命分布。它是寿险公司计算纯保费的重要依据之一。生命表是对一定数量的人口自出生(或一定年龄)直至全部死亡这段时间内的生存和死亡情况的记录，它刻画的是整数年龄的人在整数年内的生存和死亡的概率分布情况，即为$K(x)$的分布。

一、生命表的起源

生命表又称“死亡表”或“死亡率表”，是研究人口死亡规律的有力工具，它是反映在封闭人口条件下，一批人从出生后陆续死亡的全部过程的一种统计表，是根据以往一定时期内各种年龄的死亡统计资料编制成的由每个年龄死亡率所组成的汇总表。封闭人口是指所观察的一批人只有死亡变动，没有因出生的新增人口和迁入或迁出人口。

生命表的建立可追溯到公元1661年，英国就有了历史上最早的死亡概率统计表。到1693年，世界上第一张生命表是英国天文学家埃德蒙.哈雷制定的《哈莱死亡表》，它奠定了近代人寿保险费计算的基础，这一年被认为是精算学的开始，由此可见生命表在精算中的重要性。到1700年，英国又建立了“均衡保费法”，使投保人每年交费是同一金额。我国在1929—1931年间，金陵大学的肖富德编制了中国第一张生命表，称为"农民生命表"。1982年第2次全国人口普查得到了完整的生命表资料，直到1995年末才制定出了中国人寿保险业第一张经验生命表。

生命表由年龄、死亡概率、尚存人数等指标构成，构造原理简单，其中最基本的和作为出发点的资料是各年龄的死亡概率，据此推算出其他各项指标。可以按全国、地区，城市、农村等分别编制生命表。生命表对于研究人口再生产过程的生命现象有极重要的意义，它表示今后要出生的一代人，按现有的社会条件，预期每人平均寿命是多大。图表可以描述出不同地区间以及由于性别的差异而引起的死亡、生存和平均寿命等一系列人口再生产标志的变化，能为制定长期人口规划提供科学的数据，综合反映出不同地区、国家与不同时代的社会生活条件对人口生命过程的影响。生命表构造原理简单、数据准确(大样本场合)、不依赖总体分布假定(非参数方法)。

二、生命表的类型

生命表可根据不同的统计范围、对象、用途分为许多种类，本节仅考虑两种不同的划分方式，即国民生命表与经验生命表，选择生命表与综合生命表。

(一)国民生命表与经验生命表

国民生命表是根据全国范围内的人口统计资料构造出来的，反映的是一个特定时期内全国人口的寿命分布情况。一些重要数据可以从国民生命表上得到，例如婴儿死亡率、平均寿命、60岁以上老人的平均余命等。政府和企业可以根据这种生命表制订医疗保健计划、社会保险和退休金计划。

经验生命表是根据许多家人寿保险公司对被保险人的统计资料构造出来的，反映的是这些寿险公司的综合经验和它们的被保险人的寿命分布情况。

选择年金的被保险人往往是那些觉得自己比别人活得久的人，而选择寿险的多是对自己身体不太乐观的人，这种选择称为逆选择。这两类购买者在寿命分布上差别很大，因此分别编制生命表，称为年金生命表和寿险生命表。

根据性别差异又把生命表分为男性生命表，女性生命表和男女混合表。混合表习惯上对男性直接使用表中死亡率，对女性采用年龄倒退法来确定死亡率。该方法对年龄很小的女性不合理，需采用其他方法调整。

(二)选择—终极表

在保险精算中被保险人并不是全部人口中的一个随机群体,寿险公司厘定的保费是按照投保时健康状况良好的人的死亡率计算的,那些投保时健康状况不良的人需增加保费甚至被拒保。因此在年龄相等时,有理由认为刚买保险的人比已经买若干年保险的人死亡率更低,我们把寿险公司在健康方面的核保看作是一种选择,在x岁经过选择的人往后各年的死亡率记为:

$$q_{[x]+j},\quad j = 0,1,2,\cdots$$

其中,$[x]$中的x称为选择年龄;

$q_{[x]}$表示刚经过选择之后x岁人的死亡率;

$q_{[x]+1}$表示在1年前经过选择的$x+1$岁的人的死亡率;

$q_{[x]+j}$表示在j年前经过选择的$x+j$岁人的死亡率。

把依据$q_{[x]+j}$编制的生命表称为选择生命表,它表明随年龄和已投保期而变动的死亡规律,经验表明,相同年龄的死亡率会随着选择时间的推移而增大,即对于$0<k<x$,有:

$$q_{[x-k]+j+k} > q_{[x]+j},\quad j = 0,1,2,\cdots$$

也就是说同样是$x+j$岁的人,选择年龄在$x-k$岁的比选择年龄在x岁的经过的时间更长,其死亡率更高;另一方面,随着选择时间的推移,这种差别会越来越小,当选择效果消失时,死亡率只与年龄有关。如果选择期为r年,投保期超过r年的同一年龄上的死亡概率相等。此时死亡概率可以用q_x表示,有:

$$q_{[x-r]+r} = q_{[x-r-1]+r+1} = q_{[x-r-2]+r+2} = \cdots = q_x$$

由选择效果消失后的死亡率编制的生命表称为终极表。习惯上将终极表并列在选择表的右边,这样的生命表就是选择—终极表。与此相对应,由不分投保年数的死亡率资料编制的生命表称为综合表。

表2.3是一个选择期为2年的选择—终级表的节选。

表2.3 选择—终极表(节选)

	(1)	(2)	(3)	(4)	(5)	(6)	(7)
$[x]$	$1,000q_{[x]}$	$1,000q_{[x]+1}$	$1,000q_{[x]+2}$	$l_{[x]}$	$l_{[x]+1}$	$l_{[x]+2}$	$x+2$
30	0.43767	0.57371	0.69882	33,829	33,814	33,795	32
31	0.45326	0.59924	0.73813	33,807	33,791	33,771	33
32	0.47711	0.63446	0.79004	33,784	33,767	33,746	34
33	0.50961	0.68001	0.85577	33,760	33,742	33,719	35
34	0.55117	0.73655	0.93663	33,734	33,715	33,690	36

表2.3中(1)(2)两列是选择表中的概率，第(3)列是终极表中的概率。

由表2.3可得被保险人各年的死亡概率：

$$q_{[30]}=0.00043767$$

$$q_{[30]+1}=0.00057371$$

$$q_{[30]+2}=q_{30+2}=0.00069882$$

$$q_{[30]+3}=q_{33}=q_{[31]+2}=0.00073813$$

从表2.3中可以看到：在选择期内，选择期越长，其死亡率越高。

$$q_{[32]}=0.00047711<q_{[31]+1}=0.00059924<q_{[30]+2}=0.00069882$$

在选择表中也可以列用各年龄的生存人数$l_{[x]}$,$l_{[x]+1}$,$l_{[x]+2}$等等，也可以得到与综合表中类似的关系式。例如：

$$_{2}q_{[30]}=\frac{l_{32}}{l_{[30]}}=\frac{33795}{33829}=0.99899$$

$$_{1|2}q_{[30]}=\frac{l_{[30]+1}-l_{33}}{l_{[30]}}=\frac{33814-33771}{33829}=0.00127$$

三、生命表实例

生命表由年龄，死亡概率，生存人数，死亡人数等指标构成，构造原理简单，其中最基本的统计数据是各年龄的死亡概率。表2.4是中国人身保险业经验生命表(2010—2013)——非养老类业务一表(CL1)。

表2.4 中国人身保险业经验生命表(2010—2013)——非养老类业务一表(CL1)

年龄	死亡概率	生存人数	死亡人数	生存人年数		平均余命
(x)	q_x	l_x	d_x	L_x	T_x	e_x
30	0.000963	971627	936	971160	44108787	45.40
31	0.001007	970692	977	970203	43137627	44.44
32	0.001064	969714	1032	969198	42167424	43.48
33	0.001136	968682	1100	968132	41198226	42.53
34	0.001222	967582	1182	966991	40230094	41.58
35	0.001321	996400	1277	965761	39263103	40.63

例2.7 根据表2.4，求：

(1)30岁的人在31岁前死亡的概率；

(2)30岁的人到31岁仍然活着的概率；

(3)30岁的人两年后仍然活着的概率；

(4)30岁的人在两年之内死亡的概率；

(5)30岁的人在32岁至33岁之间死亡的概率。

解 (1) $$q_{30}=0.000797$$

(2) $$p_{30}=1-q_{30}=0.999203$$

(3) $${}_2p_{30}=p_{30}\cdot p_{31}=p_{30}\cdot(1-q_{31})=0.999037\times(1-0.000847)=0.999203$$

(4) $${}_2q_{30}=1-{}_2p_{30}=0.002$$

(5) $${}_{2|}q_{30}={}_2p_{30}\cdot q_{32}=0.998\times0.000903=0.0009$$

一般来说,通过各年龄的死亡概率,可用下列式子计算其他概率:

$$ {}_kp_x=p_x\cdot p_{x+1}\cdots p_{x+k-1}=(1-q_x)(1-q_{x+1})\cdots(1-q_{x+k-1}) \tag{2.33}$$

$$\begin{aligned} {}_{k|m}q_x &= {}_kp_x\cdot {}_mq_{x+k} \\ &=(1-q_x)(1-q_{x+1})\cdots(1-q_{x+k-1})\left[1-(1-q_{x+k})(1-q_{x+k+1})\cdots(1-q_{x+k+m-1})\right] \end{aligned} \tag{2.34}$$

习题

2.1 给出生存函数是$s(x)=e^{-x^2/2500}$,求:

(1)人在50至60岁之间死亡的概率;(2)50岁的人在60岁之前死亡的概率;(3)人能活到70岁的概率;(4)50岁的人能活到70岁的概率。

2.2 已知生存函数$s(x)=\dfrac{1000-x^{3/2}}{1000}$, $0\leqslant x\leqslant 100$,求:

(1)$F(x)$;(2)$f(x)$;(3)$F_T(x)$;(4)$f_T(x)$;(5)$E(x)$。

2.3 已知$F_0(t)=1-e^{-0.01t}$,求下列有关新生婴儿的概率:

(1)在45岁之前死亡的概率;

(2)活过80岁的概率;

(3)在45岁和80岁之间死亡的概率。

2.4 已知$l_x=1000(1-\dfrac{x}{120})$,计算下面各值:

(1)l_0, l_{120}, d_{33}, ${}_{20}p_{30}$, ${}_{30}q_{20}$;

(2)25岁的人至少活20年、最多活25年的概率;

(3)三个25岁的人均存活到80岁的概率。

2.5 已知$s(x)=(1-\dfrac{x}{100})^2$, $0\leqslant x\leqslant 100$,试求:$F(75)$, $f(75)$和$\mu(75)$。

2.6 给出30岁人的取整余命分布如下表。

k	0	1	2	3	4	5	6	7	8	9
${}_{k\|}q_{30}$	0.005	0.006	0.0075	0.0095	0.012	0.013	0.0165	0.0205	0.025	0.03

求：

(1)30岁的人在5年内死亡的概率；

(2)33岁的人在3年内死亡的概率；

(3)35岁的人在37岁至40岁之间死亡的概率。

2.7 已知 $\Pr[T(30)>40]=0.70740$，$\Pr[T(30)\leqslant 40]=0.13214$，求 ${}_{10}p_{60}$。

2.8 给出 $q_{60}=0.015$，$q_{61}=0.017$，$q_{62}=0.020$，求 ${}_{2}p_{61}$ 和 ${}_{2|}q_{60}$。

2.9 已知 $q_{55}=0.01$，$d_{54}=62$，$l_{56}=6435$，求 ${}_{1|}q_{54}$。

2.10 已知75岁和76岁的死亡率分别为0.06和0.07，设年龄内均匀分布。求4个月前满75岁者在77岁前死亡的概率。

第三章 人寿保险精算

传统的人寿保险是以被保险人在保险期内死亡或生存为保险金给付条件,按照预先规定的保险金额和给付方式给付保险金的保险。其保费水平和保单的现金价值是根据预定利率和生命表确定的。人寿保险是人身保险的一种,分为广义和狭义两种。广义的人寿保险是指以被保险人的生存和死亡为保险事故的保险,被保险人在保险期内死亡或生存到一定年龄,保险人按照契约给付保险金。狭义的人寿保险是指在保险期内以被保险人的死亡为保险金给付条件的保险。本章讨论的是狭义的个人人寿保险。在实践中,人寿保险又分为终身寿险、定期寿险、两全保险等。

人寿保险即死亡保险,是以被保险人的死亡作为保险事故的险种。被保险人若在合同期内死亡,则给付保险额;若被保险人活过保险期限,则保险人无须给付保险额。可以看出,保险人对被保险人的赔付金额和赔付时间是不确定的,它依赖于被保险人自保单生效之日起的余寿,若余寿小于约定的保险期限,则保险人需给付保险金额,否则不需给付。因此,人寿保险在给付上有两大特点:一是不确定性,即不一定发生给付或给付时间和给付金额的不确定;二是给付通常发生在较长时间以后,其成本受利率的影响很大。

根据前面所讲的大数定律和精算等价原理,保险人所收取的纯保费总额和所应支出的保险金额相等。但是由于保费和保额的发生并不同时,且其中涉及到被保险人的生死状况,因此我们对纯保费和保险金的比较应该放在同一时点上,一般选在保单生效之时。这样对保费和保额的比较就不仅要看数额的大小,还需考虑货币的时间价值、被保险人的生死状况及保险人可能存在的风险和可能发生的费用等因素。死亡保险的保险人对保额的支付不仅与预定利率和费用率有关,还与被保险人的生死概率密切相关,即保费与保额要在精算现值的意义上相等,精算现值是指现值的期望值,又称期望现值。本章讨论的就是寿险的精算现值,又称为保单的趸交纯保费。

第一节 人寿保险趸交纯保费的换算函数

趸交纯保费的计算原则是保费净均衡原则，就是保费收入的期望现值与将来保险金给付期望现值相等，即精算等价原理。在保险期内，人寿保险的死亡保险金通常是在死亡发生后立即给付，这里为了研究的方便，首先讨论假设死亡给付发生在死亡年年末的寿险精算模型，在这些模型中保险金的支付数量是确定的，给付的时间是不确定的，即将保险金支付的时间和数量看成只依赖于被保险人死亡的时间，因此该模型是在被保险人取整余命随机变量$K(x)$的基础上建立的，也称离散型的人寿保险模型。这里首先以离散型寿险模型为例介绍人寿保险趸交纯保费的换算函数。

按照保险期限的不同，死亡保险可以分为终身死亡保险、定期死亡保险、延期死亡保险以及既保生又保死的两全保险。

一、终身死亡保险

简称终身寿险，即保险期限是终身的寿险，指从x岁开始投保直至死亡为止的保险。

假设年龄为x的人投保保险金额为1个单位(元)的在被保险人死亡年年末给付的终身寿险，其精算现值或趸交纯保费用符号A_x表示。

其中，A表示"寿险即死亡保险的精算现值"或称为"寿险的趸交纯保费"。

由前面可知，寿险的精算现值与两个因素有关：

(1)预定利率i，也即投资收益率；

(2)死亡概率——以被保险人的死亡为保险金给付条件。

如图3.1所示 。

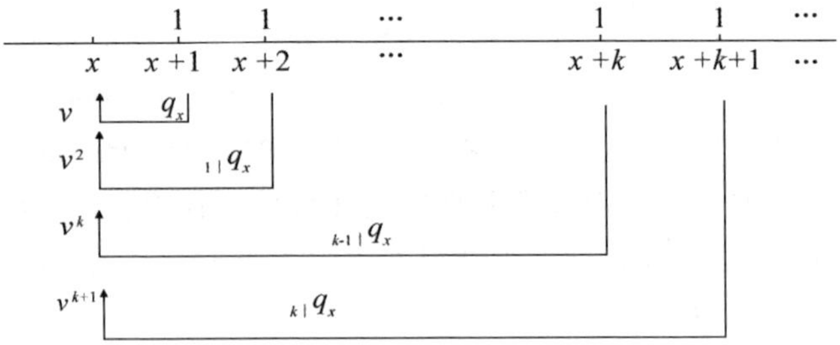

图3.1

由图3.1可得：

$$\begin{aligned}A_x &= vq_x + v^2\,_{1|}q_x + \cdots + v^k\,_{k-1|}q_x + v^{k+1}\,_{k|}q_x + \cdots \\ &= \sum_{k=0}^{\infty} v^{k+1}\,_{k|}q_x \\ &= \sum_{k=0}^{\infty} v^{k+1}\frac{d_{x+k}}{l_x} \\ &= \sum_{k=0}^{\infty}\frac{v^{x+k+1}\cdot d_{x+k}}{v^x\cdot l_x}, \quad k=0,1,2,\cdots\end{aligned}$$

记：

$$D_x = v^x d_x, \qquad C_x = v^{x+1} d_x$$

$$M_x = \sum_{k=0}^{\infty} C_{x+k}, \quad N_x = \sum_{k=0}^{\infty} D_{x+k}$$

$$R_x = \sum_{k=0}^{\infty} M_{x+k}, \quad S_x = \sum_{k=0}^{\infty} N_{x+k}$$

$$(x=0,1,2,\cdots)$$

其中，$D_x, C_x, M_x, N_x, R_x, S_x (x = 0,1,2,\cdots)$ 称为换算函数，把换算函数代入上式，得：

$$A_x = \sum_{k=0}^{\infty}\frac{C_{x+k}}{D_x} = \frac{1}{D_x}\sum_{k=0}^{\infty} C_{x+k} = \frac{M_x}{D_x} \tag{3.1}$$

二、n 年定期寿险

即保险期限是 n 年的死亡保险。指 (x) 投保的 n 年期死亡保险，若被保险人在 n 年内死亡，则给付死亡保险金；若 n 年期满存活，则不予给付保险金。

假设年龄为 x 的人投保保险金额为 1 个单位（元）的 n 年期死亡保险，若被保险人在 n 年内死亡，则在死亡年年末给付 1 元。其精算现值或趸交纯保费用符号 $A^1_{x:\overline{n}|}$ 表示。

如图 3.2 所示。

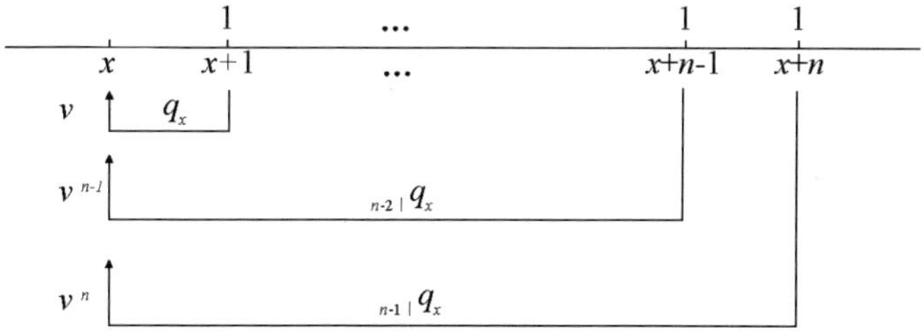

图 3.2

由图 3.2 可得：

$$
\begin{aligned}
A^{1}_{x:\overline{n}|} &= vq_x + v^2\,{}_{1|}q_x + \cdots + v^n\,{}_{n-1|}q_x \\
&= \sum_{k=0}^{n-1} v^{k+1}\,{}_{k|}q_x \\
&= \frac{1}{v^x l_x}\sum_{k=0}^{n-1} v^{x+k+1} d_{x+k} \\
&= \frac{1}{D_x}\sum_{k=0}^{n-1} C_{x+k} \\
&= \frac{M_x - M_{x+n}}{D_x} \qquad (3.2)
\end{aligned}
$$

三、延期寿险

指保险人对被保险人在投保若干年后发生的保险责任范围内的死亡均给付保险金的寿险。即保单的生效期晚于投保期的死亡保险。按照保险期限分为延期终身寿险和延期定期寿险。

1.延期n年终身寿险

假设x岁的人,投保保险金额为1元的延期n年的死亡保险,若被保险人在$x+n$年后的任意时点死亡,则在该死亡年年末给付1元保险金。其精算现值或趸交纯保费用符号${}_{n|}A_x$表示。

如图3.3所示。

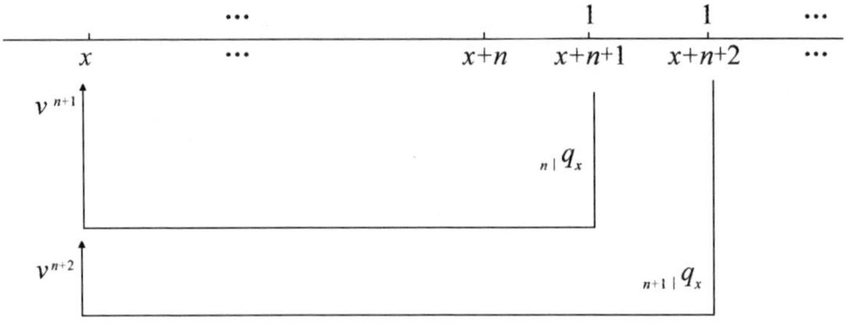

图 3.3

由图3.3可得:

$$
\begin{aligned}
{}_{n|}A_x &= v^{n+1}\cdot{}_{n|}q_x + v^{n+2}\cdot{}_{n+1|}q_x + \cdots \\
&= \sum_{K=n}^{\infty} D^{k+1}\cdot{}_{k|}q_x \\
&= \frac{1}{v^x\cdot l_x}\sum_{K=n}^{\infty} v^{x+k+1}\cdot d_{x+k}
\end{aligned}
$$

$$=\frac{1}{D_x}\sum_{K=n}^{\infty}C_{x+k}$$

$$=\frac{M_{x+n}}{D_x} \tag{3.3}$$

另外，(x)投保的延期n年的终身寿险也可看成x岁投保活到$x+n$岁的人，在$x+n$岁上购买了一个终身寿险。

如图3.4所示。

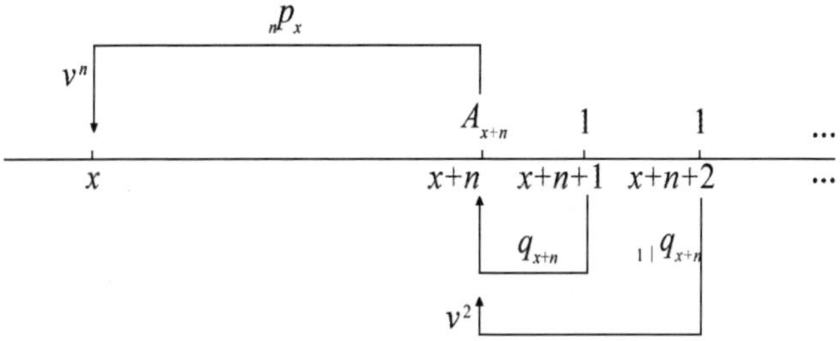

图3.4

由图3.4可得：

$${}_{n|}A_x = A_{x+n}\cdot v^n\cdot {}_np_x \tag{3.4}$$

由终身寿险、定期寿险和延期终身寿险可以得到三者的精算现值有如下关系：

$$A_x = A^1_{x:\overline{n}|} + {}_{n|}A_x \tag{3.5}$$

2.延期n年定期m年寿险

被保险人在投保后的n年内死亡，不予给付保险金；在$x+n$~$x+n+m$年内发生保险责任范围内的死亡，均给付保险金的寿险。

假设x岁的人，投保保险金额为1元的延期n年定期m年的死亡保险，若被保险人在$x+n$~$x+n+m$年上的任意时点死亡，则在该年死亡年年末给付1元保险金。其精算现值或趸交纯保费用符号${}_{n|}A^1_{x:\overline{m}|}$或${}_{n|m}A_x$表示。

如图3.5所示。

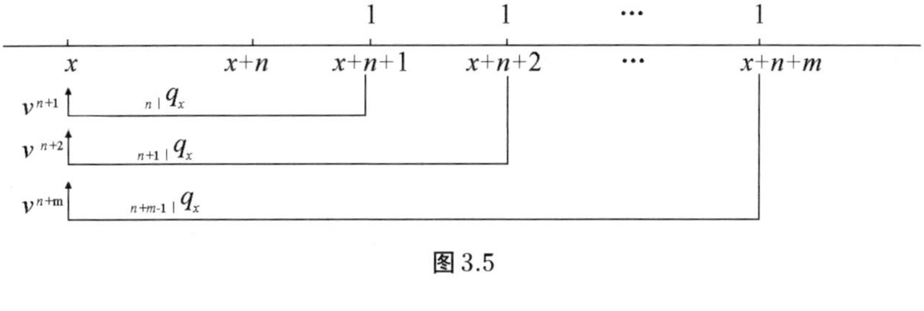

图3.5

由图3.5可得：

$$
\begin{aligned}
{}_{n|}A^{1}_{x:\overline{m}|} &= v^{n+1}\,{}_{n|}q_x + v^{n+2}\,{}_{n+1|}q_x + \dots + v^{n+m}\,{}_{n+m-1|}q_x \\
&= \sum_{k=n}^{n+m-1} v^{k+1}\,{}_{k|}q_x \\
&= \frac{M_{x+n} - M_{x+n+m}}{D_x}
\end{aligned}
\tag{3.6}
$$

该险种也可看成x岁活到$x+n$岁的人，在$x+n$岁上购买了一个m年期的死亡保险。如图3.6所示。

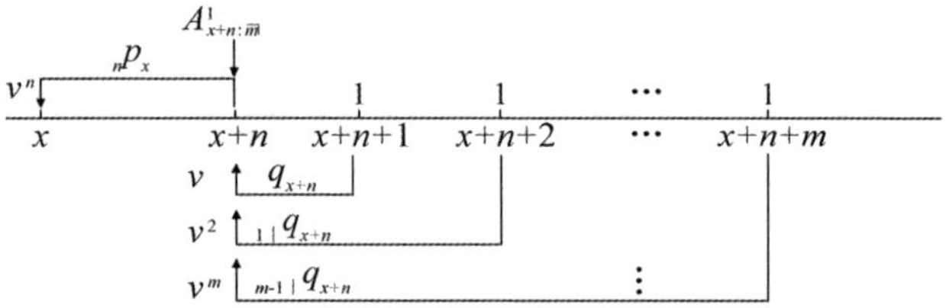

图3.6

由图3.6可得：

$$
{}_{n|}A^{1}_{x:\overline{m}|} = A^{1}_{x+n:\overline{m}|} \cdot v^n \cdot {}_np_x \tag{3.7}
$$

四、两全保险

两全保险是定期寿险和生存保险的合险，在保险期内是既保生又保死的，又称生死合险。被保险人在保险期内死亡，给付死亡保险金；若在保险期满时存活，则给付生存保险金。

假设x岁时购买了n年期两全保险，若被保险人在$x+n$年内任意时点死亡，则在死亡年年末给付1元保险金；若在n年期满存活，则在$x+n$年末给付1元生存保险金，其精算现值或趸交净保费用符号$A_{x:\overline{n}|}$表示。

如图3.7所示。

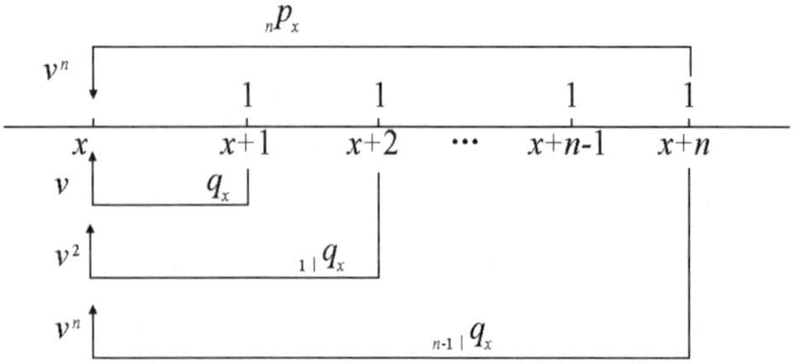

图3.7

由图3.7可得：

$$A_{x:\overline{n}|} = vq_x + v^2 \cdot {}_{1|}q_x + \cdots v^n \cdot {}_{n-1|}q_x + v^n \cdot {}_n p_x$$
$$= A^1_{x:\overline{n}|} + v^n \cdot {}_n p_x \tag{3.8}$$

我们把x岁投保，n年期满存活则给付一次生存保险金的保险称为纯粹的生存保险，其精算现值符号记为$A_{x:\overline{n}|}^{\ \ 1}$。

如图3.8所示。

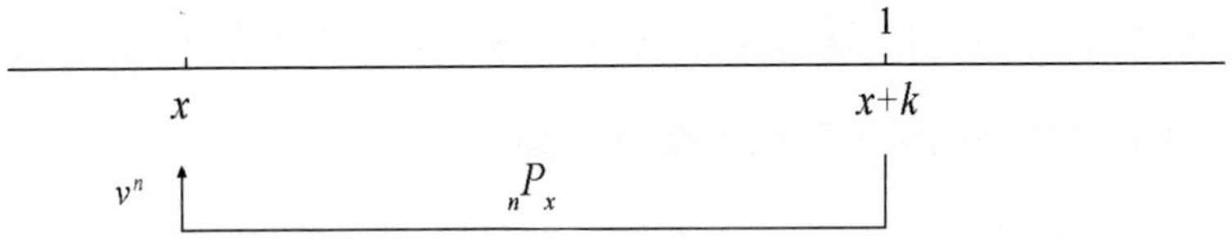

图3.8

由图3.8可得：

$$A_{x:\overline{n}|}^{\ \ 1} = v^n \cdot {}_n p_x = \frac{v^{x+n}}{v^x} \cdot \frac{l_{x+n}}{l_x} = \frac{D_{x+n}}{D_x} \tag{3.9}$$

因此n年期两全保险精算现值是由n年期寿险精算现值和n年纯粹的生存保险精算现值之和构成，即：

$$A_{x:\overline{n}|} = A^1_{x:\overline{n}|} + A_{x:\overline{n}|}^{\ \ 1}$$
$$= \frac{M_x - M_{x+n}}{D_x} + \frac{D_{x+n}}{D_x}$$
$$= \frac{M_x - M_{x+n} + D_{x+n}}{D_x} \tag{3.10}$$

例2.8 (30)购买了保额1000元的下列保单，利用书后附表2.3，在年利率2.5%下，计算各险种死亡年年末的趸交纯保费：

(1)终身保险；(2)30年定期寿险；(3)30年储蓄保险。

解 (1)

$$1000A_{20} = 1000\frac{M_{20}}{D_{20}} = 1000 \times \frac{155247.88}{605653.09} = 256.33$$

(2)$1000A^1_{20:\ 30} = 1000 \times \dfrac{M_{20} - M_{50}}{D_{20}} = 1000 \times \dfrac{155247.88 - 139492.93}{605653.09} = 26.01$

(3)储蓄保险即是两全保险：

$$1000A_{20:\overline{30}|} = 1000 \times \frac{M_{20} - M_{50} + D_{50}}{D_{20}}$$
$$= 1000 \times \frac{155247.88 - 139492.93 + 276470.95}{605653.09}$$
$$= 482.5$$

第二节 人寿保险的精算现值

人寿保险的精算现值也称为趸交纯保费，本节中将讨论各种人寿保险的趸交纯保费的计算方法，建立一系列寿险精算模型。由于保险金给付时间是不确定的，支付数量是确定的，我们将保险金支付的时间和数量看成只依赖于被保险人死亡的时间，即模型是依赖于$T(x)$和$K(x)$的定义建立的。$T(x)$表示被保险人的未来寿命，即余命随机变量，在此基础上建立的模型为连续型人寿保险精算模型；$K(x)$表示被保险人的取整余命随机变量，在此基础上建立离散型人寿保险精算模型。

一、死亡时立即给付的寿险的精算现值

死亡时立即给付保险金是指投保后被保险人一旦发生保险责任范围内的死亡，保险人立即给付保险金。实务中由于从被保险人死亡到保险金给付的时间很短，所以计算时把被保险人死亡和保险金给付当作同一时间发生。我们将保单签发到被保险人死亡的时间长度记为t，用x表示投保年龄，b_t表示保险金给付函数，v_t表示折现函数，则定义现值函数：$Z_t = b_t \cdot v_t$表示未来保险金给付在签单时的现值。

事实上在保单签发时我们并不知道被保险人何时死亡，因此T是个随机变量。在寿险中根据精算等价原理，保险人为了平衡未来T时刻支付的保险金b_T，在签单时需要一个收入$Z_T = b_T \cdot v_T$，即b_T的现值，由于Z_T会因T的取值的不同而不同，无法事先确定，是个随机变量，因此我们只能取其平均值，即数学期望$E(Z_T)$作为趸交净保费。记$E(Z_T)$是未来保险金给付在签单时的精算现值，它是以预定利率和预定死亡率为基础计算的。同时为了反映保险公司承担的风险，还需计算随机变量Z的其他特征，如方差等。

（一）n年定期寿险的精算现值

是指保险期限是n年的死亡保险。若在保险期限内发生保险责任范围内的死亡，则给付保险金；否则不予给付。

假设(x)投保n年定期寿险，保险期内死亡时给付保险金额为1元，其精算现值用符号$\bar{A}^{1}_{x:\overline{n}|}$表示。

则给付函数为：

$$b_t = \begin{cases} 1, & t \leqslant n \\ 0, & t > n \end{cases}$$

折现函数为：

$$v_t = v^t, \ t \geqslant 0$$

未来保险金给付在投保时的现值为：

$$Z_T = b_T \cdot v_T = \begin{cases} 1 \cdot v^T, & T \leqslant n \\ 0, & T > n \end{cases}$$

Z是T的函数，设T的密度函数为$f_T(t)$，则n年定期寿险的精算现值为：

$$\bar{A}^{1}_{x:\overline{n}|} = E(Z_T) = \int_0^{\infty} Z_t \cdot f_T(t)dt$$

$$= \int_0^n v^t \cdot f_T(t)dt$$

$$= \int_0^n v^t \cdot {}_t p_x \cdot \mu_{x+t} dt \tag{3.11}$$

由于 $\delta = \ln(1+i) = \ln v^{-1}$

所以 $v = e^{-\delta}$

则有：

$$\bar{A}^{1}_{x:\overline{n}|} = \int_0^n e^{-\delta t} \cdot {}_t p_x \cdot \mu_{x+t} dt$$

$$E(Z_T{}^2) = \int_0^n Z_T{}^2 \cdot f_T(t)dt$$

$$= \int_0^n v^{2t} \cdot {}_t p_x \cdot \mu_{x+t} dt$$

$$= \int_0^n e^{-2\delta t} \cdot {}_t p_x \cdot \mu_{x+t} dt \tag{3.12}$$

由式(3.12)可以看出，$E(Z_T{}^2)$相当于用2δ代替δ来计算的趸交纯保费，即：

$${}^2\bar{A}^{1}_{x:\overline{n}|} = E(Z_T{}^2)$$

则Z的方差可以表示为：

$$\mathrm{Var}(Z) = E(Z^2) - [E(Z)]^2$$

$$= {}^2\bar{A}^{1}_{x:\overline{n}|} - (\bar{A}^{1}_{x:\overline{n}|})^2 \tag{3.13}$$

例3.1 设生存函数$s(x) = 1 - \frac{x}{100}$，$0 \leqslant x \leqslant 100$，年利率$i = 0.1$，保险金为1元，计算：(1)$\bar{A}^{1}_{40:\overline{10}|}$；(2)$\mathrm{Var}(Z)$。

解 (1) $f_T(t) = -\frac{s'(x+t)}{s(x)} = \frac{\frac{1}{100}}{1 - \frac{x}{100}} = \frac{1}{100 - x}$，$0 \leqslant x \leqslant 100$

由于$x = 40$，故

$$f_T(t) = \frac{1}{60}$$

$$v = e^{-\delta} = (1+i)^{-1} = 1.1^{-1}$$

所以

$$\bar{A}^{1}_{40:\overline{10|}} = \int_0^{10} v^t f_T(t)dt$$
$$= \int_0^{10} 1.1^{-t} \cdot \frac{1}{60} dt$$
$$= 0.107$$

(2)
$$\mathrm{Var}(Z) = {}^2\bar{A}^{1}_{40:\overline{10|}} - (\bar{A}^{1}_{40:\overline{10|}})^2 = 0.063$$

(二)终身寿险的精算现值

终身寿险的保险期限是终生的,即直到死亡为止。指保险人对被保险人在投保后任何时刻发生的保险责任范围内的死亡均给付保险金的险种。

假定(x)投保终身寿险,死亡时给付保险金额为1元,则其精算现值符号为$\bar{A}_x$。

给付函数为:

$$b_t = \begin{cases} 1, & t \leqslant n \\ 0, & t > n \end{cases}$$

折现函数为:

$$v_t = v^t,\ t \geqslant 0$$

未来保险金给付现值为:

$$Z_T = b_T \cdot v_T = \begin{cases} 1 \cdot v^T, & T \geqslant 0 \\ 0, & T < 0 \end{cases}$$

则终身寿险的精算现值为:

$$\bar{A}_x = E(Z_T) = \int_0^{\infty} Z_t \cdot f_T(t)\, dt$$
$$= \int_0^{\infty} v^t \cdot {}_tp_x \cdot \mu_{x+t}\, dt$$
$$= \int_0^{\infty} e^{-\delta t} \cdot {}_tp_x \cdot \mu_{x+t}\, dt$$
$$E(Z_T^2) = \int_0^{\infty} Z_T^2 \cdot f_T(t)\, dt$$
$$= \int_0^{\infty} v^{2t} \cdot {}_tp_x \cdot \mu_{x+t}\, dt$$
$$= \int_0^{\infty} e^{-2\delta t} \cdot {}_tp_x \cdot \mu_{x+t}\, dt$$

Z的方差可表示为:

$$\mathrm{Var}(Z) = E(Z^2) - [E(Z)]^2$$
$$= {}^2\bar{A}_x - (\bar{A}_x)^2$$

例 3.2 设(x)投保额为1元的终身寿险，签单时未来寿命T的概率密度函数$f_T(t)=\begin{cases}\frac{1}{50}\ (0<t<50)\\ 0\ (\text{其他})\end{cases}$，利力为$\delta(\delta\neq 0)$，签单时保险金的现值随机变量为Z，计算：(1)趸交纯保费；(2)Var(Z)；(3)满足$P_r(Z\leqslant\xi_{0.9})=0.9$的分位数$\xi_{0.9}$。

解 (1)依题意，有：

$$\begin{aligned}\overline{A}_x&=\int_0^{50}e^{-\delta t}f_T(t)dt\\&=\int_0^{50}e^{-\delta t}\cdot\frac{1}{50}dt\\&=\frac{1-e^{-50\delta}}{50\delta}\quad(\delta\neq 0)\end{aligned}$$

$$\begin{aligned}{}^2\overline{A}_x&=\int_0^{50}e^{-2\delta t}\cdot\frac{1}{50}dt\\&=\frac{1-e^{-50\times 2\delta}}{50\times 2\delta}\\&=\frac{1-e^{-100\delta}}{100\delta}\quad(\delta\neq 0)\end{aligned}$$

(2)
$$\begin{aligned}\text{Var}(Z)&={}^2\overline{A}_x-(\overline{A}_x)^2\\&=\frac{1-e^{-100\delta}}{100\delta}-(\frac{1-e^{-50\delta}}{50\delta})^2\quad(\delta\neq 0)\end{aligned}$$

(3)设$h=\frac{\ln\zeta_{0.9}}{\ln v}$，则：

$$\begin{aligned}P_r(Z\leqslant\xi_{0.9})&=P_r(v^T\leqslant\xi_{0.9})\\&=P_r(T>\frac{\ln\xi_{0.9}}{\ln v})\\&=\int_h^{+\infty}f_T(t)dt\\&=\int_h^{+\infty}\frac{1}{50}dt\\&=\frac{1}{50}(50-h)\\&=0.9\end{aligned}$$

得：
$$h=5$$

即：

$$\ln\zeta_{0.9}=5\ln v$$

$$\zeta_{0.9}=v^5=e^{-5\delta}\quad(\delta\neq 0.1)$$

(三)生存保险与两全保险的精算现值

1.纯粹的生存保险

该保险是指被保险人投保后在保险期满若存活则给付一次生存保险金,否则不予给付保险金的保险。

假设(x)投保n年期的纯粹的生存保险,被保险人n年期满存活,n年末给付1元保险金,其精算现值用符号$A_{x:\overline{n|}}^{\ \ 1}$表示。

给付函数为:

$$b_t = \begin{cases} 1, & t \geqslant n \\ 0, & t < n \end{cases}$$

折现函数为:

$$V_t = v^n,\ t > 0$$

未来保险金给付在投保时的现值为:

$$Z_T = b_T V_T = \begin{cases} 1 \cdot v^n, & T \geqslant n \\ 0, & T < n \end{cases}$$

则n年期纯粹的生存保险的精算现值为:

$$A_{x:\overline{n|}}^{\ \ 1} = E(Z_T) = v^n \cdot {}_n p_x \tag{3.14}$$

$$^2A_{x:\overline{n|}}^{\ \ 1} = E(Z_T^2) = v^{2n} \cdot {}_n p_x \tag{3.15}$$

Z的方差可表示为:

$$\begin{aligned} \operatorname{Var}(Z) &= E(Z^2) - [E(Z)]^2 \\ &= {}^2A_{x:\overline{n|}}^{\ \ 1} - (A_{x:\overline{n|}}^{\ \ 1})^2 \end{aligned} \tag{3.16}$$

2.两全保险

n年期两全保险是纯粹的生存保险和定期寿险的合险。

假设(x)投保n年期两全保险,被保险人n年内发生保险责任范围内的死亡,则死亡时给付死亡保险金;若n年期满存活,则在n年末给付生存保险金,其精算现值用符号$\overline{A}_{x:\overline{n|}}$表示。

给付函数为:

$$b_t = 1,\ t \geqslant 0$$

折现函数为:

$$V_t = \begin{cases} v^t, & t \leqslant n \\ v^n, & t > n \end{cases}$$

定义定期寿险和生存保险的给付现值随机变量为Z_1,Z_2。

则:

$$Z_1 = \begin{cases} v^T, & T \leqslant n \\ 0, & T > n \end{cases}$$

$$Z_2 = \begin{cases} v^n, & T > n \\ 0, & T \leqslant n \end{cases}$$

记Z为两全保险未来保险金给付现值随机变量,有:

$$Z = Z_1 + Z_2$$

$$\bar{A}_{x:\overline{n}|} = E(Z) = E(Z_1) + E(Z_2)$$

$$= \int_0^n v^t \cdot {}_tp_x \cdot \mu_{x+t}\, dt + v^n \cdot {}_np_x \tag{3.17}$$

(四)延期寿险的精算现值

是指保险人对被保险人在投保n年后发生的保险责任范围内的死亡给付保险金的险种。它分为延期终身寿险、延期定期寿险和延期两全保险。

1.延期n年终身寿险

假设(x)投保延期n年的终身寿险,死亡时给付保险金额1元,其精算现值用符号${}_{n|}\bar{A}_x$表示。

给付函数为:

$$b_t = \begin{cases} 1, & t \geqslant n \\ 0, & t < n \end{cases}$$

折现函数为:

$$V_t = v^t,\ t > 0$$

未来保险金给付在投保时的现值为:

$$Z_T = b_T V_T = \begin{cases} v^T, & T \geqslant n \\ 0, & T < n \end{cases}$$

则延期n年终身寿险的精算现值为:

$${}_{n|}\bar{A}_x = E(Z_T) = \int_n^\infty Z_T \cdot f_T(t)\, dt$$

$$= \int_n^\infty v^t \cdot {}_tp_x \cdot \mu_{x+t}\, dt$$

$$= \int_n^\infty e^{-\delta t} \cdot {}_tp_x \cdot \mu_{x+t}\, dt \tag{3.18}$$

$${}_{n|}\bar{A}_x^2 = E(Z_T^2) = \int_n^\infty Z_T^2 \cdot f_T(t)\, dt$$

$$= \int_n^\infty v^{2t} \cdot {}_tp_x \cdot \mu_{x+t}\, dt$$

$$= \int_n^\infty e^{-2\delta t} \cdot {}_tp_x \cdot \mu_{x+t}\, dt \tag{3.19}$$

Z的方差可表示为：

$$\begin{aligned}\mathrm{Var}(Z) &= E(Z_T^2) - [E(Z_T)]^2 \\ &= {}^2_{n|}\bar{A}_x - ({}_{n|}\bar{A}_x)^2\end{aligned}$$

2.延期n年定期m年终身寿险

假设(x)投保延期n年的定期m年终身寿险，死亡时给付1元保险金，其精算现值用符号${}_{n|}\bar{A}^{\,1}_{x:\overline{m|}}$表示。

给付函数为：

$$b_t = \begin{cases} 1, & n < t \leqslant n + m \\ 0, & 其他 \end{cases}$$

折现函数为：

$$V_t' = v^t,\ t > 0$$

未来保险金给付在投保时的现值为：

$$Z_T = b_T V_T = \begin{cases} v^T, & n < T \leqslant n + m \\ 0, & 其他 \end{cases}$$

则延期n年定期m年寿险的精算现值为：

$$\begin{aligned}{}_{n|}\bar{A}^{\,1}_{x:\overline{m|}} &= E(Z_T) = \int_n^{n+m} Z_T \cdot f_T(t)\,dt \\ &= \int_n^{n+m} v^t \cdot {}_tp_x \cdot \mu_{x+t}\,dt \\ &= \int_n^{n+m} e^{-\delta t} \cdot {}_tp_x \cdot \mu_{x+t}\,dt \\ &= \bar{A}^{\,1}_{x:\overline{n+m|}} - \bar{A}^{\,1}_{x:\overline{n|}}\end{aligned} \tag{3.20}$$

3.延期m年定期n年的两全保险

该保险是指被保险人在投保后的前m年内死亡，保险公司不予赔偿；保单的生效是从第m + 1年开始，为期n年的定期两全保险。

假设(x)投保延期年m年定期n年的两全保险，若被保险人在保单生效期内死亡，则死亡时给付1元保险金；若期满存活，在n + m年上给付1元生存保险金。其精算现值用符号${}_{m|}\bar{A}_{x:\overline{n|}}$可表示。

给付函数为：

$$b_t = \begin{cases} 0, & t \leqslant m \\ 1, & t > m \end{cases}$$

折现函数为：

$$v_t = \begin{cases} v^t, & t \leqslant m + n \\ v^{m+n}, & t > m + n \end{cases}$$

未来保险金给付在投保时的现值为：

$$Z_T = b_T V_T = \begin{cases} 0, & T \leqslant m \\ v^T, & m < T \leqslant m+n \\ v^{m+n}, & T > m+n \end{cases}$$

有：

$$E(Z) = {}_{m|}\bar{A}_{x:\overline{n|}} = {}_{m|}\bar{A}^{1}_{x:\overline{n|}} + {}_{m|}A_{x:\overline{n|}}^{\ \ 1}$$

延期 m 年的 n 年定期两全保险可以看成 x 岁的被保险人先生存 m 年，到 $x+m$ 岁时再获得一个 n 年期两全保险。

即：

$$\begin{aligned} {}_{m|}\bar{A}_{x:\overline{n|}} &= v^m \cdot {}_m p_x \cdot \bar{A}_{x+m:\overline{n|}} \\ &= A_{x:\overline{m|}}^{\ \ 1} \cdot \bar{A}_{x+m:\overline{n|}} \end{aligned}$$

例 3.3 (x) 投保延期 5 年的终身寿险，保险金额 1 元，保险金在死亡时立即给付。已知死力 $\mu = 0.05$，利力 $\delta = 0.2$，$s(x) = e^{-0.05x}$，Z 表示签单时死亡给付的现值随机变量。试求：(1) ${}_{5|}\bar{A}_x$；(2) $\mathrm{Var}(Z)$。

解 (1)

$$\begin{aligned} {}_{5|}\bar{A}_x &= \int_5^{+\infty} v^t \cdot f_T(t)\,dt \\ &= \int_5^{+\infty} e^{-\delta t} \cdot 0.05e^{-0.05t}\,dt \\ &= \int_5^{+\infty} e^{-0.2t} \cdot 0.05e^{-0.05t}\,dt \\ &= \frac{0.05}{0.05+0.2} e^{-0.05t} \\ &= \frac{1}{5} e^{-1.25} \end{aligned}$$

$$\begin{aligned} {}_{5|}\bar{A}_x^{2} &= \int_5^{+\infty} v^{2t} \cdot f_T(t)\,dt \\ &= \int_5^{+\infty} e^{-2\delta t} \cdot \mu e^{-\mu t}\,dt \\ &= \frac{\mu}{\mu+2\delta} e^{-5(\mu+2\delta)} \\ &= \frac{1}{9} e^{-2.25} \end{aligned}$$

(2)

$$\begin{aligned} \mathrm{Var}(Z) &= {}_{5|}^{2}\bar{A}_x - ({}_{5|}\bar{A}_x)^2 \\ &= \frac{1}{9} e^{-2.25} - \frac{1}{25} e^{-2.5} \end{aligned}$$

二、死亡年年末给付的寿险精算现值

死亡年年末给付的寿险精算现值是以离散型未来寿命$K(x)$为基础，保险金是在被保险人死亡所处的保单年度末支付而建立的各种离散型人寿保险模型。在保险实务中都是在被保险人死亡后立即给付保险金，而并非在被保险人死亡年年末支付，但是很多时候我们并不知道T的分布，生存函数的解析表达式也很难得到，又不能直接运用生命表，因此无法计算出趸交净保费。后面我们可以看到，通过死亡时立即给付的寿险与死亡年年末给付的寿险之间的关系，可以运用生命表来计算趸交纯保费。

考虑(x)的取整余命随机变量K，当被保险人在第$k+1$个保险年度死亡时，其取整余命为k，而保险金将在时刻$k+1$给付。用x表示投保年龄，b_{K+1}表示保险金给付函数，V_{K+1}表示折现函数，K表示从签单到死亡给付的时间长度。定义$Z_{K+1}=b_{K+1}\cdot V_{K+1}$为未来保险金给付在签单时的现值随机变量。

(一)n年定期寿险的精算现值

假设(x)投保n年定期寿险，若被保险人在n年内死亡，则在死亡年年末给付1元保险金。其精算现值用符号$A^{1}_{x:\overline{n}|}$表示。

给付函数为：

$$b_{K+1}=\begin{cases}1, & k=0,1,2,\cdots,n-1\\0, & 其他\end{cases}$$

折现函数为：

$$V_{K+1}=v^{K+1},\qquad k=0,1,2,\cdots$$

未来保险金给付在签单时的给付现值为：

$$Z_{K+1}=b_{K+1}V_{K+1}=\begin{cases}v^{K+1}, & k=0,1,2,\cdots,n-1\\0, & 其他\end{cases}$$

n年定期寿险的精算现值为：

$$\begin{aligned}A^{1}_{x:\overline{n}|}&=E(Z_{K+1})\\&=\sum_{k=0}^{n-1}b_{k+1}\cdot v_{k+1}\cdot {}_{k|}q_x\\&=\sum_{k=0}^{n-1}v^{k+1}\cdot {}_{k|}q_x\\&=\sum_{k=0}^{n-1}e^{-\delta(k+1)}\cdot {}_{k}p_x\cdot q_{x+k}\end{aligned}\tag{3.21}$$

$${}^{2}A^{1}_{x:\overline{n}|}=E(Z^{2}_{K+1})=\sum_{k=0}^{n-1}e^{-2\delta(k+1)}\cdot {}_{k}p_x\cdot q_{x+k}$$

Z的方差为：

$$\mathrm{Var}(Z)=E(Z^2)-[E(Z)]^2={}^2A^1_{x:\overline{n}|}-(A^1_{x:\overline{n}|})^2 \tag{3.22}$$

（二）终身寿险的精算现值

假设(x)投保终身寿险，若被保险人死亡，则在死亡年年末给付1元保险金。其精算现值用符号A_x表示。

给付函数为：

$$b_{K+1}=\begin{cases}1, & k=0,1,2,\cdots,n-1\\ 0, & \text{其他}\end{cases}$$

折现函数为：

$$V_{K+1}=v^{k+1},\ k=0,1,2,\cdots$$

未来保险金给付在签单时给付现值为：

$$Z_{K+1}=b_{K+1}V_{K+1}=\begin{cases}v^{K+1}, & k=0,1,2,\cdots,n-1\\ 0, & \text{其他}\end{cases}$$

终身寿险的精算现值为：

$$\begin{aligned}A_x&=E(Z_{K+1})\\&=\sum_{k=0}^{\infty}v^{k+1}\cdot{}_{k|}q_x\\&=\sum_{k=0}^{\infty}v^{k+1}\cdot{}_kp_x\cdot q_{x+k}\\&=\sum_{k=0}^{\infty}e^{-\delta(k+1)}\cdot{}_kp_x\cdot q_{x+k}\end{aligned} \tag{3.23}$$

$$\begin{aligned}{}^2A_x&=E(Z_{K+1}^2)\\&=\sum_{k=0}^{\infty}v^{2(k+1)}\cdot{}_{k|}q_x\\&=\sum_{k=0}^{\infty}e^{-2\delta(k+1)}\cdot{}_kp_x\cdot q_{x+k}\end{aligned}$$

Z的方差为：

$$\mathrm{Var}(Z)={}^2A_x-(A_x)^2 \tag{3.24}$$

（三）延期寿险的精算现值

1.延期m年定期n年寿险

假设(x)投保延期m年的n年定期寿险，若被保险人在保险期内死亡，则在死亡年年末给付1元保险金。其精算现值用符号${}_{m|}A^1_{x:\overline{n}|}$表示。

给付函数为：

$$b_{K+1}=\begin{cases}1, & k=m,m+1,\cdots,m+n-1\\ 0, & \text{其他}\end{cases}$$

折现函数为：

$$V_{K+1}=v^{K+1},\ k=0,1,2,\cdots$$

未来保险金给付在签单时给付现值为：

$$Z_{K+1}=b_{K+1}V_{K+1}=\begin{cases}v^{K+1}, & k=m,m+1,\cdots,m+n-1\\0, & \text{其他}\end{cases}$$

终身寿险的精算现值为：

$$\begin{aligned}{}_{m|}A^{1}_{x:\overline{n}|}&=E(Z_{K+1})\\&=\sum_{k=m}^{m+n-1}v^{k+1}\cdot{}_{k|}q_x\\&=\sum_{k=m}^{m+m-1}e^{-\delta(k+1)}\cdot{}_kp_x\cdot q_{x+k}\\&=A^{1}_{x:\overline{n+m}|}-A^{1}_{x:\overline{m}|}\end{aligned}\tag{3.25}$$

$$E(Z^2_{K+1})=\sum_{k=m}^{m+m-1}e^{-2\delta(k+1)}\cdot{}_kp_x\cdot q_{x+k}$$

Z的方差为：

$$\mathrm{Var}(Z)={}^{2}_{m|}A^{1}_{x:\overline{n}|}-({}_{m|}A^{1}_{x:\overline{n}|})^2\tag{3.26}$$

类似地，可得到下列公式：

$$\begin{aligned}{}_{m|}A^{1}_{x:\overline{n}|}&=v^m\cdot{}_mp_x\cdot A^{1}_{x+m:\overline{n}|}=A_{x:\overline{m}|}^{\ \ 1}\cdot A^{1}_{x+m:\overline{n}|}\\{}_{m|}A_x&=A_{x:\overline{m}|}^{\ \ 1}\cdot A_{x+m}\\{}_{m|}A_{x:\overline{n}|}&=A_{x:\overline{m}|}^{\ \ 1}\cdot A_{x+m:\overline{n}|}\end{aligned}\tag{3.27}$$

2.延期m年终身寿险

假设(x)投保延期m年的终身寿险，若被保险人在投保后保单生效期内任意时点上死亡，则在死亡年年末给付1元保险金。其精算现值用符号${}_{m|}A_x$表示。

给付函数为：

$$b_{k+1}=\begin{cases}1, & k=m,\ m+1,\cdots\\0, & \text{其他}\end{cases}$$

折现函数为：

$$V_{K+1}=v^{K+1},\ k=0,1,2,\cdots$$

未来保险金给付在签单时的现值为：

$$Z_{K+1}=b_{K+1}V_{K+1}=\begin{cases}v^{K+1}, & k=m,\ m+1,\cdots\\0, & \text{其他}\end{cases}$$

延期m年终身寿险精算现值为：

$$
\begin{aligned}
{}_{m|}A_x &= E(Z_{K+1}) \\
&= \sum_{k=m}^{\infty} v^{k+1} \cdot {}_{k|}q_x \\
&= \sum_{k=m}^{\infty} e^{-\delta(k+1)} \cdot {}_k p_x \cdot q_{x+k}
\end{aligned}
\tag{3.28}
$$

$$
\begin{aligned}
{}_{m|}^{2}A_x &= E(Z_{k+1}^2) \\
&= \sum_{k=m}^{\infty} e^{-2\delta(k+1)} \cdot {}_k p_x \cdot q_{x+k}
\end{aligned}
$$

则Z的方差为：

$$
\mathrm{Var}(Z) = {}_{m|}^{2}A_x - ({}_{m|}A_x)^2 \tag{3.29}
$$

（四）n年期两全保险的精算现值

假设(x)投保n年期两全保险，被保险人n年内发生保险责任范围内的死亡，则死亡年年末给付死亡保险金；若n年期满存活，则在n年末给付生存保险金，其精算现值用符号$A_{x:\overline{n|}}$表示。

给付函数为：

$$
b_{K+1} = 1, \quad k = 0,1,2,\cdots
$$

折现函数为：

$$
V_{K+1} = \begin{cases} v^{K+1}, & k = 0,1,\cdots,n-1 \\ v^n, & k = n,n+1,\cdots \end{cases}
$$

定义定期寿险和生存保险的给付现值随机变量为Z_1,Z_2，则：

$$
Z_1 = \begin{cases} v^{k+1}, & k = 0,1,\cdots,n-1 \\ 0, & k = n,n+1,\cdots \end{cases}
$$

$$
Z_2 = \begin{cases} v^n, & k = n,n+1,\cdots \\ 0, & k = 0,1,\cdots n-1 \end{cases}
$$

记Z为两全保险未来保险金给付现值随机变量，有：

$$
Z = Z_1 + Z_2
$$

$$
\begin{aligned}
A_{x:\overline{n|}} &= E(Z) = E(Z_1) + E(Z_2) \\
&= \sum_{k=0}^{n-1} v^{k+1} \cdot {}_{k|}q_x + v^n \cdot {}_n p_x \\
&= A^{1}_{x:\overline{n|}} + A_{x:\overset{1}{\overline{n|}}}
\end{aligned}
\tag{3.30}
$$

三、死亡时给付与死亡年年末给付寿险精算现值的关系

在满足如下两个条件的情况下，死亡即刻赔付趸交纯保费是死亡年末赔付净

趸交纯保费的$\frac{i}{\delta}$倍：

条件 1：$v_t = v^t, \delta = -\ln v$；

条件 2：b_t只依赖于剩余寿命的整数部分，即$b_t = b_{K+1}^*$。

假设死亡在各年龄内均匀分布，以终身寿险为例：

$$\begin{aligned}
\bar{A}_x &= \int_0^{+\infty} v^t f_T(t)dt = \sum_{k=0}^{\infty}\int_k^{k+1} v^k \cdot {}_tp_x \cdot \mu_{x+t}dt \\
&= \sum_{k=0}^{\infty}\int_0^1 v^{k+s} \cdot {}_{k+s}p_x \cdot \mu_{x+k+s}ds \\
&= \sum_{k=0}^{\infty}\int_0^1 v^{k+s} \cdot {}_kp_x \cdot {}_sp_{x+k} \cdot \mu_{x+k+s}ds \\
&= \sum_{k=0}^{\infty} v^{k+1} \cdot {}_kp_x \int_0^1 v^{s-1} \cdot {}_sp_{x+k} \cdot \mu_{x+k+s}ds \\
&\underset{{}_sp_{x+k}\cdot\mu_{x+k+s}=q_{x+k}}{\overset{UDD}{\approx}} \sum_{k=0}^{\infty} v^{k+1} \cdot {}_kp_x \int_0^1 v^{s-1} \cdot q_{x+k}ds \\
&= \sum_{k=0}^{\infty} v^{k+1} \cdot {}_kp_x \cdot q_{x+k}\int_0^1 (1+i)^{1-s}ds \\
&= \sum_{k=0}^{\infty} v^{k+1} \cdot {}_kp_x \cdot q_{x+k}\left[-\frac{(1+i)^{1-s}|_0^1}{\ln(1+i)}\right] \\
&= \sum_{k=0}^{\infty} v^{k+1} \cdot {}_kp_x \cdot q_{x+k} \cdot \frac{i}{\delta} \\
&= \sum_{k=0}^{\infty} v^{k+1} \cdot {}_{k|}q_x \cdot \frac{i}{\delta} \quad (0 \leqslant s \leqslant 1)
\end{aligned}$$

所以

$$\bar{A}_x \approx \frac{i}{\delta} A_x \tag{3.30}$$

同理：

$$\bar{A}^{1}_{x:\overline{n}|} \approx \frac{i}{\delta} A^{1}_{x:\overline{n}|} \tag{3.31}$$

$$\bar{A}_{x:\overline{n}|} \approx \frac{i}{\delta} A^{1}_{x:\overline{n}|} + A_{x:n}^{\ \ 1} \tag{3.32}$$

$$_{m|}\bar{A} \approx \frac{i}{\delta}\, {}_{m|}A_x \tag{3.33}$$

例 3.4 设(35)投保 25 年期两全保险，保险金额为 200000 元，在死亡或期满时立即给付。依据附表 2.1 及年利率$i = 6\%$，在死亡服从均匀分布的假设下，计算其趸交纯保费。(设$A^{1}_{35::\overline{25}|} = 0.03805460$)。

解 依题意，$200000A^{1}_{35:\overline{25|}}$即为所求得的趸交纯保费。

$i=6\%$，$\delta=\ln(1+0.06)=0.0582689$，在死亡均匀分布假设下：

$$\begin{aligned}A_{35:\overline{25|}} &= \frac{i}{\delta}A^{1}_{35:\overline{25|}}+A_{35:\overset{\quad 1}{\overline{25|}}}=\frac{i}{\delta}A^{1}_{35:\overline{25|}}+\frac{l_{60}}{l_{35}}\ (1.06)^{-25}\\ &=\frac{0.06}{0.0582689}\times 0.0380546+\frac{893244}{981881}\times(1.06)^{-25}\\ &=0.25115\end{aligned}$$

$$\begin{aligned}200000A^{1}_{35:\overline{25|}} &= 200000\times 0.25115\\ &= 50230(\text{元})\end{aligned}$$

第三节 变额寿险的精算现值

前面讨论的都是保险金额确定的情况下各寿险险种的精算现值。事实上，除了确定的保险金额外，还常常碰到保险给付金额随着不同时期变动的情况，这类保险称为变额寿险。

一、变额寿险精算现值的换算函数

（一）保额递增的终身寿险

(x)投保，若被保险人在第一年内死亡，则年末给付1元保险金，若第二年死亡，则给付2元，以此类推，第k年死亡，则给付k元的终身寿险。其精算现值记为$(IA)_x$。

如图3.9所示。

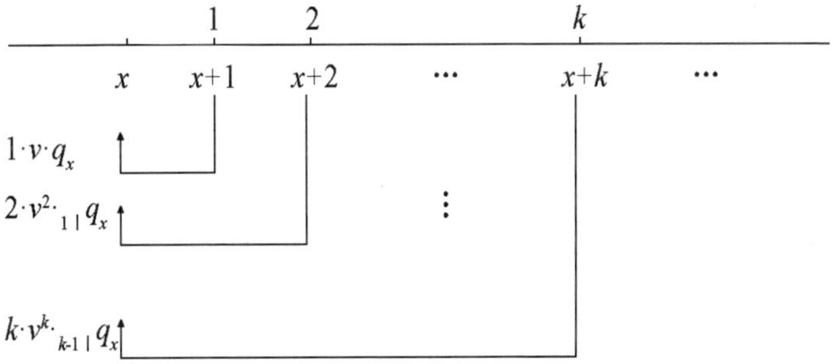

图3.9

则有：

$$\begin{aligned}(IA)_x &= \sum_{k=0}^{\infty}(k+1)\cdot v^{k+1}\cdot {}_{k|}q_x \\ &= \frac{1}{l_x v^x}\sum_{k=0}^{\infty}(k+1)v^{x+k+1}\cdot d_{x+k} \\ &= \frac{1}{D_x}\sum_{k=0}^{\infty}(k+1)C_{x+t} \\ &= \frac{1}{D_x}(C_x+2C_{x+1}+3C_{x+2}+\cdots) \\ &= \frac{1}{D_x}[(C_x+C_{x+1}+\cdots)+(C_{x+1}+C_{x+2}+\cdots)+\cdots] \\ &= \frac{1}{D_x}\sum_{k=0}^{\infty}M_{x+k}\end{aligned}$$

令：

$$R_x=\sum_{k=0}^{\infty}M_{x+k}$$

则：

$$(IA)_x=\frac{R_x}{D_x} \tag{3.34}$$

又或者如图3.10所示。

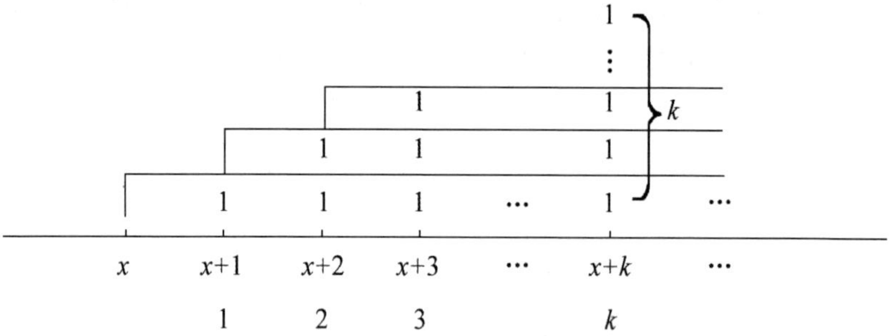

图3.10

即变额逐年递增终身寿险可看成保额1元的终身寿险和一系列延期终身寿险的合险。

有：

$$\begin{aligned}(IA)_x &= A_x+{}_{1|}A_x+{}_{2|}A_x+\cdots \\ &= \sum_{k=0}^{\infty}{}_{k|}A_x\end{aligned}$$

$$=\sum_{k=0}^{\infty}\frac{M_{x+k}}{D_x}$$

$$=\frac{R_x}{D_x}$$

(二)n年递增定期寿险

(x)投保,若第一年内死亡,则年末给付1元;第二年死亡,则给付2元;依此类推,第n年上死亡,给付n元的定期寿险。其精算现值记为$(IA)^{1}_{x:\overline{n}|}$。

如图3.11所示。

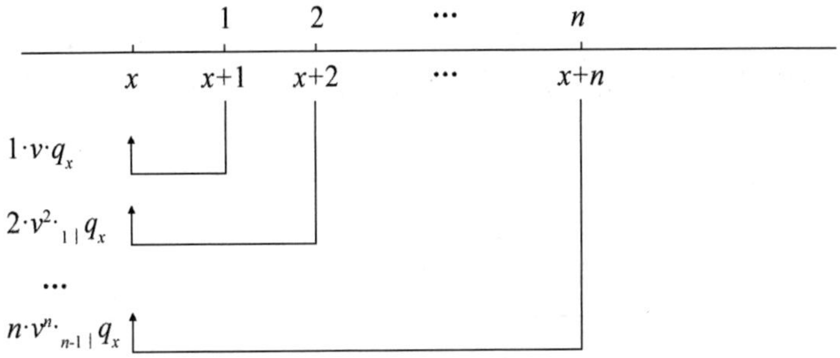

图3.11

$$
\begin{aligned}
(IA)^{1}_{x:\overline{n}|} &= \sum_{k=0}^{n-1}(k+1)\cdot v^{k+1}\cdot {}_{k|}q_x \\
&= \frac{1}{D_x}\sum_{k=0}^{n-1}(k+1)C_{x+k} \\
&= \frac{1}{D_x}(C_x + 2C_{x+1} + \cdots + nC_{x+n-1}) \\
&= \frac{1}{D_x}[(C_x + C_{x+1} + \cdots + C_{x+n-1}) + (C_{x+1} + \cdots + C_{x+n-1}) \\
&\quad + \cdots + (C_{x+n-2} + C_{x+n-1})] \\
&= \frac{1}{D_x}[(M_x - M_{x+n}) + (M_{x+1} - M_{x+n}) + \cdots + (M_{x+n-1} - M_{x+n})] \\
&= \frac{1}{D_x}(\sum_{k=0}^{n-1}M_{x+k} - nM_{x+n}) \\
&= \frac{R_x - R_{x+n} - nM_{x+n}}{D_x} \qquad (3.35)
\end{aligned}
$$

又如图3.12所示。

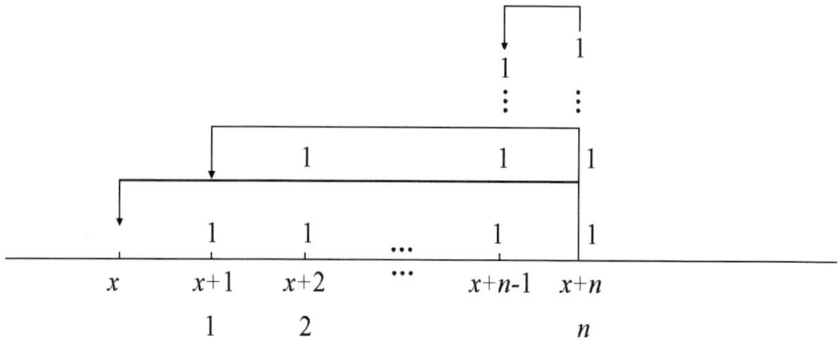

图 3.12

该险种也可表示为给付额1元的定期寿险和一系列延期定期寿险的合险。即：

$$(IA)^1_{x:\overline{n}|} = \sum_{k=0}^{\infty} {}_{k|}A^1_{x:\overline{n-k}|} = \sum_{k=0}^{n-1} \frac{M_{x+k} - M_{x+n}}{D_x}$$

$$= \frac{\sum_{k=0}^{n-1} M_{x+k} - nM_{x+n}}{D_x} = \frac{R_x - R_{x+n} - nM_{x+n}}{D_x}$$

又或者如图3.13所示。

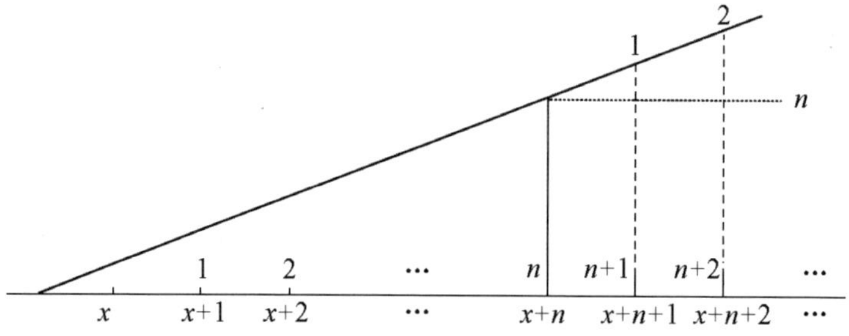

图 3.13

n年递增定期寿险可以看成是递增的终身寿险减去一个延期n年递增的终身寿险，再减去一个延期n年的保额为n元的一个定额终身寿险的合险。

即：

$$(IA)^1_{x:\overline{n}|} = (IA)_x - [n\,{}_{n|}A_x + {}_{n|}(IA)_x]$$

$$= \frac{R_x}{D_x} - n\frac{M_{x+n}}{D_x} - \frac{R_{x+n}}{D_x}$$

$$= \frac{R_x + R_{x+n} - nM_{x+n}}{D_x}$$

(三)n年定期递增的终身寿险

(x)投保,若n年内死亡,每年末给付逐年1元递增;若在n年后死亡,每年末给付n元的终身寿险。其精算现值记为$(I_{\overline{n}|}A)_x$。

如图3.14所示。

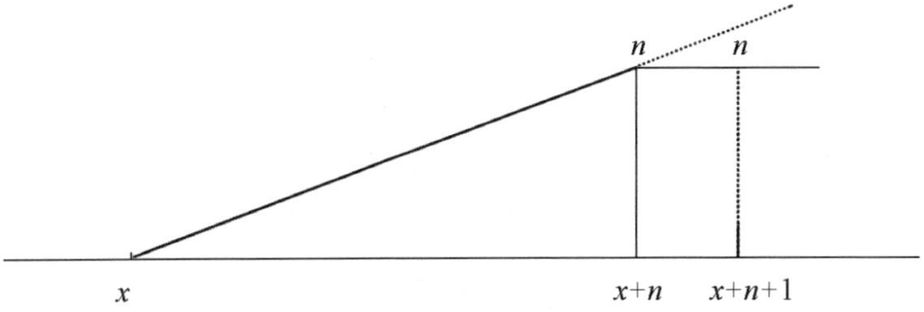

图3.14

该险种可表示为n年递增定期寿险和保额为n元的延期n年的定额终身寿险的合险。

则有:

$$(I_{\overline{n}|}A)_x = (IA)^1_{x:\overline{n}|} + {}_{n|}A_x$$
$$= \frac{R_x - R_{x+n} - nM_{x+n} + nM_{x+n}}{D_x}$$
$$= \frac{R_x - R_{x+n}}{D_x} \tag{3.36}$$

该险种也可表示为x投保的递增型终身寿险和延期n年投保的递增型终身寿险之差。

即:

$$(I_{\overline{n}|}A)_x = (IA)_x - {}_{n|}(IA)_x$$
$$= \frac{R_x}{D_x} - \frac{R_{x+n}}{D_x}$$
$$= \frac{R_x - R_{x+n}}{D_x}$$

(四)递减的n年定期寿险

(x)投保,n年内死亡,每年1元递减的定期寿险。若(x)在第一个保单年度内死亡,死亡年末给付n元保险金;若(x)在第二个保单年度内死亡,则给付$n-1$元保险金;依此类推,若(x)在第n个保单年度内死亡,则给付1元保险金。其精算现值记为$(DA)^1_{x:\overline{n}|}$。

如图3.15所示。

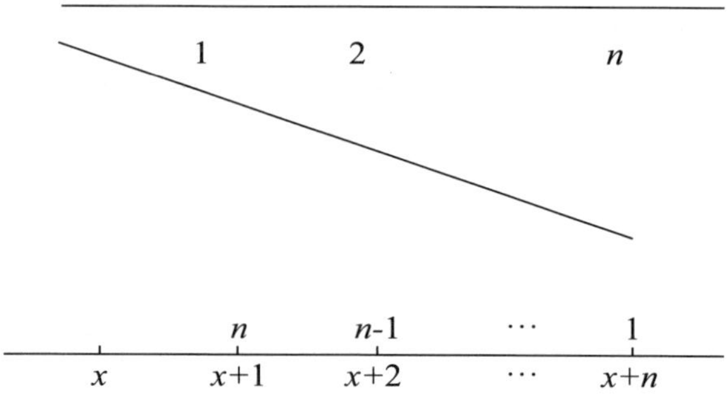

图 3.15

则有：

$$
\begin{aligned}
(DA)^{1}_{x:\overline{n}|} &= \sum_{k=0}^{n-1}(n-k)v^{k+1}\cdot {}_{k|}q_x \\
&= \sum_{k=0}^{n-1}[(n+1)-(k+1)]v^{k+1}\cdot {}_{k|}q_x \\
&= (n+1)A^{1}_{x:\overline{n}|}-(IA)^{1}_{x:\overline{n}|}
\end{aligned} \tag{3.37}
$$

该险种也可以看成是每年末$(n+1)$元给付的n年期寿险减去x岁投保每年1元递增的n年递增寿险。

即：

$$
\begin{aligned}
(DA)^{1}_{x:\overline{n}|} &= (n+1)A^{1}_{x:\overline{n}|}-(IA)^{1}_{x:\overline{n}|} \\
&= \frac{1}{D_x}[(n+1)(M_x-M_{x+n})-(R_x-R_{x+n}-nM_{x+n})] \\
&= \frac{1}{D_x}[(n+1)M_x-R_x-M_{x+n}+R_{x+n})]
\end{aligned}
$$

$$R_{x+1}=R_x-M_x, R_{x+n+1}=R_{x+n}-M_{x+n}$$

故

$$(DA)^{1}_{x:\overline{n}|}=\frac{nM_x-R_{x+1}+R_{x+n+1}}{D_x}$$

例 3.5 某人在 50 岁时投保了终身寿险，若他在投保后的一年内死亡，可得 50000元保险金，以后每多活一年后死亡，保险金增加 5000 元，写出死亡年末给付的保险精算现值的表达式。

解

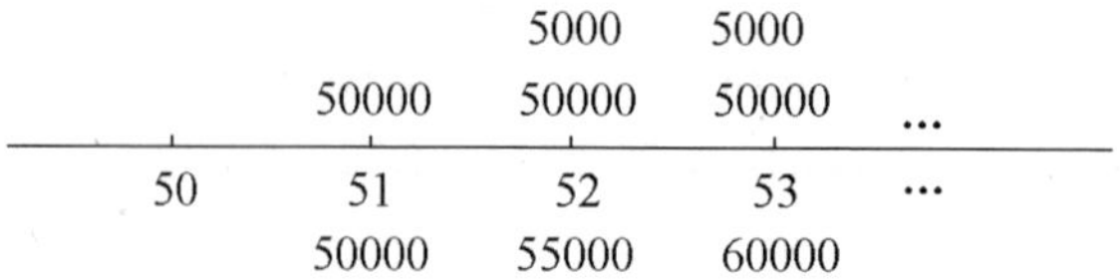

$$50000A_{50}+5000\,{}_{1|}(IA)_{50}=50000A_{50}+5000(IA)_{51}\cdot v\cdot P_{50}$$

又或者可以看成50岁投保每年末45000元给付的终身寿险和每年末5000元递增的终身寿险的合险。如下所示。

	5000	5000×2	5000×3	
	45000	45000	45000	…
50	51	52	53	…

$$45000A_{50}+5000(IA)_{50}$$

例3.6 现年40岁的人,投保一份10年定期递减寿险。该保单规定:被保险人在第一个保单年度内死亡,则给付10000元;在第二个保单年度内死亡,给付9000元;依此类推,每年递减1000元。设死亡给付发生在保单年度末,且利率为2.5%,试求其趸交净保费。

解 利用书后附表2.3,所求趸交净保费为:

$$\begin{aligned}1000(DA)^{1}_{40:\overline{10}|}&=1000\times\frac{10M_{40}-(R_{41}-R_{51})}{D_{40}}\\&=1000\times\frac{10\times 135635.44-(5056001.3-3729523.1)}{365625.34}\\&=81.7255\end{aligned}$$

二、变额寿险的精算现值

(一)递增型寿险

1.死亡时立即给付的递增型终身寿险

(1)x岁投保,保额逐年递增,即每年递增1元,死亡时给付的终身寿险,其精算现值为$(I\bar{A})_x$。

则有:

$$b_t=[t+1],\ t\geqslant 0$$
$$V_t=v^t,\ t\geqslant 0$$
$$Z_T=b_T\cdot v^T=[T+1]\cdot v^T,\ T\geqslant 0$$

即:

$$(I\bar{A})_x=E(Z_T)=\int_0^{\infty}[t+1]v^t f_T(t)\,dt=\int_0^{\infty}[t+1]v^t{}_tp_x\,\mu_{x+t}dt$$

这里,[ ]表示最大整数函数,即:$[t]=k,\ k\leqslant t\leqslant k+1,\ k=0,\pm1,\cdots$。

(2)若保险金额每年增加m次,每次增加$\frac{1}{m}$的终身寿险,其精算现值记为$(I^{(m)}\bar{A})_x$。

则有：

$$b_t=\frac{[tm+1]}{m},\ t\geqslant 0$$

$$V_t=v^t,\ t\geqslant 0$$

$$Z_T=b_T\cdot v_T=\frac{[tm+1]}{m}\cdot v^T,\ T\geqslant 0$$

即：

$$(I^{(m)}\overline{A})_x=E(Z_T)=\int_0^\infty\frac{[tm+1]}{m}v^t f_T(t)dt=\int_0^\infty\frac{[tm+1]}{m}v^t\cdot {}_tp_x\cdot\mu_{x+t}dt$$

(3)保额随保险期连续增加的终身保险，其精算现值记为$(\overline{I}\overline{A})_x$。

则有：

$$b_t=t,\ t\geqslant 0$$

$$V_t=v^t,\ t\geqslant 0$$

$$Z_T=b_T\cdot v_T=Tv^T,\ T\geqslant 0$$

其趸交净保费为：

$$(\overline{I}\overline{A})_x=E(Z_T)=\int_0^\infty tv^t f_T(t)dt=\int_0^\infty tv^t\cdot {}_tp_x\cdot\mu_{x+t}dt$$

(4)死亡时立即给付的递增的n年期定期寿险。

表示符号相应有：

$$(I\overline{A})^1_{x:\overline{n}|}=E(Z_T)=\int_0^n[t+1]v^t f_T(t)dt=\int_0^\infty[t+1]v^t\cdot {}_tp_x\cdot\mu_{x+t}dt$$

$$(I^{(m)}\overline{A})^1_{x:\overline{n}|}=E(Z_T)=\int_0^n\frac{[tm+1]}{m}v^t f_T(t)dt=\int_0^n\frac{[tm+1]}{m}v^t\cdot {}_tp_x\cdot\mu_{x+t}dt$$

$$(\overline{I}\overline{A})^1_{x:\overline{n}|}=E(Z_T)=\int_0^n tv^t f_T(t)dt=\int_0^n tv^t\cdot {}_tp_x\cdot\mu_{x+t}dt$$

2.死亡年年末给付的递增型寿险

(1)x岁投保，死亡年年末给付的保额逐年递增的终身寿险。

则有：

$$b_{K+1}=K+1,\ k=0,1,2,3,\cdots$$

$$V_{K+1}=v^{K+1},\ k=0,1,2,3,\cdots$$

$$Z_{K+1}=b_{K+1}\cdot v_{K+1}=(K+1)\cdot v^{K+1},\ k=0,1,2,3,\cdots$$

即：

$$(IA)_x=E(Z_{K+1})=\sum_{k=0}^\infty(k+1)v^{k+1}\cdot {}_{k|}q_x=\sum_{k=0}^\infty(k+1)v^{k+1}\cdot {}_{k|}q_x\cdot q_{x+k}\qquad(3.38)$$

(2)x岁投保，死亡年年末给付的保额逐年递增的n年定期寿险。

则有：

$$b_{K+1}=K+1,\ k=0,1,2,\cdots,n-1$$

$$V_{K+1}=v^{K+1},\ k=0,1,2,\cdots$$

$$Z_{K+1}=b_{K+1}\cdot V_{K+1}=(K+1)\cdot v^{K+1},\ k=0,1,2,\cdots,n-1$$

即：

$$\begin{aligned}(IA)^1_{x:\overline{n}|}&=E(Z_{K+1})\\&=\sum_{k=0}^{n-1}(k+1)v^{k+1}\cdot {}_{k|}q_x\\&=\sum_{k=0}^{n-1}(k+1)v^{k+1}\cdot {}_kp_x\cdot q_{x+k}\end{aligned}$$

例3.7 设$\delta_t=2t,\ l_x=100-x,\ 0\leqslant x\leqslant 100$，计算$(\bar{I}\bar{A})_x$。

解
$$v^t=e^{-\int_0^t 2sdt}=e^{-2t^2}$$

$$f_T(t)=-s'(t)=-\frac{s'(x+t)}{s'(x)}=-\frac{(100-x-t)'}{100-x}=\frac{1}{100-x},\ 0\leqslant x\leqslant 100$$

$$\begin{aligned}(\bar{I}\bar{A})_x&=\int_0^{100-x}tv^tf_T(t)dt=\int_0^{100-xe^{-t^2}}d(\frac{t^2}{2})\frac{1}{100-x}\\&=-\frac{1}{2(100-x)}[e^{-(100-x)^2}-1]\end{aligned}$$

(二)递减型寿险

1.死亡立即给付的n年定期递减寿险

考虑(x)投保n年定期寿险，若(x)在第一个保单年度内死亡，立即给付保险金n元；若(x)在第二个保单年度内死亡，立即给付保险金$n-1$元；依此类推，若(x)在第n个保单年度内死亡，立即给付保险金1元。其精算现值记为$(D\bar{A})^1_{x:\overline{n}|}$。

则有：

$$b_t=n-[t],\ t\geqslant 0$$
$$v_t=v^t,\ t\geqslant 0$$
$$Z_T=b_Tv_T=(n-[t])v^T,\ T\leqslant n$$

即：

$$(D\bar{A})^1_{x:\overline{n}|}=E(Z)=\int_0^n(n-[t]v^tf_T(t))dt=\int_0^n(n-[t]v^t{}_kp_x\mu_{x+t})dt \qquad (3.39)$$

2.死亡年末给付的n年递减寿险

设(x)投保n年定期递减寿险，若(x)在第一个保单年度内死亡，则在该年末给付保险金n元；若(x)在第二个保单年度内死亡，则在第二年末给付保险金$n-1$元；依此类推，若(x)在第n个保单年度内死亡，则在第n年末给付保险金1元。其精算现值记为$(DA)^1_{x:\overline{n}|}$。

则有：

$$b_{K+1}=n-K,\ k=0,1,2,\cdots,n-1$$
$$V_{K+1}=v^{K+1},\ k=0,1,2,\cdots$$
$$Z_{K+1}=b_{K+1}V_{K+1}=(n-K)v^{K+1},\ k=0,1,2,\cdots,n-1$$

即：

$$(DA)^{1}_{x:\overline{n}|}=\sum_{k=0}^{n-1}(n-k)v^{k+1}{}_{k|}q_k=\sum_{k=0}^{n-1}(n-k)v^{k+1}{}_kp_xq_{x+k} \tag{3.40}$$

（三）两类趸交净保费的换算

立即给付型寿险的趸交纯保费与年末给付型寿险的趸交纯保费，在假定每一年龄内的死亡服从均匀分布时可以近似换算。同样，递增型、递减型寿险也有这样的关系。即：

$$(I\bar{A})_x\approx\frac{i}{\delta}(IA)_x \tag{3.41}$$

$$(I\bar{A})^{1}_{x:\overline{n}|}\approx\frac{i}{\delta}(IA)^{1}_{x:\overline{n}|} \tag{3.42}$$

$$(D\bar{A})^{1}_{x:\overline{n}|}\approx\frac{i}{\delta}(DA)^{1}_{x:\overline{n}|} \tag{3.43}$$

有了上述公式后，立即给付型寿险的趸交净保费的计算在死亡均匀分布假设下，可以转变成年末给付型寿险的趸交纯保费计算。

例3.8 已知$(DA)^{1}_{30:\overline{5}|}=110$元，若保险金在死亡时立即给付，在死亡均匀分布假设下求其趸交净保费。

解

$$\begin{aligned}(D\bar{A})^{1}_{30:\overline{5}|}&\approx\frac{i}{\delta}(DA)^{1}_{30:\overline{5}|}\\&=\frac{0.06}{0.0582689}\times(DA)^{1}_{30:\overline{5}|}\\&=113.268\approx113(\text{元})\end{aligned}$$

第四节　递推公式

前面我们讲述了各类寿险趸交净保费的概念和计算方法，本节以终身寿险为例，推导其离散型趸交净保费的递推公式。

以离散型保额为1元的终身寿险为例，有：

$$A_x = \sum_{k=0}^{\infty} v^{k+1}\ {}_k p_x q_{x+k} = \sum_{k=0}^{\infty} v^{k+1}\ {}_{k|}q_x$$

$$= vq_x + \sum_{k=1}^{\infty} v^{k+1}\ {}_k p_x q_{x+k}$$

$$= vq_x + vp_x \sum_{k=1}^{\infty} v^{k}\ {}_{k-1} p_{x+1} q_{x+k}$$

$$= vq_x + vp_x \sum_{j=0}^{\infty} v^{j+1}\ {}_j p_{x+1} q_{x+j+1}$$

即：

$$A_x = vq_x + vp_x A_{x+1} \tag{3.44}$$

该式的含义为：(x)投保保额为1元的终身寿险，若被保险人在第一个保单年度内死亡，则保险人在第一个保单年度末给付1元保险金，折现回x岁为vq_x；若活过1年，则保险人以纯保费A_{x+1}为被保险人购买一份保额为1元的终身寿险保单作为对被保险人的生存给付，折现回去为$vp_x A_{x+1}$（即活过1年的人才得到）；合起来即为x岁人的趸交净保费。

用$p_x = 1 - q_x$代入(3.44)式：

$$A_x = vq_x + v(1 - q_x)A_{x+1}$$

$$A_x = vA_{x+1} + v(1 - A_{x+1})q_x \tag{3.45}$$

上式表明：首先不管被保险人在第一年中是否死亡或存活，都为所有的被保险人准备A_{x+1}的款项，若被保险人在第一年中死亡，则在死亡年年末给付$(1 - A_{x+1})$的保险金；在x岁的折现值分别为vA_{x+1}和$v(1 - A_{x+1})q_x$。

对年龄$x + k$岁的人，由(3.45)式得：

$$A_{x+k} - vA_{x+k+1} = v(1 - A_{x+k+1})q_{x+k},\ k = 0,1,2,\cdots$$

两边同乘v^k得：

$$v^k A_{x+k} - v^{k+1} A_{x+k+1} = v^{k+1}(1 - A_{x+k+1})q_{x+k}$$

对所有k求和，则有：

$$A_x = \sum_{k=0}^{\infty} v^{k+1}(1 - A_{x+k+1})q_{x+k} \tag{3.46}$$

由此可见，(x)人趸交净保费是一系列保额为$(1 - A_{x+k+1})$的1年期定期保险的趸交净保费的总和。

给式(3.45)两边同乘以$(1 + i)$得：

$$(1 + i)A_x = q_x + (1 - q_x)A_{x+1}$$

$$iA_x = (A_{x+1} - A_x) + q_x(1 - A_{x+1}) \tag{3.47}$$

(3.47)式表明，一年中由趸交净保费A_x赚的利息可以分解为两部分：一部分增加了由年龄x至$x + 1$的趸交净保费；另一部分是保额为$(1 - A_{x+1})$的1年定期寿险的保费(成本)。

习题

3.1 假设 $l_x = 1000(1 - \frac{x}{115})$, $i = 0.10$,求40岁的人投保10000元终身寿险的精算现值。

3.2 已知 $A_{76} = 0.8$, $vp_{76} = 0.9$, $i = 0.03$,试计算 A_{77}。

3.3 假设某人从40岁开始投保终身寿险,若投保第一年死亡给付10000元,以后每多活一年后死亡,赔付额增加3000元,达到16000元时,又以每多活一年给付额减少4000元递减,减少至4000元时保持不变,写出这一保单精算现值的表达式。

3.4 设生存函数为 $s(x) = 1 - \frac{x}{100}$, $0 \leqslant x \leqslant 100$,年利率 $i = 0.10$,保险金额为1元,试计算:(1)趸交纯保费 $\bar{A}^1_{35:\overline{10}|}$;(2)这一保险给付额在签单时的现值随机变量 Z 的方差 $\mathrm{Var}(Z)$。

3.5 现年30岁的人购买了一张终身寿险保单。保单规定,被保险人在10年内死亡,给付金额为20000元;10年后死亡,给付金额为30000元,设死亡保险金于死亡年年末给付,试求趸交纯保费。

3.6 设年龄为40岁的人购买一张寿险保单,保单规定,被保险人在70岁以前死亡,则给付数额为5000元;如至70岁时仍生存,则给付金额为3000元,设死亡保险金于死亡年年末给付,试求该寿险保单的趸交纯保费。

第四章 生存年金的趸交净保费

第一节 生存年金的概念和种类

一、生存年金的概念

生存年金是指保险期限内,在被保险人存活的条件下,按预先约定的金额以连续方式或一定周期进行一系列给付的保险。生存年金保险费通常采取在投保时一次性交付的趸交方式或者在一定时期内的均衡交付方式。实践中,某些寿险、伤残保险、老年长期护理的给付也采取在受益人生存期内给付的年金方式。

二、生存年金的种类

生存年金根据不同的方法有不同的分类,一般有以下五种分类方式。

1.按照交保险费的方式分为趸交年金和年交年金。趸交年金是指年金保险费由投保人在投保时一次性全部交清,在达到约定时间后,按期由年金受领人领取年金的保险。年交年金是指投保人分年度交纳年金保险费,在达到约定时间后,按期由年金受领人领取年金的保险。两者的区别在于交纳保险费的方式不同。

2.按照被保险人人数分为个人年金和联合年金。以一个被保险人作为年金受领人的称为个人年金;有两个或两个以上被保险人作为年金受领人的称为联合年金。

3.按照年金给付的额度分为定额年金和变额年金。每次按固定数额给付的年金,称为定额年金。年金支付额是变动的,称为变额年金。为了保证年金受领人的购买能力,保险人根据各时期物价上涨情况或股票投资收益来决定年金支付额,这种年金就是变额年金。

4.按照年金给付开始的时间分为即付年金和延付年金。在保险合同订立后就立即开始按期给付的年金,称为即付年金。在保险合同订立后经过一定时期后才开始给付的年金,称为延付年金。养老保险的给付就是延付年金。

5.按照年金给付的时期分为终身年金和定期年金。终身年金是指年金受领人自受领之日起一直领取年金,直至受领人死亡为止。在终身生存年金中,还有一种年金称为期间保证年金,这种年金是为了防止年金受领人因过早死亡而丧失领取年金的权利。保险合同中规定,在一段时间内,不论年金受领人是否生存,保险人均继续给付年金,这就是最低保证年金中的期间保证年金。定期年金是指在一定的时间内,年金受领人可以按期领取年金,直至规定时间届满为止。如果在此期间年金受领人死亡,则年金给付立即终止。

三、生存年金精算现值的概念

生存年金的精算现值又称为生存年金的趸交净保费,上一章讲述的生存保险趸交净保费 $A_{x:\overline{n}|}^{\ \ 1} = v^n \cdot {}_np_x$,在这一章我们以另一种符号 ${}_nE_x$ 记之,即 ${}_nE_x = A_{x:\overline{n}|}^{\ \ 1}$,称为精算折算因子,而 $1/{}_nE_x$ 称为精算累积因子。具体来看:

(一)纯粹的生存保险精算现值

(x)投保 n 年期生存保险,n 年期满时若被保险人存活,则给付1元保险金。如图4.1所示。

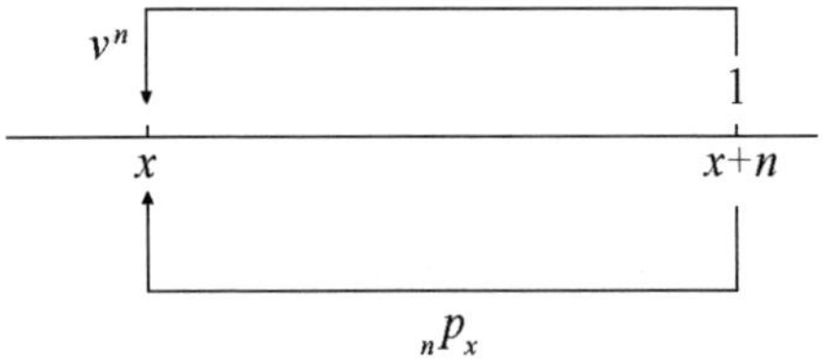

图4.1

有:

$$A_{x:\overline{n}|}^{\ \ 1} = v^n \cdot {}_np_x$$

记:

$${}_nE_x = v^n \cdot {}_np_x, D_x = l_x \cdot v^x$$

则:

$${}_nE_x = v^n \cdot \frac{l_{x+n}}{l_x} = \frac{v^{x+n} \cdot l_{x+n}}{v^x \cdot l_x}$$

$${}_nE_x = \frac{D_{x+n}}{D_x} \tag{4.1}$$

由式(4.1)得:

$${}_nE_x \cdot l_x = (\frac{1}{1+i})^n l_{x+n}$$

$$l_x \cdot {}_nE_x \cdot (1+i)^n = l_{x+n} \tag{4.2}$$

式(4.2)表明:现年 x 岁的 l_x 人每年存入 ${}_nE_x$,到 n 年末在复利作用下的累计额度为$l_x \cdot {}_nE_x \cdot (1+i)^n$，该金额正好满足活到$n$年末的人即$l_x$个人，每人1元的生存给付。因此为保证$n$年末活着的人每人得到1元保险金，则在$x$岁的$l_x$个人投保时每人必须一次性交付${}_nE_x$元，故又称${}_nE_x$为趸交净保费。

l_x人每人交付${}_nE_x$后，在年内必然有一部分人死去，从而不可能在n年末领取到保险金，他们当初购买保险的支出被尚存者分享。保险中把这种尚存者分享期内死亡者利益的情况称为生存者利益，简称生者利。

(二)精算折现因子

我们把在利率和生者利两因素作用下1元在n年前的折现值记为${}_nE_x$，称为精算折现因子，$1/{}_nE_x$则是在利率和生者利作用下的精算累积因子。而在利息理论里，把只有在利率i作用下1元在n年前的折现值记为v^n，其中$v=\dfrac{1}{1+i}$称为折现因子，则$\dfrac{1}{v^n}=(1+i)^n$是在利率作用下的累积因子。

如图4.2、图4.3所示。

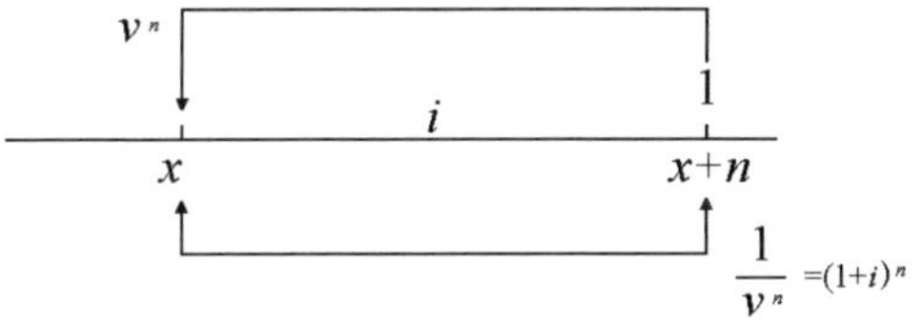

图4.2

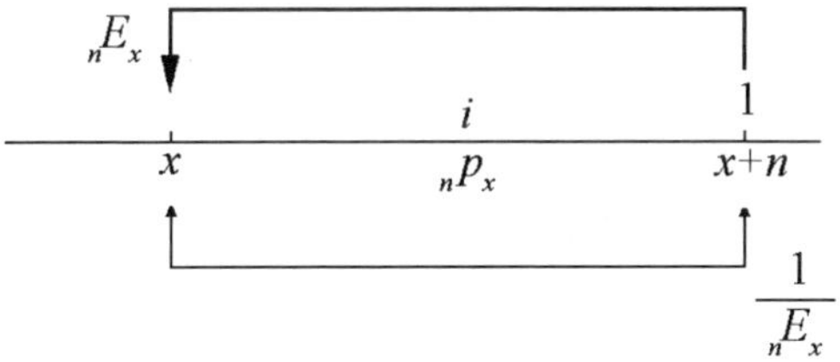

图4.3

第二节 生存年金精算现值的换算函数

一、终身生存年金精算现值的换算函数

1.(x)每个保单年度初给付1元，直到年金受领人死亡为止的年金，即为期初

付终身生存年金，该年金的精算现值记为$\ddot{a}_x$，如图4.4、图4.5所示。

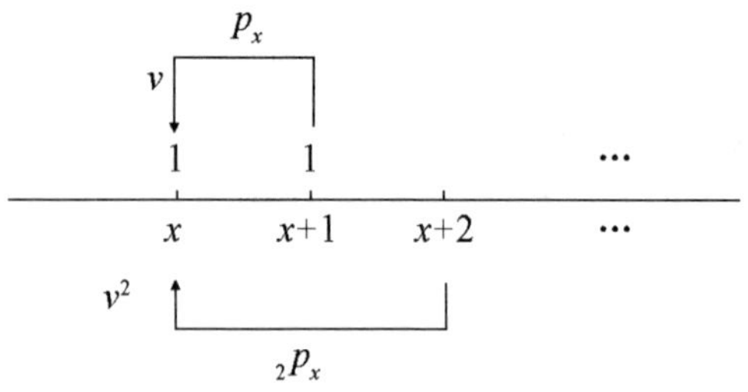

图4.4

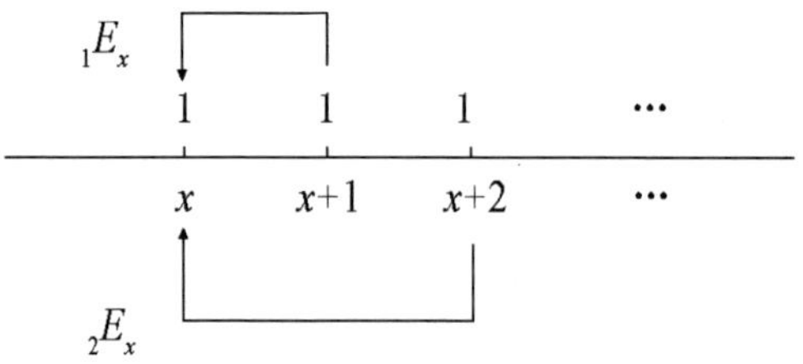

图4.5

由上图可看出：

$$\begin{aligned}\ddot{a}_x &= 1 + v \cdot p_x + v^2 \cdot {}_2p_x + \cdots \\ &= 1 + {}_1E_x + {}_2E_x + \cdots \\ &= \sum_{k=0}^{\infty} v^k \cdot {}_kp_x \\ &= \sum_{k=0}^{\infty} {}_kE_x \\ &= \sum_{k=0}^{\infty} \frac{v^{x+k} \cdot l_{x+k}}{v^x \cdot l_x} \\ &= \sum_{k=0}^{\infty} \frac{D_{x+k}}{D_x}\end{aligned}$$

设

$$N_x = \sum_{k=0}^{\infty} D_{x+k}$$

则有：

$$\ddot{a}_x = \frac{N_x}{D_x} \tag{4.3}$$

2.(x)每个保单年度末给付1元，直到年金受领人死亡为止的年金，即为期末付终身生存年金,该年金的精算现值记为 a_x,如图 4.6、图 4.7 所示。

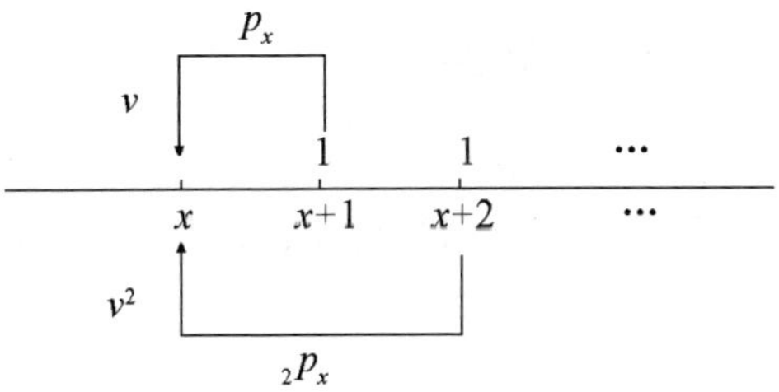

图 4.6

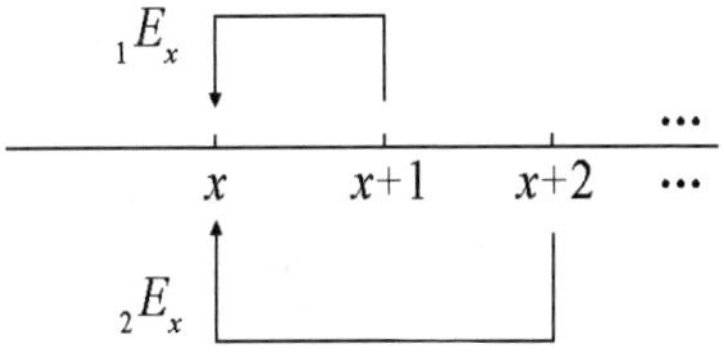

图 4.7

由上图可看出:

$$
\begin{aligned}
a_x &= v \cdot p_x + v^2 \cdot {}_2p_x + \cdots \\
&= {}_1E_x + {}_2E_x + \cdots \\
&= \sum_{k=1}^{\infty} v^k \cdot {}_kp_x \\
&= \sum_{k=1}^{\infty} {}_kE_x \qquad (4.4) \\
&= \sum_{k=1}^{\infty} \frac{D_{x+k}}{D_x} \\
&= \frac{N_{x+1}}{D_x}
\end{aligned}
$$

3.期末付终身生存年金和期初付终身生存年金的关系,如图 4.8 所示。

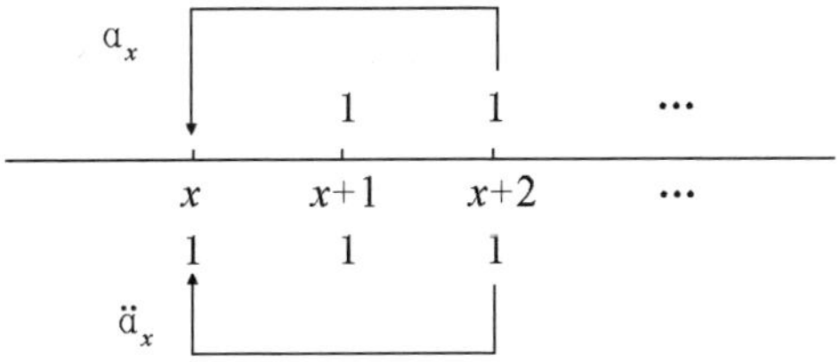

图 4.8

即：

$$a_x = \ddot{a}_x - 1 \tag{4.5}$$

二、n年定期生存年金的换算函数

1.(x)在n年保险期内，以被保险人生存为条件，在每个保险年度初给付1元的保险金，n年期满保险单失效即为期初付n年定期生存年金，该年金的精算现值记为$\ddot{a}_{x:\overline{n}|}$。如图4.9所示。

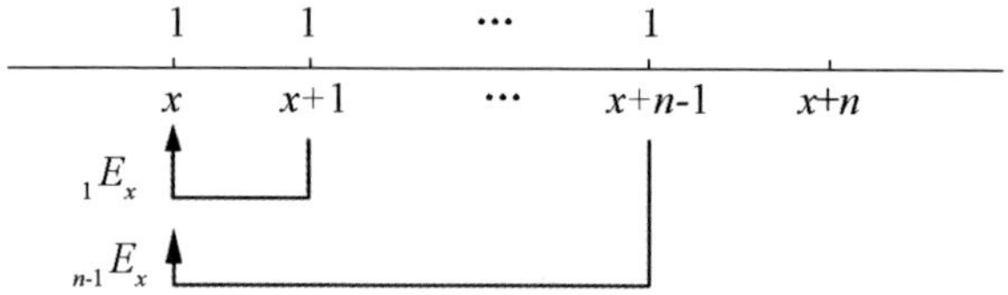

图4.9

由图4.9可看出：

$$\begin{aligned}\ddot{a}_{x:\overline{n}|} &= 1 + {}_1E_x + \cdots + {}_{n-1}E_x \\ &= \sum_{k=0}^{n-1} {}_kE_x \\ &= \sum_{k=0}^{n-1} v^k \cdot {}_kp_x \\ &= \frac{N_x - N_{x+n}}{D_x}\end{aligned} \tag{4.6}$$

2.(x)在n年保险期内，以被保险人生存为条件，在每个保险年度末给付1元的保险金，n年期满保险单失效即为期末付年定期生存年金，该年金的精算现值记为$a_{x:\overline{n}|}$。如图4.10所示。

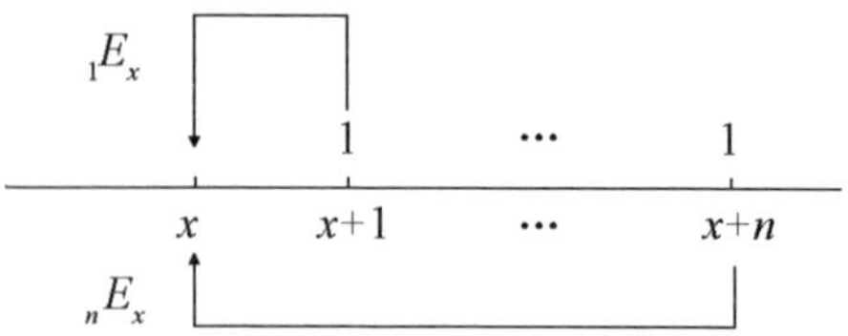

图4.10

由图4.10可看出：

$$a_{x:\overline{n}|} = \sum_{k=1}^{n} v^k \cdot {}_k p_x$$
$$= \sum_{k=1}^{n} {}_k E_x \qquad (4.7)$$
$$= \frac{N_{x+1} - N_{x+n+1}}{D_x}$$

3.期末付 n 年定期生存年金和期初付 n 年定期生存年金的关系，如图 4.11 所示。

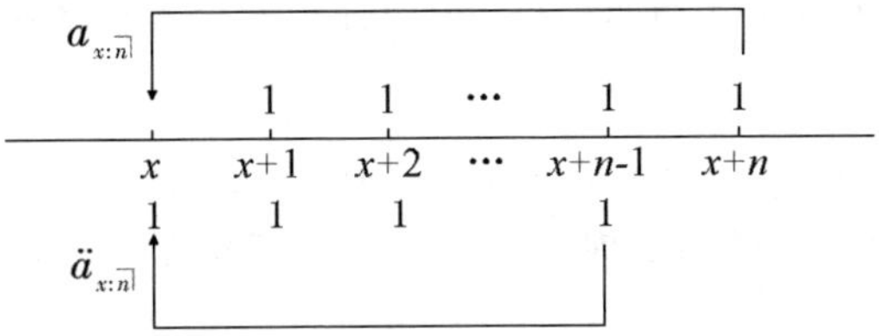

图 4.11

即：

$$a_{x:\overline{n}|} = \ddot{a}_{x:\overline{n}|} - 1 \qquad (4.8)$$

同样可得：

$$\ddot{a}_{x:\overline{n}|} = a_{x:\overline{n}|} + 1 \qquad (4.9)$$

$$\ddot{a}_{x:\overline{n}|} = a_{x:\overline{n}|} - {}_nE_x - 1 \qquad (4.10)$$

三、延期生存年金

(一)延期终身生存年金

1.(x) 投保，延期 m 年后保单开始生效的期初付终身年金即为期初付延期 m 年终身生存年金，该年金的精算现值记为 ${}_{m|}\ddot{a}_x$。如图 4.12、图 4.13 所示。

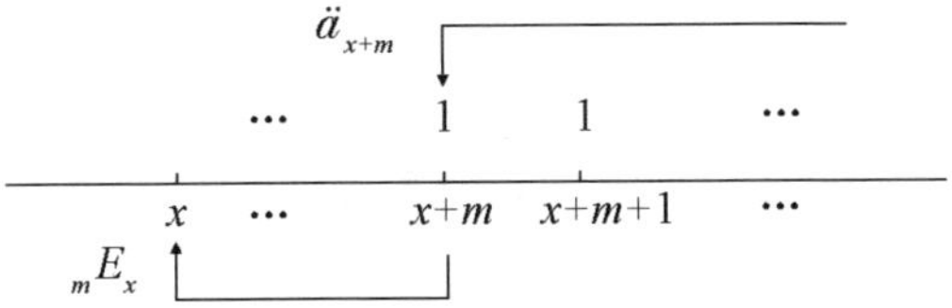

图 4.12

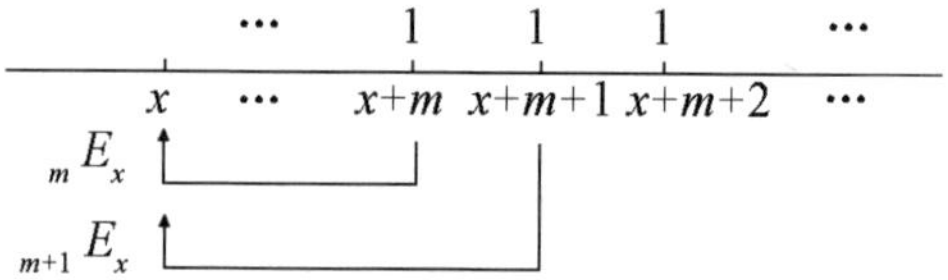

图 4.13

由图 4.13 可看出：

$$ {}_{m|}\ddot{a}_x = \sum_{k=m}^{\infty} {}_kE_x = \frac{N_{x+m}}{D_x} = \ddot{a}_{x+m} \cdot {}_mE_x \tag{4.11}$$

期初付终身生存年金和期初付 n 年定期生存年金的关系为：

$$\ddot{a}_x = \ddot{a}_{x:\overline{n}|} + {}_{n|}\ddot{a}_x \tag{4.12}$$

2.(x) 投保，延期 m 年后保单开始生效的期末付终身年金即为期末付延期 m 年终身生存年金，该年金的精算现值记为 ${}_{m|}a_x$。如图 4.14、图 4.15 所示。

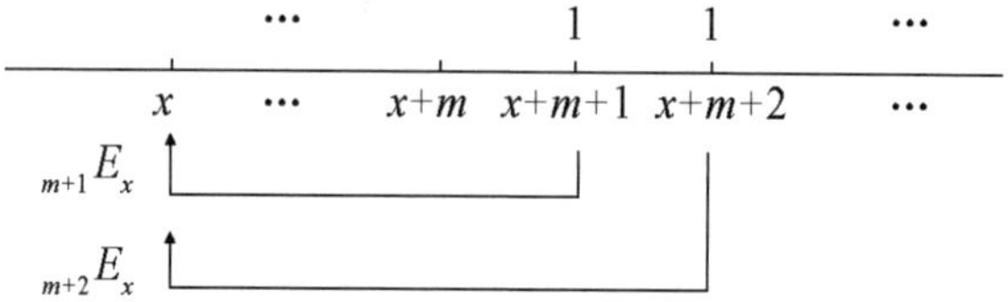

图 4.14

或

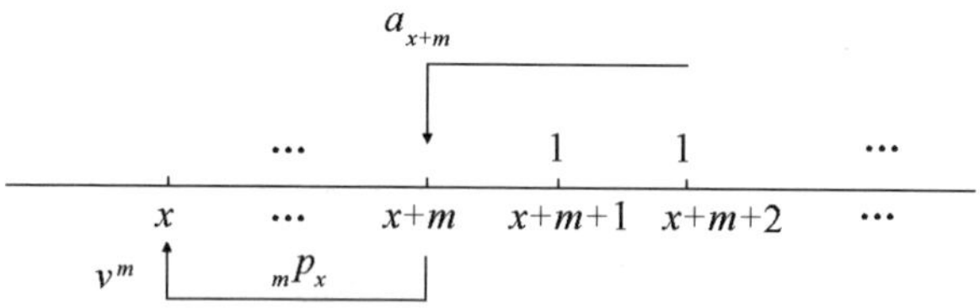

图 4.15

${}_{m|}a_x$ 的表达式为：

$$\begin{aligned} {}_{m|}a_x &= \sum_{k=m+1}^{\infty} {}_kE_x \\ &= \frac{N_{x+m+1}}{D_x} \\ &= a_{x+m} \cdot v_m \cdot {}_mp_x \\ &= a_{x+m} \cdot {}_mE_x \end{aligned} \tag{4.13}$$

期初付终身生存年金和期末付 n 年定期生存年金的关系为：

$$a_x = a_{x:\overline{n}|} + {}_{n}a_x \tag{4.14}$$

3.期末付延期 m 年终身生存年金和期初付延期 m 年终身生存年金的关系，如图3-12所示。

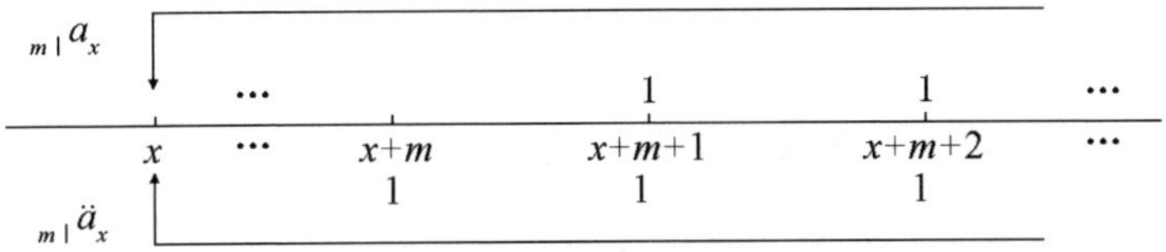

图4.16

即：

$$_{m|}\ddot{a}_x = {}_{m|}a_x + {}_{m}E_x \tag{4.15}$$

$$_{m|}\ddot{a}_x = {}_{m-1|}a_x \tag{4.16}$$

(二)延期定期生存年金

1.(x)开始投保，延期 m 年后保单生效，$m+n$ 年后保单终止的期初付定期生存年金称为期初付延期 m 定期 n 年生存年金，该年金的精算现值记为 $_{m|}\ddot{a}_{x:\overline{n}|}$ 或 $_{m|n}\ddot{a}_x$。

$$_{m|}\ddot{a}_{x:\overline{n}|} = \sum_{k=m}^{m+n-1} {}_{k}E_x = \frac{N_{x+m} - N_{x+m+n}}{D_x} = \ddot{a}_{x+m:\overline{n}|} \cdot {}_{m}E_x \tag{4.17}$$

2.(x)开始投保，延期 m 年后保单生效，$m+n$ 年后保单终止的期末付定期生存年金称为期末付延期 m 定期 n 年生存年金，该年金的精算现值记为 $_{m|}a_{x:n}$ 或 $_{m|n}a_x$。

$$_{m|}a_{x:\overline{n}|} = \sum_{k=m+1}^{m+n} {}_{k}E_x = \frac{N_{x+m+1} - N_{x+m+n+1}}{D_x} = a_{x+m:\overline{n}|} \cdot {}_{m}E_x \tag{4.18}$$

3.期末付延期 m 定期 n 年生存年金和期初付延期 m 定期 n 年生存年金的关系如图4.17所示。

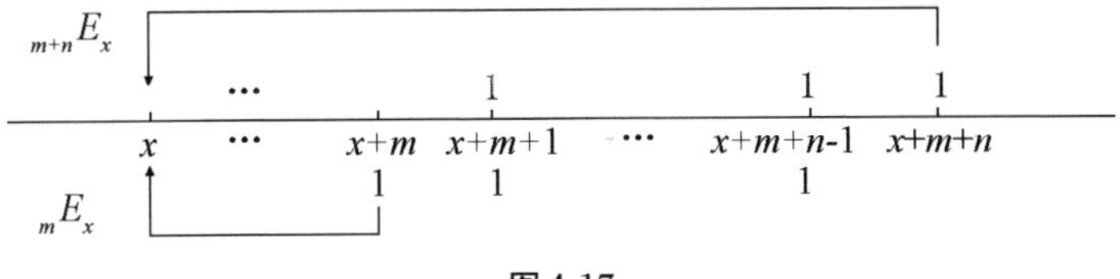

图4.17

即：

$$_{m|}\ddot{a}_{x:\overline{n}|} = {}_{m|}a_{x:\overline{n}|} + {}_{m}E_x - {}_{m+n}E_x \tag{4.19}$$

同样可得：

$$ {}_{m|}\ddot{a}_{x:\overline{n}|} = {}_{m-1|}a_{x:\overline{n+1}|} - {}_{m+n}E_x \tag{4.20}$$

$$ {}_{m|}\ddot{a}_{x:\overline{n+1}|} = {}_{m|}a_{x:\overline{n}|} + {}_{m}E_x \tag{4.21}$$

第三节 生存年金的精算现值

一、连续给付型生存年金的精算现值

连续生存年金是以生存为条件连续支付的年金。实际中的年金都是隔一定时期支付的年金，年金支付的时间间隔可长可短，当支付间隔足够短时，可用连续年金近似。连续的生存年金具有理论上的意义，被保险人何时存活，受益人何时就能获得年金，显然连续生存年金的精算现值依赖于被保险人自保单生效之日起的余寿 T 和保单规定的保险期限。以随机变量 Y 表示被保险人死亡之时保险人所支付的年金额的现值，余命随机变量 T 的概率密度函数为 $f_T(t)$，则有 $Y=\bar{a}_{\overline{T}|}$，连续支付的生存年金的精算现值为 $E(Y)=E(\bar{a}_{\overline{T}|})$。

(一)终身生存年金

(x) 购买按照连续方式给付每年给付额1元的终身生存年金，其精算现值记为 $\bar{a}_x$，也即为终身生存年金的趸交净保费。

$$\begin{aligned}
\bar{a}_x &= E(Y)=E(\bar{a}_{\overline{T}|}) \\
&= \int_0^{+\infty} \bar{a}_{\overline{T}|}\cdot f_T(t)dt \\
&= \int_0^{+\infty} \bar{a}_{\overline{T}|} d(F_T(t)) \\
&= -\int_0^{+\infty} \bar{a}_{\overline{T}|} d({}_tp_x) \\
&= -\bar{a}_{\overline{T}|}\cdot {}_tp_x \Big|_0^{+\infty} + \int_0^{+\infty} {}_tp_x d(\bar{a}_{\overline{T}|}) \\
&= \int_0^{+\infty} {}_tp_x d(\bar{a}_{\overline{T}|})
\end{aligned}$$

由于

$$\bar{a}_{\overline{T}|} = \int_0^t v^s ds$$

故

$$\bar{a}_x = \int_0^{+\infty} {}_tp_x d\left(\int_0^t v^s ds\right) = \int_0^{+\infty} {}_tp_x v^t dt \tag{4.22}$$

为衡量连续型终身生存年金的死亡风险，我们还需要考虑支付年金现值 $\bar{a}_{\overline{T}|}$ 的

方差 $\mathrm{Var}(\bar{a}_{\overline{T}|})$。

（二）n 年定期生存年金

(x) 购买按照连续方式给付、保险金额每年 1 元的 n 年定期生存年金，其精算现值记为 $\bar{a}_{x:\overline{n}|}$。由定义知：

$$Y=\begin{cases}\bar{a}_{\overline{T}|} & (0<T\leqslant n)\\ \bar{a}_{\overline{n}|} & (T>n)\end{cases}$$

则：

$$\begin{aligned}\bar{a}_{x:\overline{n}|}&=E(Y)=\int_0^n \bar{a}_{\overline{T}|}\cdot f_T(t)\,dt+{}_np_x\cdot\bar{a}_{\overline{n}|}\\&=\int_0^n\frac{d(1-{}_tp_x)}{dt}\cdot\frac{1-v^t}{\delta}dt+{}_np_x\cdot\bar{a}_{\overline{n}|}\\&=-\frac{\int_0^n {}_tp_x\,dv^t}{\delta}\\&=\int_0^n {}_tp_x\cdot v^t\,dt\end{aligned}\tag{4.23}$$

（三）延期生存年金

(x) 购买按照连续方式给付、保险金额每年 1 元的延期 n 年终身生存年金，其精算现值记为 ${}_{n|}\bar{a}_x$。即：

$$\begin{aligned}{}_{n|}\bar{a}_x&=\int_n^{+\infty}v^t\cdot p_x\,dt\\&=\bar{a}_x-\bar{a}_{x:\overline{n}|}\\&=\int_0^{+\infty}v^{n+s}\cdot{}_{n+s}p_x\,ds\\&=v^n\cdot{}_np_x\int_n^{+\infty}v^s\cdot{}_sp_{x+n}\,ds\end{aligned}$$

$${}_{n|}\bar{a}_x={}_nE_x\cdot\bar{a}_{x+n}\tag{4.24}$$

(x) 购买按照连续方式给付、保险金额每年 1 元的延期 m 年的 n 年定期生存年金，其精算现值为 ${}_{m|}\bar{a}_{x:\overline{n}|}$ 或 ${}_{m|n}\bar{a}_x$。即：

$$\begin{aligned}{}_{m|}\bar{a}_{x:\overline{n}|}&=\int_m^{m+n}v^t\cdot{}_tp_x\,dt\\&=\bar{a}_{x:\overline{m+n}|}-\bar{a}_{x:\overline{m}|}\\&=\int_0^n v^{m+s}\cdot{}_{s+m}p_x\,ds\\&=v^m\cdot{}_mp_x\cdot\int_0^n v^s\cdot{}_sp_{x+m}\,ds\\&={}_mE_x\cdot\bar{a}_{x+m:\overline{n}|}\end{aligned}\tag{4.25}$$

例 4.1　已知王某的生命具有死力是常数$\mu = 0.03$,利力$\delta = 0.05$。在此假设下计算:

(1)终身生存年金的精算现值$\bar{a}_x$;

(2)终身生存年金的现值$\bar{a}_{\overline{T}|}$超过$\bar{a}_x$的概率。

解　(1)已知死力常数,由公式知:

$$_t p_x = e^{-\int_0^t \mu_{x+s} ds} = e^{-\int_0^t \mu ds} = e^{-\mu t}$$

则:

$$\bar{a}_x = \int_0^{+\infty} v^t {}_t p_x dt = \int_0^{+\infty} e^{-\delta t} \cdot e^{-\mu t} dt = \frac{1}{\mu + \delta} = 12.5$$

(2)

$$\begin{aligned} p_r(\bar{a}_{\overline{T}|} > \bar{a}_x) &= p_r\left(\frac{1 - v^t}{\delta} > 12.5\right) \\ &= p_r(v^t < 0.375) \\ &= p_r\left(T > \frac{\ln 0.375}{\ln v}\right) \\ &= \int_{\frac{\ln 0.375}{-0.05}}^{+\infty} f_T(t)\, dt \\ &= \int_{\frac{\ln 0.375}{-0.05}}^{+\infty} \mu e^{-\mu t} dt \\ &= -e^{-\mu t}\Big|_{\frac{\ln 0.375}{-0.05}}^{+\infty} \\ &= 0.5552 \end{aligned}$$

二、离散型生存年金的精算现值

设X的取整余命随机变量为K,则未来年金给付现值随机变量为Y,期初付年金的现值随机变量为$Y = \ddot{a}_{\overline{k+1}|}$,期末付年金的现值随机变量为$Y = a_{\overline{k}|}$,其精算现值为$Y$的数学期望。

(一)终身生存年金

(x)购买一年给付一次保额为1元的终身生存年金,分为期初付和期末付两种。

期初付终身生存年金:一般来说,对(x)的每年1单位元期初付终身生存年金,其精算现值以$\ddot{a}_x$表示,它是一系列保险期逐步延长的纯粹的生存保险之和。

如图4.18所示。

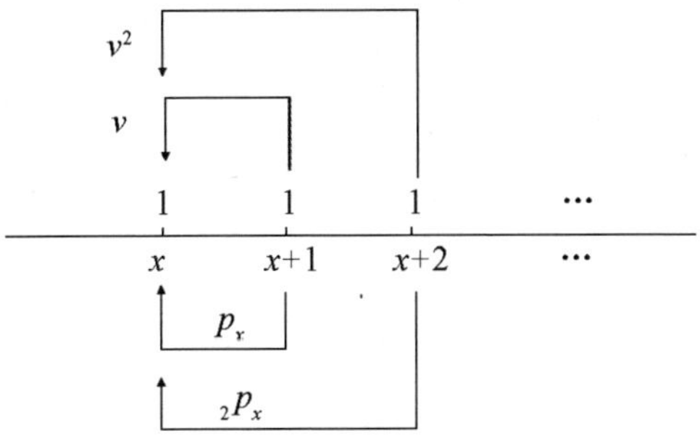

图 4.18

则有：

$$\begin{aligned}\ddot{a}_x &= 1 + v \cdot p_x + v^2 \cdot {}_2p_x + \cdots \\ &= 1 + {}_1E_x + {}_2E_x + \cdots \\ &= \sum_{k=0}^{\infty} {}_kE_x \\ &= \sum_{k=0}^{\infty} v^k \cdot {}_kp_x \end{aligned} \tag{4.26}$$

其中，求和上限实际上是 $w - x - 1$，为方便通常写成 ∞。

从另一角度来看：每年给付一次的生存年金是被保险人取整余寿期间定期确定的年金，即 (x) 活过 k 年，在 $x+k+1$ 年前死亡，则被保险人可获得前 $k+1$ 期每年 1 元给付，其年金现值为 $\ddot{a}_{\overline{k+1|}}$，获得该年金的概率为 $_{k|}q_x$。

如图 4.19 所示。

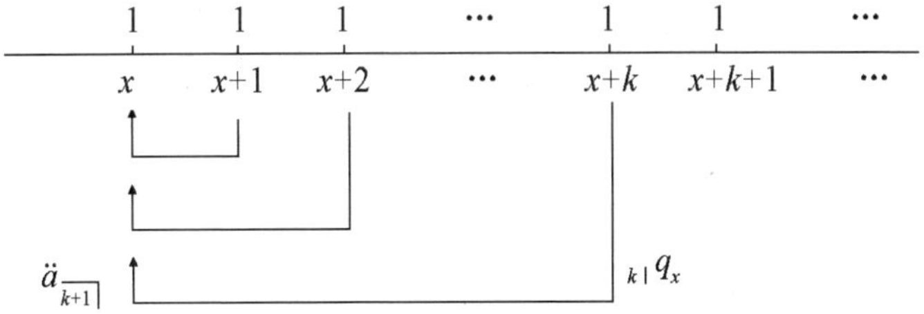

图 4.19

该生存年金的精算现值就是 $\ddot{a}_{\overline{k+1|}}$ 的期望值：

$$\begin{aligned}\ddot{a}_x &= E(Y) = E(\ddot{a}_{\overline{k+1|}}) \\ &= \sum_{k=0}^{\infty} \ddot{a}_{\overline{k+1|}} \cdot {}_{k|}p_x\end{aligned}$$

$$= \sum_{k=0}^{\infty} \ddot{a}_{\overline{k+1}|} \cdot \frac{d_{x+k}}{l_x}$$
$$= \sum_{k=0}^{\infty} \ddot{a}_{\overline{k+1}|} \cdot \frac{l_{x+k} - l_{x+k+1}}{l_x}$$
$$= \sum_{k=0}^{\infty} \ddot{a}_{\overline{k+1}|} \cdot ({}_{k}p_x - {}_{k+1}p_x)$$
$$= \sum_{k=0}^{\infty} \ddot{a}_{\overline{k+1}|} \cdot {}_{k}p_x - \sum_{k=0}^{\infty} \ddot{a}_{\overline{k+1}|} \cdot {}_{k+1}p_x$$
$$= 1 + (\ddot{a}_{\overline{2}|} - \ddot{a}_{\overline{1}|}) \cdot p_x + (\ddot{a}_{\overline{3}|} - \ddot{a}_{\overline{2}|}) \cdot {}_{2}p_x + \ldots + (\ddot{a}_{\overline{w-x}|} - \ddot{a}_{\overline{w-x-1}|}) \cdot {}_{w-x-1}p_x$$
$$= 1 + v \cdot p_x + v^2 \cdot {}_{2}p_x + \ldots + v^{w-x-1} \cdot {}_{w-x-1}p_x$$
$$= \sum_{k=0}^{w-x-1} v^k \cdot {}_{k}p_x$$

即：

$$\ddot{a}_x = E(Y) = \sum_{k=0}^{\infty} \ddot{a}_{\overline{k+1}|} \cdot {}_{k|}q_x = \sum_{k=0}^{\infty} v^k \cdot {}_{k}p_x, \ k = 0,1,2,\cdots$$

期末付终身年金：(x)的每年1单位元期末付终身生存年金，其精算现值以 a_x 表示。

则有：

$$a_x = v \cdot p_x + v^2 \cdot {}_{2}p_x + \cdots$$
$$= \sum_{k=1}^{\infty} v^k \cdot {}_{k}p_x$$
$$= \sum_{k=1}^{\infty} {}_{k}E_x \tag{4.27}$$

另一角度来看，$a_x = E(Y) = E(a_{\overline{x}|}) = \sum_{k=1}^{\infty} a_{\overline{x}|} \cdot {}_{k|}q_x$。

可证明：

$$a_x = \sum_{k=1}^{\infty} v^k \cdot {}_{k}p_x = \sum_{k=1}^{\infty} a_{\overline{x}|} \cdot {}_{k|}q_x \tag{4.28}$$

（二）定期生存年金

(x)购买一年给付一次的保额为1元的 n 年定期生存年金，它是在保险期内以被保险人生存为给付条件的年金。分为期初付和期末付两种。

期初付 n 年定期生存年金：其精算现值表示为 $\ddot{a}_{x:\overline{n}|}$。

则有：

$$\ddot{a}_{x:\overline{n}|} = 1 + v \cdot p_x + v^2 \cdot {}_{2}p_x + \cdots + v^{n-1} \cdot {}_{n-1}p_x$$
$$= 1 + {}_{1}E_x + {}_{2}E_x + \cdots + {}_{n-1}E_x$$

$$= \sum_{k=0}^{n-1} {}_{k}E_x$$

$$= \sum_{k=0}^{n-1} v^k \cdot {}_{k}p_x \tag{4.29}$$

以年金现值的期望值定义时，设未来年金给付现值为 Y，则：

$$Y = \begin{cases} \ddot{a}_{\overline{k+1}|}, & k = 0,1,\cdots,n-1 \\ \ddot{a}_{\overline{n}|}, & k = n,n+1,\cdots \end{cases}$$

如图 4.20 所示。

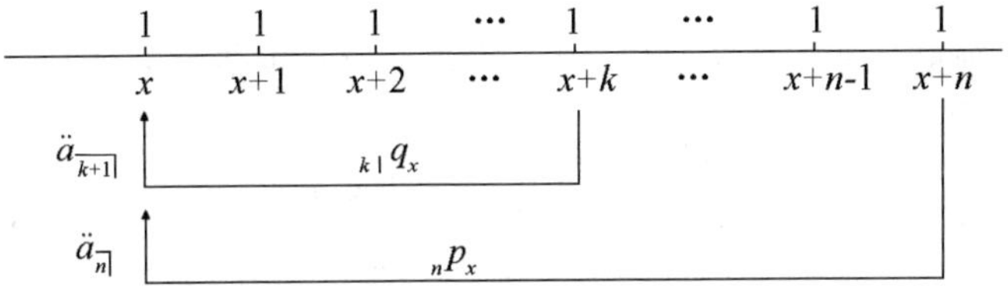

图 4.20

则有：

$$\ddot{a}_{x:\overline{n}|} = E(Y) = \sum_{k=0}^{n-1} \ddot{a}_{\overline{k+1}|} \cdot {}_{k|}q_x + \sum_{k=n}^{\infty} \ddot{a}_{\overline{n}|} \cdot {}_{k|}q_x$$

$$= \sum_{k=0}^{n-1} \ddot{a}_{\overline{k+1}|} \cdot {}_{k|}q_x + \ddot{a}_{\overline{n}|} \cdot {}_{n}p_x$$

期末付年定期生存年金：其精算现值表示为 $a_{x:\overline{n}|}$。

则有：

$$a_{x:\overline{n}|} = v \cdot p_x + v^2 \cdot {}_{2}p_x + \ldots + v^n \cdot {}_{n}p_x$$

$$= \sum_{k=1}^{n} v^k \cdot {}_{k}p_x$$

$$= \sum_{k=1}^{n} {}_{k}E_x$$

其未来给付的现值为 Y，则：

$$Y = \begin{cases} a_{\overline{k+1}|}, & k = 0,1,\cdots,n-1 \\ a_{\overline{n}|}, & k = n,n+1,\cdots \end{cases}$$

$$a_{x:\overline{n}|} = E(Y) = \sum_{k=0}^{n-1} a_{\overline{k}|} \cdot {}_{k|}q_x + a_{\overline{n}|} \cdot {}_{n}p_x$$

（三）延期生存年金

(x) 购买一年给付一次的保额为 1 元的延期生存年金，分为延期终身生存年金和延期定期生存年金两种。

1.延期定期生存年金

延期m年定期n年的期初付生存年金：实际上就是一个保单的生效期推迟了m年的期初付n年定期生存年金。其精算现值表示为${}_{m|}\ddot{a}_{x:\overline{n|}}$。

则有：

$$\begin{aligned}{}_{m|}\ddot{a}_{x:\overline{n|}} &= {}_{m}E_x + {}_{m+1}E_x + \ldots + {}_{m+n-1}E_x \\ &= \sum_{k=m}^{m+n-1} {}_{k}E_x \\ &= \sum_{k=m}^{m+n-1} v^k \cdot {}_{k}p_x\end{aligned} \tag{4.30}$$

以年金现值的期望值定义时，设未来年金给付现值为Y，则：

$$Y=\begin{cases}0, & 0 \leqslant k < n \\ \ddot{a}_{\overline{k+1|}} - \ddot{a}_{\overline{n|}}, & n \leqslant k < m+n-1 \\ \ddot{a}_{\overline{m+n|}} - \ddot{a}_{\overline{n|}}, & k \geqslant m+n\end{cases}$$

有：

$$\begin{aligned}{}_{m|}\ddot{a}_{x:\overline{n|}} &= E(Y) \\ &= \sum_{k=m}^{m+n-1} (\ddot{a}_{\overline{k+1|}} - \ddot{a}_{\overline{n|}}) \cdot {}_{k|}q_x + (\ddot{a}_{\overline{m+n|}} - \ddot{a}_{\overline{n|}}) \cdot {}_{m+n}p_x\end{aligned}$$

延期m年定期n年的期末付生存年金：实际上就是一个保单的生效期推迟了m年的期末付n年定期生存年金。其精算现值表示为${}_{m|}a_{x:\overline{n|}}$。

则有：

$$\begin{aligned}{}_{m|}a_{x:\overline{n|}} &= {}_{m+1}E_x + {}_{m+2}E_x + \cdots + {}_{m+n}E_x \\ &= \sum_{k=m+1}^{m+n} {}_{k}E_x \\ &= \sum_{k=m+1}^{m+n} v^k \cdot {}_{k}p_x\end{aligned} \tag{4.31}$$

以年金现值的期望定义时，设未来年金给付现值为Y，则：

$$Y=\begin{cases}0, & k = 1,\cdots,m \\ a_{\overline{k+1|}} - a_{\overline{n|}}, & k = m+1, m+2, \cdots, m+n \\ a_{\overline{m+n|}} - a_{\overline{n|}}, & k = m+n, m+n+1, \cdots\end{cases}$$

有：

$$\begin{aligned}{}_{m|}a_{x:n} &= E(Y) \\ &= \sum_{k=m+1}^{m+n} (a_{\overline{k+1|}} - a_{\overline{n|}}) \cdot {}_{k|}q_x + (a_{\overline{m+n|}} - a_{\overline{n|}}) \cdot {}_{m+n}p_x\end{aligned}$$

2.延期终身生存年金

延期m年的期初付终身生存年金:其精算现值表示为${}_{m|}\ddot{a}_x$。

则有:

$$
\begin{aligned}
{}_{m|}\ddot{a}_x &= {}_{m}E_x + {}_{m+1}E_x + \cdots \\
&= \sum_{k=m}^{\infty} {}_{m}E_x \\
&= \sum_{k=m}^{\infty} v^k \cdot {}_{k}p_x
\end{aligned}
\tag{4.32}
$$

以年金现值的期望值定义,设未来年金给付现值为Y,则:

$$
Y = \begin{cases} 0, & k = 0,1,\cdots,m-1 \\ \ddot{a}_{\overline{k+1}|} - \ddot{a}_{\overline{n}|}, & k = m,m+1,\cdots \end{cases}
$$

则:

$$
\begin{aligned}
{}_{m|}\ddot{a}_x &= E(Y) \\
&= \sum_{k=m}^{\infty} (\ddot{a}_{\overline{k+1}|} - \ddot{a}_{\overline{n}|}) \cdot {}_{k|}q_x
\end{aligned}
$$

显然有:

$$
a_x = a_{x:\overline{m}|} + {}_{m|}a_x,\ \ddot{a}_x = \ddot{a}_{x:\overline{m}|} + {}_{m|}\ddot{a}_x
$$

$$
{}_{m|}a_x = {}_{m}E_x \cdot a_{x+m},\ {}_{m|}\ddot{a}_x = {}_{m}E_x \cdot \ddot{a}_{x+m}
$$

延期m年的期末付终身生存年金:其精算现值表示为${}_{m|}a_x$。

则有:

$$
\begin{aligned}
{}_{m|}a_x &= {}_{m+1}E_x + {}_{m+2}E_x + \cdots \\
&= \sum_{k=m+1}^{\infty} {}_{k}E_x \\
&= \sum_{k=m+1}^{\infty} v^k \cdot {}_{k}p_x
\end{aligned}
\tag{4.33}
$$

以年金现值的期望值定义,设未来年金给付现值为Y,则:

$$
Y = \begin{cases} 0, & k = 1,\cdots,m \\ a_{\overline{k+1}|} - a_{\overline{n}|}, & k = m+1,\ m+2,\cdots \end{cases}
$$

有:

$$
\begin{aligned}
{}_{m|}a_x &= E(Y) \\
&= \sum_{k=m+1}^{\infty} (a_{\overline{k+1}|} - a_{\overline{n}|}) \cdot {}_{k|}q_x
\end{aligned}
$$

同样有:

$$a_x = a_{x:\overline{m}|} + {}_{m|}a_x$$

$$_{m|}a_x = {}_mE_x \cdot a_{x+m}$$

例 4.2 小王在30岁时购买了20年期初付生存年金，投保后只要存活，每年年初可得1000元生存给付，若年利率为2.5%，求这一年金的精算现值。

解 依据题意可知：

$$\ddot{a}_{30:\overline{20}|} = \sum_{k=0}^{19} {}_kE_{30} = \sum_{k=0}^{19} v^k \cdot {}_kp_{30}$$

故

$$1000\ddot{a}_{30:\overline{20}|} = 1000\sum_{k=0}^{19}\left(\frac{1}{1+0.025}\right)^k \cdot {}_kp_{30}$$

代入相应概率就可算出。

例 4.3 某人40岁时，花10000元购买了一份年金保险，保单承诺若从下一年开始，每年存活就可以领到等额给付。已知年利率$i=0.025$，$\ddot{a}_{40}=15$，计算每次可以领取的金额。

解 由题知，该保单是个期末付终身生存年金，已经给出了购买年金的现值。设每次给付额为p，则：

$$p \times a_{40} = 10000$$

$$a_{40} = \ddot{a}_{40} - 1 = 14$$

$$p = \frac{10000}{a_{40}} = \frac{10000}{14} = 714.29(\text{元})$$

例 4.4 王某在40岁时购买了一份年金保险，契约规定，从61岁起，若被保险人生存，每年可得到1000元给付，直到被保险人死亡为止。设年利率为0.025，存活函数为$l_x = l_0\left(1-\frac{x}{100}\right)$，求该年金在购买时的精算现值。

解 这是一个延期20年的期末付终身生存年金，从生存函数可以看出最高年龄为100岁，可定义得：

$$_{20|}a_{40} = \sum_{k=21}^{\infty} v^k \cdot {}_kp_{40}$$

而

$$_kp_{40} = \frac{l_{40+k}}{l_{40}} = \frac{60-k}{60}$$

该笔年金的精算现值为：

$$1000\,{}_{20|}a_{40} = 1000\sum_{k=21}^{\infty} v^k\,{}_kp_{40}$$

$$= 1000\sum_{k=21}^{60} 1.025^k \cdot \frac{60-k}{60}$$

第四节 生存年金与寿险趸交保费的关系

寿险与年金的精算现值都需要依赖被保险人的死亡年龄,两者虽然是不同的保险,但是它们之间存在某种关系。对这种关系的认识,有助于进一步地精算估计。

一、离散型寿险与期初付生存年金的关系

(一)终身型

对于生存年金有:

$$Y = \ddot{a}_{\overline{k+1}|} = \frac{1 - v^{k+1}}{d},\ k = 0,1,2,\cdots$$

终身寿险有:

$$Z = v^{k+1},\ k = 0,1,2,\cdots$$

故

$$\ddot{a}_{\overline{x}|} = E(Y) = E\left(\frac{1 - v^{k+1}}{d}\right) = \frac{1 - E(v^{k+1})}{d} = \frac{1 - A_x}{d}$$

即:

$$d\ddot{a}_x + A_x = 1 \tag{4.34}$$

(4.34)式的解释是:(x)岁生存者在年利率i时,投保时交纳1元保费即可享受存活时每年初给付d元终身存年金,同时在死亡年年末得到1元的死亡保险金。

从上述关系式可以看出Y与Z之间存在下列关系:

$$Y = \frac{1 - Z}{d}$$

有:

$$E(Y) = \frac{1 - E(Z)}{d}$$

(二)n年定期型

对于定期生存年金有:

$$Y = \begin{cases} \ddot{a}_{\overline{k+1}|} = \dfrac{1 - v^{k+1}}{d}, & 0 \leqslant k \leqslant n \\ \ddot{a}_{\overline{n}|} = \dfrac{1 - v^{n}}{d}, & k \geqslant n \end{cases}$$

n年期寿险有:

$$Z = \begin{cases} v^{k+1}, & 0 \leqslant k \leqslant n \\ v^{n}, & k \geqslant n \end{cases}$$

这里Z为保额1元的n年期两全保险的给付现值随机变量。

故

$$\ddot{a}_{x:\overline{n}|}=E(Y)=E(\frac{1-Z}{d})=\frac{1-E(Z)}{d}$$

$$\ddot{a}_{x:\overline{n}|}=\frac{1-A_{x:\overline{n}|}}{d}$$

即：

$$d\ddot{a}_{x:\overline{n}|}+A_{x:\overline{n}|}=1 \tag{4.35}$$

(三)延期型

对于延期年金,有：

$$_{n|}\ddot{a}_x=\ddot{a}_x-\ddot{a}_{x:\overline{n}|}=\frac{1-A_x}{d}-\frac{1-A_{x:\overline{n}|}}{d}=\frac{A_{x:\overline{n}|}-A_x}{d} \tag{4.36}$$

二、离散型寿险与期末付生存年金的关系

(一)终身型

由
$$a_x=E(Y)=E(a_{\overline{k+1}|})=E(\frac{1-v^{k+1}}{i})$$

$$A_x=E(Z)=E(v^{k+1})$$

得：

$$a_x=E(\frac{1-v^{k+1}}{i})=E(\frac{1-(1+i)\cdot v^{k+1}}{i})=\frac{1-(1+i)\cdot A_x}{i}$$

$$ia_x+(1+i)A_x=1$$

$$ia_x+iA_x+A_x=1 \tag{4.37}$$

(4.37)式的解释是：(x)投保1元保费相当于活着的人每人i元利息的现值ia_x和死亡年年末i元利息的现值iA_x之和,若死亡的话,在年末1元给付的现值A_x。由式(4.37)可得：

$$(1+i)A_x=1-ia_x$$

则：

$$\begin{aligned}A_x&=\frac{1}{1+i}-\frac{ia_x}{1+i}\\&=\frac{\ddot{a}_x-a_x}{1+i}-\frac{ia_x}{1+i}\\&=v\ddot{a}_x-va_x-iva_x\\&=v\ddot{a}_x-(1+i)va_x\\&=v\ddot{a}_x-a_x\end{aligned} \tag{4.38}$$

如图4.21所示。

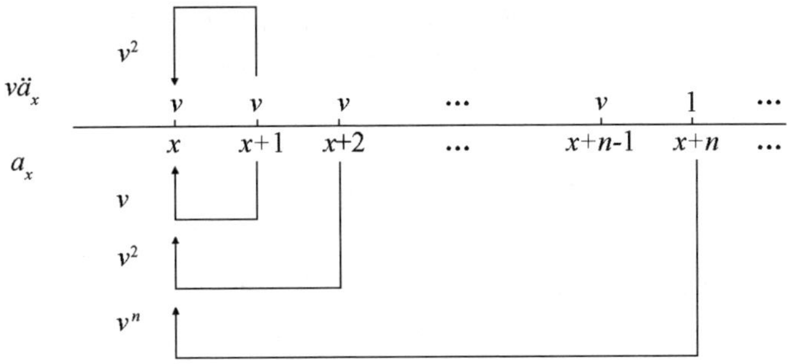

图4.21

(4.38)式的解释是：$v\ddot{a}_x$为x岁的生存者期初付年金v元的终身生存年金的精算现值；a_x为x岁生存者期末付1元终身生存年金精算现值；除(x)死亡年最后一次支付v元以外，$v\ddot{a}_x$与a_x一系列支付相抵。在死亡当年，对期初生存年金而言，已支付，但对期末付生存年金而言1元尚未支付，因此$v\ddot{a}_x - a_x$就等于(x)死亡的当年为给付1元在投保时的现值，即为A_x。

(二)n年定期型

由于

$$\ddot{a}_{x:\overline{n}|} = a_{x:\overline{n}|} - 1 + {}_nE_x$$

$$\ddot{a}_{x:\overline{n}|} = a_{x:\overline{n-1}|} + 1$$

$$\begin{aligned} A_{x:\overline{n}|} &= 1 - d\ddot{a}_{x:\overline{n}|} \\ &= (\ddot{a}_{x:\overline{n}|} - a_{x:\overline{n-1}|}) - d\ddot{a}_{x:\overline{n}|} \\ &= (1-d)\ddot{a}_{x:\overline{n}|} - a_{x:\overline{n-1}|} \end{aligned}$$

即：

$$A_{x:\overline{n}|} = v\ddot{a}_{x:\overline{n}|} - a_{x:\overline{n-1}|} \tag{4.39}$$

(4.39)式的解释是：$v\ddot{a}_{x:\overline{n}|}$为$x$岁的生存者期初付$v$元的$n$年定期生存年金的精算现值；$a_{x:\overline{n-1}|}$为$x$岁生存者期末付1元的$n-1$年定期生存年金精算现值；因此$v\ddot{a}_{x:\overline{n}|} - a_{x:\overline{n-1}|}$就等于$(x)$死亡的当年末定期给付1元在投保时的现值，即为$A_{x:\overline{n}|}$。

(三)延期型

期末付延期n年终身生存年金与期末付终身生存年金、n年定期生存年金的关系为：

$${}_{n|}a_x = a_x - a_{x:\overline{n}|}$$

由于

$$a_x = \ddot{a}_x - 1$$

$$a_{x:\overline{n}|} = \ddot{a}_{x:\overline{n+1}|} - 1$$

有：

$$
\begin{aligned}
{}_{n|}a_x &= \ddot{a}_x - 1 - \ddot{a}_{x:\overline{n+1}|} + 1 \\
&= \ddot{a}_x - \ddot{a}_{x:\overline{n+1}|} \\
&= \frac{1 - A_x}{d} - \frac{1 - A_{x:\overline{n+1}|}}{d} \\
&= \frac{A_{x:\overline{n+1}|} - A_x}{d}
\end{aligned} \tag{4.40}
$$

延期n年定期m年期末付生存定金的关系式可以表示为：

$$
\begin{aligned}
{}_{n|m}a_x &= a_{x:\overline{n+m}|} - a_{x:\overline{n}|} \\
&= \frac{A_{x:\overline{n+1}|} - A_{x:\overline{m+n+1}|}}{d}
\end{aligned} \tag{4.41}
$$

三、连续型寿险与连续型生存年金的关系

(一)终身型

由

$$
\begin{aligned}
\bar{A}_x &= \int_0^{+\infty} v^t \cdot f_T(t)dt \\
&= \int_0^{+\infty} v^t d(F_T(t)) \\
&= \int_0^{+\infty} v^t d({}_tq_x) \\
&= -\int_0^{+\infty} v^t d({}_tp_x) \\
&= -v^t \cdot {}_tp_x|_0^{+\infty} + \int_0^{+\infty} {}_tp_x d(v^t) \\
&= 1 + \int_0^{+\infty} {}_tp_x \cdot v^t \ln v dt \\
&= 1 - \delta\int_0^{+\infty} {}_tp_x \cdot v^t dt \\
&= 1 - \delta\bar{a}_x
\end{aligned}
$$

得：

$$
\bar{A}_x = 1 - \delta\bar{a}_x \tag{4.42}
$$

(4.42)式的解释是：年龄为x岁的人，投资1元能使其在生存期间得到年付利息数额为δ的连续给付，一旦其死亡，便立即获得1元的保险金。

令：

连续型年金未来给付现值随机变量$Y = \bar{a}_{\overline{T}|}(T > 0)$

寿险未来给付现值随机变量$Z = v^T(T > 0)$

有：

$$\bar{a}_x = E(Y) = E\left(\frac{1-v^T}{\delta}\right)$$
$$= \frac{1-E(v^T)}{\delta} = \frac{1-E(z)}{\delta}$$
$$\bar{a}_x = \frac{1-\bar{A}_x}{\delta}$$

即：

$$\delta\bar{a}_x + \bar{A}_x = 1$$

由
$$Y = \frac{1-Z}{\delta}$$

有：

$$E(Y) = \frac{1-E(Z)}{\delta} \tag{4.43}$$

(二)定期型

由

$$\bar{A}^1_{x:\overline{n}|} = \int_0^n v^t \cdot f_T(t)dt$$
$$= -\int_0^n v^t d({}_tp_x)$$
$$= -v^t \cdot {}_tp_x|_0^n + \int_0^n {}_tp_x d(v^t)$$
$$= -v^t \cdot {}_np_x + 1 + \int_0^n {}_tp_x \cdot v^t \cdot \ln v dt$$
$$= -{}_nE_x + 1 - \delta\int_0^n {}_tp_x \cdot v^t dt$$
$$= -{}_nE_x + 1 - \delta\bar{a}_{x:\overline{n}|}$$

有：

$$\bar{A}^1_{x:\overline{n}|} = 1 - {}_nE_x - \delta\bar{a}_{x:\overline{n}|} \tag{4.44}$$

类似地对死亡时给付两全保险有：

$$\bar{A}_{x:\overline{n}|} + \delta\bar{a}_{x:\overline{n}|} = 1 \tag{4.45}$$

(三)延期型

$$_{n|}\bar{a}_x = a_x - \bar{a}_{x:\overline{n}|} = \frac{\bar{A}_{x:\overline{n}|} - \bar{A}_x}{\delta} \tag{4.46}$$

$$_{n|m}\bar{a}_x = \bar{a}_{x:\overline{n+m}|} - \bar{a}_{x:\overline{n}|} = \frac{\bar{A}_{x:\overline{n}|} - \bar{A}_{x:\overline{n+m}|}}{\delta} \tag{4.47}$$

对于
$$Y = \frac{1-Z}{d} = \frac{1-v^{k+1}}{d}$$
$$Y = \frac{1-Z}{\delta} = \frac{1-v^T}{\delta}$$

有：

$$\mathrm{Var}(Y)=\frac{Var(Z)}{d^2}=\frac{1}{d^2}({}^2A-A^2)$$

$$\mathrm{Var}(Y)=\frac{\mathrm{Var}(Z)}{\delta^2}=\frac{1}{\delta^2}({}^2\bar{A}-\bar{A}^2)$$

具体来看：

终身寿险：

$$\mathrm{Var}(Y)=\frac{{}^2A_x-A_x^2}{d^2}$$

$$\mathrm{Var}(Y)=\frac{{}^2\bar{A}_x-\bar{A}_x^2}{\delta^2}$$

两全保险：

$$\mathrm{Var}(Y)=\frac{{}^2A_{x:\overline{n}|}-A_{x:\overline{n}|}^2}{d^2}$$

$$\mathrm{Var}(Y)=\frac{{}^2\bar{A}_{x:\overline{n}|}-\bar{A}_{x:\overline{n}|}^2}{\delta^2}$$

例 4.5 35 岁的王某购买按连续方式给付年金额 2000 元的生存年金，$i=2.5\%$，在死亡均匀分布假设下利用附表2.3求下列精算现值：

(1)终身生存年金；(2)20年定期；(3)延期10年终身；(4)延期10年定期20年。

解 (1)

$$2000\bar{a}_{35}=2000\frac{1-\bar{A}_{35}}{\delta}=2000\frac{1}{\delta}(1-\frac{i}{\delta}A_{35})$$

(2)

$$2000\bar{a}_{35:\overline{20}|}=2000\times\frac{1-\bar{A}_{35:\overline{20}|}}{\delta}$$

$$\bar{A}_{35:\overline{20}|}=\bar{A}^1_{35:\overline{20}|}+{}_{20}E_{35}\approx\frac{i}{\delta}\bar{A}^1_{35:\overline{20}|}+{}_{20}E_{35}$$

(3)

$$2000\,{}_{10|}\bar{a}_{35}=2000\times\frac{\bar{A}_{35:\overline{10}|}-\bar{A}_{35}}{\delta}$$

(4)

$$2000\,{}_{10|}\bar{a}_{35:\overline{20}|}=2000\times\frac{\bar{A}_{35:\overline{10}|}-\bar{A}_{35:\overline{30}|}}{\delta}$$

第五节 生存年金的精算累积值

一、离散型生存年金的精算累积值

(一)期初付

(x)投保保额1元，n年定期期初付生存年金的精算累积值，其精算符号为$\ddot{S}_{x:\overline{n}|}$。

如图 4.22 所示。

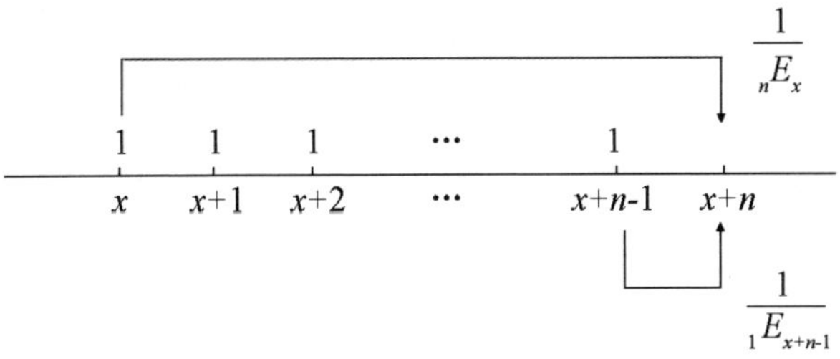

图 4.22

即有：

$$\begin{aligned}\ddot{S}_{x:\overline{n}|} &= \frac{1}{_nE_x} + \frac{1}{_{n-1}E_{x+1}} + \cdots + \frac{1}{E_{x+n-1}} \\ &= \sum_{k=0}^{n-1}\frac{1}{_{n-k}E_{x+k}} \\ &= \frac{N_x - N_{x+n}}{D_{x+n}} \end{aligned} \tag{4.48}$$

从另一个角度来看，如图 4.23 所示。

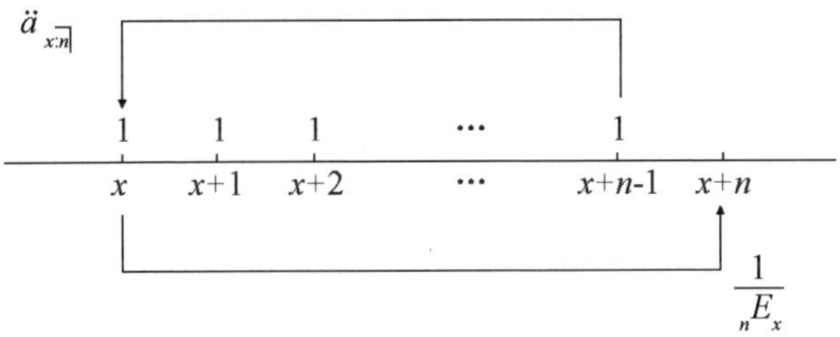

图 4.23

则：

$$\ddot{S}_{x:\overline{n}|} = \ddot{a}_{x:\overline{n}|} \cdot \frac{1}{_nE_x} = \sum_{k=0}^{n-1}\frac{1}{_{n-k}E_{x+k}} \tag{4.49}$$

（二）期末付

(x)投保保额 1 元，n年定期期末付生存年金的精算累积值，其精算符号为 $S_{x:\overline{n}|}$。如图 4.24 所示。

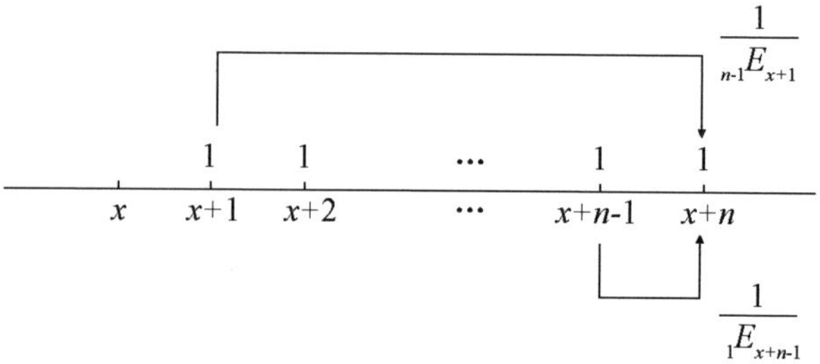

图 4.24

则：

$$S_{x:\overline{n}|}=\frac{1}{_{n-1}E_{x+1}}+\frac{1}{_{n-2}E_{x+2}}+\cdots+\frac{1}{E_{x+n-1}}+1$$

$$=\sum_{k=1}^{n}\frac{1}{_{n-k}E_{x+k}}$$

$$=\frac{N_{x+1}-N_{x+n+1}}{D_{x+n}}$$

从另一个角度来看，如图 4.25 所示。

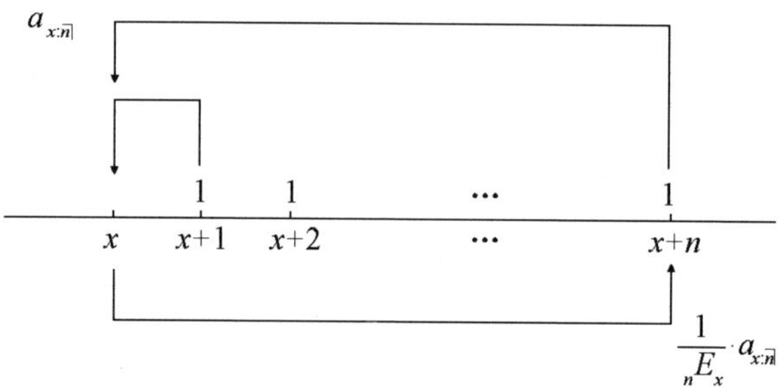

图 4.25

则：

$$S_{x:\overline{n}|}=a_{x:\overline{n}|}\cdot\frac{1}{_nE_x}$$

$$=\sum_{k=1}^{n}v^k\cdot{}_kp_x\cdot\frac{1}{_nE_x}$$

$$=\sum_{k=1}^{n}\frac{v^k\cdot{}_kp_x}{v^n\cdot{}_np_x}$$

$$=\sum_{k=1}^{n}\frac{1}{v^{n-k}}\cdot\frac{\frac{l_{x+k}}{l_x}}{\frac{l_{x+n}}{l_x}}$$

$$=\sum_{k=1}^{n}\frac{1}{v^{n-k}\frac{l_{x+n}}{l_{x+k}}}$$

$$=\sum_{k=1}^{n}\frac{1}{v^{n-k}\cdot {}_{n-k}p_{x+k}}$$

$$=\sum_{k=1}^{n}\frac{1}{{}_{n-k}E_{x+k}} \tag{4.51}$$

二、连续型生存年金的精算累积值

(x)投保保额1元连续支付的n年定期生存年金的精算累积值为$\bar{S}_{x:\overline{n}|}$。

即：

$$\bar{S}_{x:\overline{n}|}=\bar{a}_{x:\overline{n}|}\cdot\frac{1}{{}_nE_x}$$

$$=\int_0^n\frac{{}_tE_x}{{}_nE_x}dt \tag{4.52}$$

由

$$\frac{1}{{}_nE_x}=\frac{1}{v^n\,{}_np_x}=(1+i)^n\cdot\frac{l_x}{l_{x+n}}$$

得：

$$\bar{S}_{x:\overline{n}|}=\bar{a}_{x:\overline{n}|}\cdot\frac{1}{{}_nE_x}$$

$$=\bar{a}_{x:\overline{n}|}\cdot(1+i)^n\cdot\frac{l_x}{l_{x+n}}$$

$$l_{x+n}\cdot\bar{S}_{x:\overline{n}|}=l_x\cdot\bar{a}_{x:\overline{n}|}\cdot(1+i)^n$$

上式表明：期初l_x人每人投入$\bar{a}_{x:\overline{n}|}$，经过$n$年复利累计后恰好给在$(x+n)$岁上活着的人$l_{x+n}$每人给付$\bar{S}_{x:\overline{n}|}$。

$\frac{1}{{}_nE_x}$与${}_nE_x$的其他关系式为：

$$\frac{1}{{}_nE_x}=\frac{1}{v^n\,{}_np_x}=\frac{(1+i)^nl_x}{l_{x+n}}$$

$${}_nE_x={}_kE_x\cdot{}_{n-k}E_{x+k}$$

$$\frac{{}_kE_x}{{}_nE_x}=\frac{1}{{}_{n-k}E_{x+k}}$$

如图4.26、图4.27所示。

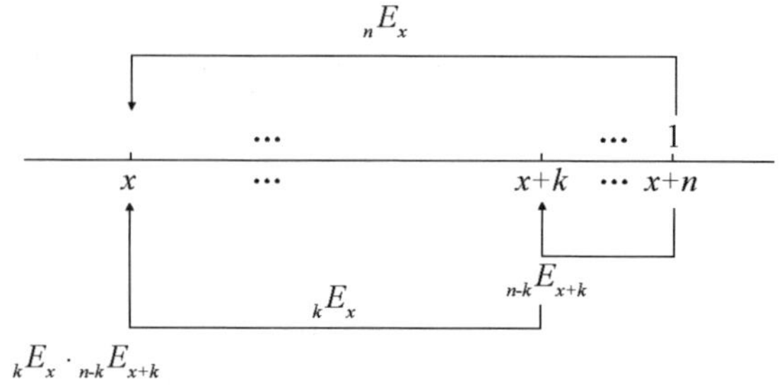

图 4.26

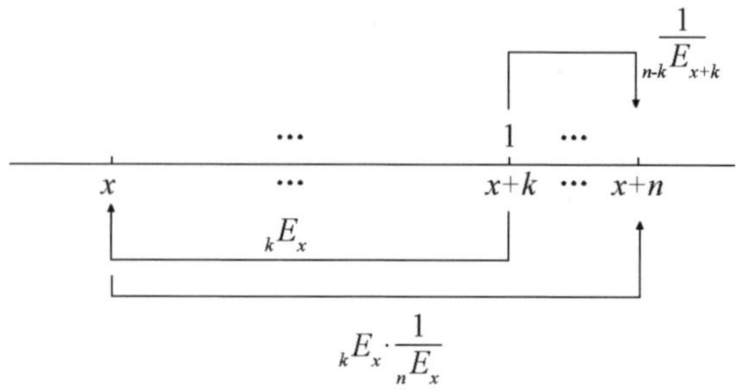

图 4.27

第六节　一年多次给付的生存年金的精算现值

年金的给付可以以年为周期,也可以以月为周期给付或半年给付等。本节讨论每年给付 m 次的生存年金。

实践中,年金常常是每半年、一季度或一个月支付一次,这种年金称为一年多次给付的生存年金,其精算现值的计算方法与前面讨论的每年一次生存年金类似,但由于生命表不直接提供非整数年龄的存活概率和死亡概率,因此必须在一定的假设下做近似计算。

一、一年 m 次给付的终身生存年金

设(x)购买一份终身生存年金,该年金每年给付 m 次,每次支付金额为 $\frac{1}{m}$,若该年金在期初支付,则为一年 m 次给付的期初付终身生存年金,其精算符号为 $\ddot{a}_x^{(m)}$;若年金在期末支付,则为一年 m 次给付的期末付终身生存年金,其精算符号为 $a_x^{(m)}$。

现时给付法有 $\ddot{a}_x^{(m)} = \frac{1}{m}\sum_{k=0}^{\infty} v^{\frac{k}{m}} \cdot {}_{\frac{k}{m}}p_x = \frac{1}{m}\sum_{k=0}^{\infty} {}_{\frac{k}{m}}E_x$。

如图4.28所示。

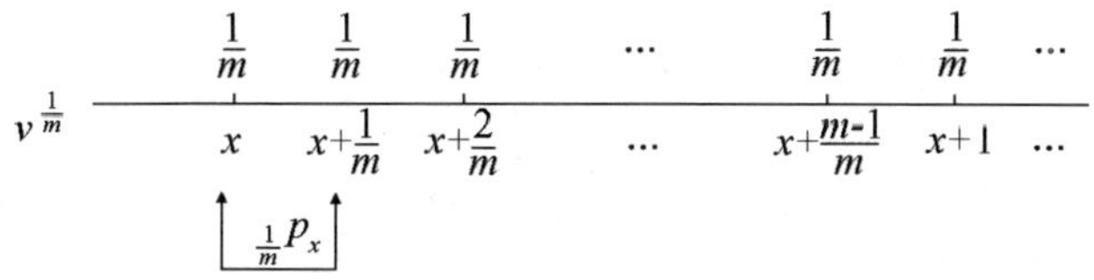

图4.28

$$\begin{aligned} \ddot{a}_x^{(m)} &= \frac{1}{m} + \frac{1}{m} \cdot v^{\frac{1}{m}} \cdot {}_{\frac{1}{m}}p_x + \cdots + \frac{1}{m} \cdot v^{\frac{m-1}{m}} \cdot {}_{\frac{m-1}{m}}p_x + \cdots \\ &= \frac{1}{m}\sum_{k=0}^{\infty} v^{\frac{k}{m}} \cdot {}_{\frac{1}{m}}p_x \\ &= \frac{1}{m}\sum_{k=0}^{\infty} {}_{\frac{k}{m}}E_x \end{aligned} \tag{4.53}$$

类似地有：

$$1 = d^{(m)}\ddot{a}_x^{(m)} + A_x^{(m)} \tag{4.54}$$

$$\ddot{a}_x^{(m)} = \frac{1}{d^{(m)}} - \frac{1}{d^{(m)}} A_x^{(m)} \tag{4.55}$$

为了用 $\ddot{a}_x$ 表示 $\ddot{a}_x^{(m)}$，用 A_x 表示 $A_x^{(m)}$，利用在死亡均匀分布假设下公式 $A_x^{(m)} = \frac{i}{i^{(m)}} A_x$ 和 $1 = d\ddot{a}_x + A_x = d^{(m)}\ddot{a}_x^{(m)} + A_x^{(m)}$，有：

$$\begin{aligned} \ddot{a}_x^{(m)} &= \frac{d}{d^{(m)}}\ddot{a}_x + \frac{1}{d^{(m)}}(A_x - A_x^{(m)}) \\ &= \frac{d}{d^{(m)}}\ddot{a}_x + \frac{1}{d^{(m)}}\left(1 - \frac{i}{i^{(m)}}\right)A_x \\ &= \frac{d}{d^{(m)}}\ddot{a}_x + \frac{i^{(m)} - i}{i^{(m)}d^{(m)}}(1 - d\ddot{a}_x) \\ &= \frac{id}{i^{(m)}d^{(m)}}\ddot{a}_x + \frac{i^{(m)} - i}{i^{(m)}d^{(m)}} \end{aligned}$$

令
$$\alpha(m) = \frac{id}{i^{(m)}d^{(m)}}$$

$$\beta(m) = \frac{i - i^{(m)}}{i^{(m)}d^{(m)}} = \frac{\frac{i}{i^{(m)}} - 1}{d^{(m)}}$$

有：

$$\ddot{a}_x^{(m)} = \alpha(m)\ddot{a}_x - \beta(m) \tag{4.56}$$

当i很小时，可以证明$\alpha(m) \approx 1, \beta(m) \approx \frac{m-1}{2m}$，因此实际中常采用近似公式：

$$\ddot{a}_x^{(m)} \approx \ddot{a}_x - \frac{m-1}{2m} \tag{4.57}$$

同理，一年m次给付的终身生存年金期末付近似公式为：

$$a_x^{(m)} \approx a_x + \frac{m-1}{2m} \tag{4.58}$$

二、一年m次给付的n年定期生存年金

设(x)购买有一份n年定期生存年金，该年金每年给付m次，每次支付金额为$\frac{1}{m}$，若该年金在期初支付，则为一年m次给付的期初付n年定期生存年金，其精算符号为$\ddot{a}_{x:\overline{n}|}^{(m)}$；若年金在期末支付，则为一年$m$次给付的期末付$n$年定期生存年金，其精算符号为$a_{x:\overline{n}|}^{(m)}$。

由公式$\ddot{a}_x^{(m)} = \alpha(m)\ddot{a}_x - \beta(m)$得：

$$\begin{aligned}\ddot{a}_{x:\overline{n}|}^{(m)} &= \ddot{a}_x^{(m)} - {}_nE_x\ddot{a}_{x+n}^{(m)} \\ &= \alpha(m)\ddot{a}_x - \beta(m) - {}_nE_x[\alpha(m)\ddot{a}_{x+n} - \beta(m)] \\ &= \alpha(m)\ddot{a}_{x:\overline{n}|} - \beta(m)[1 - {}_nE_x]\end{aligned} \tag{4.59}$$

其近似公式为：

$$\ddot{a}_{x:\overline{n}|}^{(m)} \approx \ddot{a}_{x:\overline{n}|} - \frac{m-1}{2m}(1 - {}_nE_x) \tag{4.60}$$

同理，一年m次给付的n年定期生存年金期末付近似公式为：

$$a_{x:\overline{n}|}^{(m)} \approx a_{x:\overline{n}|} + \frac{m-1}{2m}(1 - {}_nE_x) \tag{4.61}$$

三、一年m次给付的延期生存年金

设(x)购买一份延期生存年金，该年金每年给付m次，每次支付金额为$\frac{1}{m}$；若该年金是延期k年定期n年，期初付生存年金其精算符号为${}_{k|}\ddot{a}_{x:\overline{n}|}^{(m)}$；若为期末付，则为${}_{k|}a_{x:\overline{n}|}^{(m)}$；若该年金是延期$n$年的期初付终身生存年金，其精算符号为${}_{n|}\ddot{a}_x^{(m)}$，且${}_{n|}\ddot{a}_x^{(m)} = {}_nE_x\ddot{a}_{x+n}^{(m)}$。若为期末付，其精算符号为${}_{n|}a_x^{(m)}$。

$$\begin{aligned}{}_{n|}\ddot{a}_x^{(m)} &= {}_nE_x[\alpha(m)\ddot{a}_{x+n} - \beta(m)] \\ &= \alpha(m)\,{}_{n|}\ddot{a}_x - \beta(m)\,{}_nE_x\end{aligned} \tag{4.62}$$

其近似公式为：

$$ {}_{n|}\ddot{a}_x^{(m)} \approx {}_{n|}\ddot{a}_x - \frac{m-1}{2m}\,{}_nE_x \tag{4.63} $$

从而,一年 m 次给付的延期生存年金期末付近似公式为:

$$ {}_{n|}a_x^{(m)} \approx {}_{n|}a_x + \frac{m-1}{2m}\,{}_nE_x \tag{4.64} $$

例 4.6 某保险单位提供从60岁起每月初500元的生存年金,如果被保险人在60岁前死亡,则在死亡年年末给付10000元,设预定利率为2.5%。若某人(30)购买生存年金保单,试用附表4.3的换算函数计算生存年金的精算现值。

解

$$ 10000A_{30:\overline{30}|}^{1} + 500\times 12\,{}_{30|}\ddot{a}_{30}^{(12)} $$

$$ = 10000\frac{M_{30}-M_{60}}{D_{60}} + 6000\left({}_{30|}\ddot{a}_{30} - \frac{12-1}{2\times 12}\,{}_{30}E_{30}\right) $$

$$ = 10000\frac{M_{30}-M_{60}}{D_{60}} + 6000\left(\frac{N_{60}-\frac{11}{24}D_{60}}{D_{30}}\right) $$

第七节 变额生存年金的精算现值

变额生存年金是年金给付的金额随着给付时期的不同而变动,这种年金就是变额年金。在保险期内,以存活为保险金给付条件,保额随给付时期的变化而变动。

一、递增的终身生存年金

对 (x) 第一年末给付1元,第二年末给付2元,……每年给付额比上一年增加1元的终身期末给付生存年金,其现值以 $(Ia)_x$ 表示。如图4.29、图4.30所示。

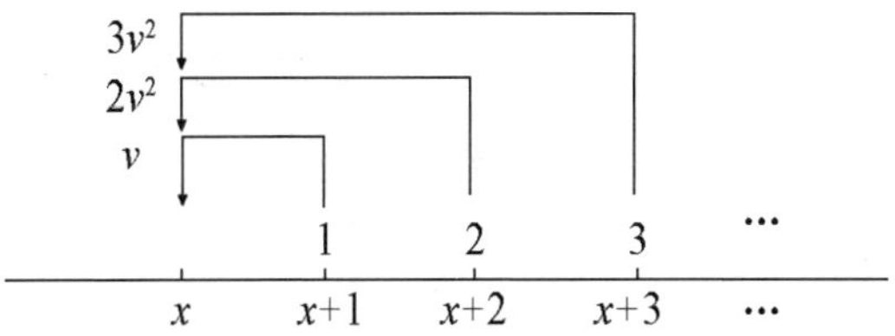

图4.29

有:

$$ (Ia)_x = v\cdot p_x + 2v^2\cdot {}_2p_x + 3v^3\cdot {}_3p_x + \cdots $$

$$ = \sum_{k=1}^{\infty} k\cdot v^k\cdot {}_kp_x \tag{4.65} $$

又可表示为:

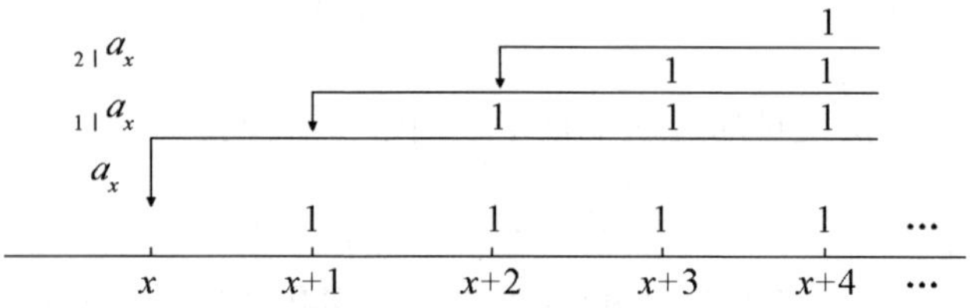

图 4.30

有：

$$(Ia)_x = a_x + {}_{1|}a_x + {}_{2|}a_x + \cdots = \sum_{k=0}^{\infty} {}_{k|}a_x$$
$$= \sum_{k=0}^{\infty} \frac{N_{x+k+1}}{D_x}$$

设
$$S_x = \sum_{k=0}^{\infty} N_{x+k}$$

有：

$$(Ia)_x = \frac{S_{x+1}}{D_x} \tag{4.66}$$

当生存年金在每年年初给付时有：

$$(I\ddot{a})_x = \sum_{k=0}^{\infty}(k+1)v^k \cdot {}_kp_x = \sum_{k=0}^{\infty} {}_{k|}\ddot{a}_x = \frac{S_x}{D_x} \tag{4.67}$$

二、递增的n年定期生存年金

对(x)第一年末给付1元，以后每年给付额比上一年增加1元的n年定期期末付生存年金，其现值以$(Ia)_{x:\overline{n|}}$表示。

有：

$$(Ia)_{x:\overline{n|}} = \sum_{k=1}^{n} k \cdot v^k \cdot {}_kp_x = \sum_{k=0}^{n-1} {}_{k|}a_{x:\overline{n-k|}}$$
$$= \sum_{k=0}^{n-1} \frac{N_{x+k+1} - N_{x+n+1}}{D_x}$$
$$= \frac{S_{x+1} - S_{x+n+1} - n \cdot N_{x+n+1}}{D_x} \tag{4.68}$$

当生存年金期初给付时有：

$$(I\ddot{a})_{x:\overline{n|}} = \sum_{k=0}^{n-1}(k+1) \cdot v^k \cdot {}_kp_x = \sum_{k=0}^{n-1} {}_{k|}\ddot{a}_{x:\overline{n-k|}}$$
$$= \frac{S_x - S_{x+n} - n \cdot N_{x+n+1}}{D_x} \tag{4.69}$$

三、n年定期递增终身生存年金

对(x)的第一年末给付1元，在n年内每年递增1元，n年后每年末固定给付n元的终身生存年金，其现值以$\left(I_{\overline{n|}}a\right)_x$表示。如图4.31所示。

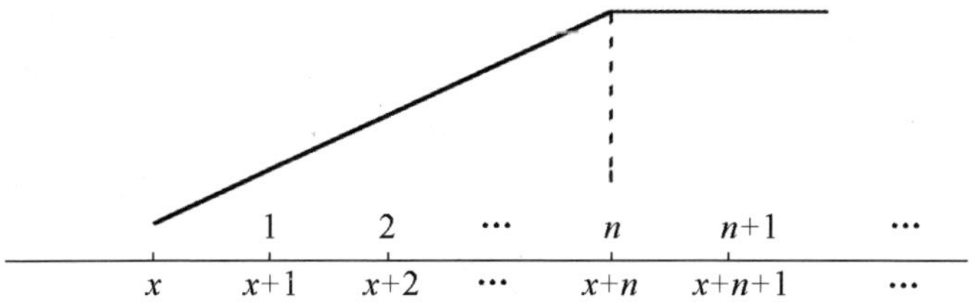

图4.31

有：

$$\begin{aligned}\left(I_{\overline{n|}}a\right)_x &= (Ia)_{x:\overline{n|}} + n \cdot {}_{n|}a_x \\ &= \sum_{k=0}^{n-1} {}_{k|}a_x \\ &= \sum_{k=0}^{n-1} \frac{N_{x+k+1}}{D_x} \\ &= \frac{S_{x+1} - S_{x+n+1}}{D_x}\end{aligned} \tag{4.70}$$

当n年定期递增终身生存年金期初给付时有：

$$\begin{aligned}\left(I_{\overline{n|}}\ddot{a}\right)_x &= (I\ddot{a})_{x:\overline{n|}} + n \cdot {}_{n|}\ddot{a}_x \\ &= \sum_{k=0}^{n-1} {}_{k|}\ddot{a}_x \\ &= \frac{S_x - S_{x+n}}{D_x}\end{aligned} \tag{4.71}$$

四、递减的n年定期生存年金

对(x)的第一年末给付n元，第二年末给付$n-1$元，在n年内每年给付额比前一年减少1元，在第$x+n$年末给付1元的期末付年金，其现值以$(Da)_{x:\overline{n|}}$表示。如图4.32、图4.33所示。

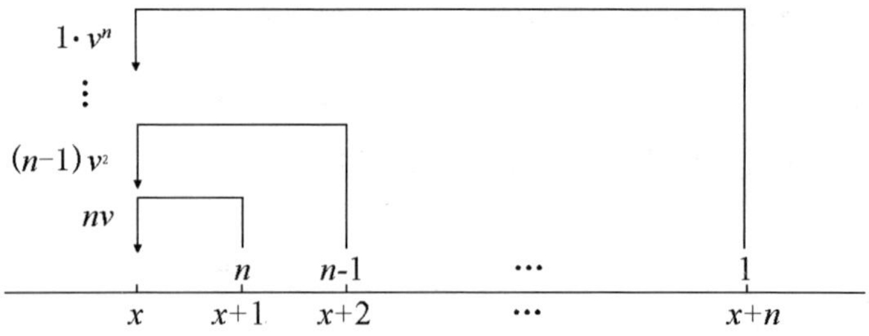

图4.32

有：

$$(Da)_{x:\overline{n}|} = nv \cdot p_x + (n-1)v^2 \cdot {}_2p_x + \ldots + v^n \cdot {}_np_x$$
$$= \sum_{k=1}^{n}(n-k)v^k \cdot {}_kp_x$$

又可表示为：

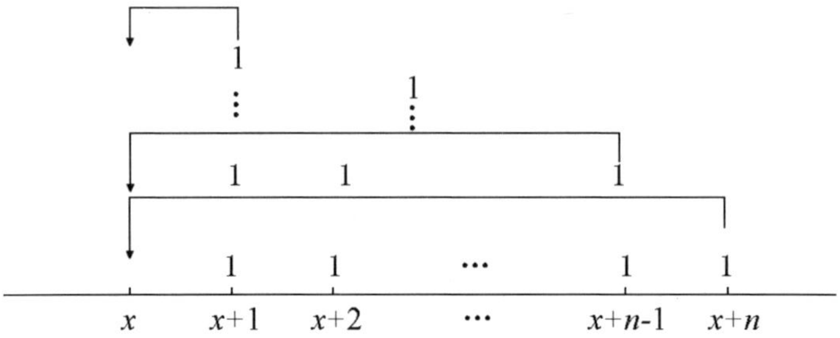

图4.33

$$(Da)_{x:\overline{n}|} = a_{x:\overline{n}|} + a_{x:\overline{n-1}|} + \ldots + a_{x:\overline{1}|} = \sum_{k=1}^{n} a_{x:\overline{k}|}$$
$$= \frac{nN_{x+1} - (S_{x+2} + S_{x+n+2})}{D_x} \tag{4.72}$$

当递减的n年定期生存年金期初给付时有：

$$(D\ddot{a})_{x:\overline{n}|} = \sum_{k=0}^{n-1}(n-k)v^k \cdot {}_kp_x = \sum_{k=1}^{n} \ddot{a}_{x:\overline{k}|}$$
$$= \frac{nN_x - (S_{x+1} + S_{x+n+1})}{D_x} \tag{4.73}$$

习题

4.1 设随机变量 $T=T(x)$ 的概率密度函数为 $f(t)=0.04\cdot e^{-0.04t}$, $t\geqslant 0$, 利力为 $\delta=0.06$。试计算:(1)精算现值 $\bar{a}_x$;(2)基金 $\bar{a}_x$ 足够用于实际支付年金的概率。

4.2 设 $\bar{A}_x=0.12$, ${}^2\bar{A}_x=0.04$, $\delta=0.05$。试求:(1)$\bar{a}_x$;(2)$\mathrm{Var}(\bar{a}_{\overline{T|}})$。

4.3 20岁者投保者购买了下列生存年金,每年给付年金额1000元,试分别求其应交的趸交纯保费:(1)期初付30年定期生存年金;(2)期末付30年定期生存年金;(3)期初付终身生存年金;(4)期末付终身生存年金;(5)在50岁时开始支付的终身生存年金;(6)在50岁时开始支付的20年定期生存年金。

4.4 现年40岁的王某想在其生存期间的每年年初向保险公司领取500元,则此人于40岁时应趸交纯保费多少?

4.5 某人现年60岁,在人寿保险公司购有终身生存年金,每月终给付年金额1000元,试在死亡均匀分布(UDD)假设和利率2.5%条件下,以附表4.3计算其精算现值。

4.6 Y是x岁签单的每期期末支付1元的生存年金的给付现值随机变量,求Y的方差。已知 $\ddot{a}_x=20$, ${}^2\ddot{a}_x=8$, $i=\dfrac{1}{24}$。

4.7 某人以期末延期终身生存年金50000元遗留给其子,约定延期20年,其子现年20岁,求此年金的精算现值。

4.8 在死亡均匀分布假设下,试证:(1)${}_{n|}\ddot{a}_x^{(m)}=\alpha(m)\,{}_{n|}\ddot{a}_x-\beta(m)\,{}_nE_x$;

(2)$\ddot{a}_{x:\overline{n|}}^{(m)}=\alpha(m)\ddot{a}_{x:\overline{n|}}-\beta(m)(1-{}_nE_x)$; (3)$a_{x:\overline{n|}}^{(m)}=\ddot{a}_{x:\overline{n|}}^{(m)}-\dfrac{1}{m}(1-{}_nE_x)$。

4.9 假设 $l_x=1000\times(1-\dfrac{x}{115})$, $i=-0.10$。一个30岁的人投保,如果他能够存活到70岁,将会获得100000元的给付,求这笔纯生存保险的精算现值。

4.10 某年金保险从被保险人达到60岁起每月支付1000元,直到被保险人死亡为止。如果被保险人在60岁前死亡,则一次性给付10000元,年利率为2.5%。如果某人从30岁开始投保,依据附表4.3计算趸交净保费。

4.11 设随机变量 $T=T(x)$ 的概率密度函数为 $f(t)=0.05\cdot e^{-0.05t}$, $t\geqslant 0$, 利力为 $\delta=0.06$。试计算:(1)精算现值 $\bar{a}_x$;(2)基金 $\bar{a}_x$ 足够用于实际支付年金的概率。

4.12 设 $\bar{a}_x=10$, ${}^2\bar{a}_x=7.375$, $\mathrm{Var}(\bar{a}_T)=50$。试求:(1)$\delta$;(2)$\bar{A}_x$。

4.13 设 $\bar{A}_x=0.06$, ${}^2\bar{A}_x=0.01$, $\delta=0.05$。试求:(1)$\bar{a}_x$;(2)$\mathrm{Var}(\bar{a}_T)$。

第五章 保险费

第一节 保费的概念及计算原理

一、总保费与净保费

保险费简称保费，是投保人购买保险产品所支付的价格，是保险人为履行一定的保险责任向投保人收取的实际金额，也就是“总保费”或“毛保费”。保险是一种分散风险的手段,它把大量的风险单位集合起来,以收取保费的方式建立起风险准备基金，当发生保险合同的风险事故时，用此基金进行经济补偿。从理论上说，保险产品的总保费分为性质不同的两部分：一部分是作为保险金给付来源的保费，称为净保费或纯保费，这部分保费应该与保单所承诺的赔付或给付支出相等。也就是说净保费等于保险金的给付支出在投保时的现值。但对保险公司来说，其支出责任并不仅限于支付保额、其经营各项业务必然会发生各种各样的费用，如原始费用,代现费用,行政管理费、死亡调查费等。同时保险公司以风险作为其经营对象，其自身经营不可避免带有一定的风险，如利率波动、退保等，故其会适度地在保费中进行风险加成。此外，保险公司作为经济主体,多以营利为目的，政府要对其所收保费进行课税,因此风险加成、利润及税收都是构成毛保费的一部分。这样保险公司向被保险人收取的毛保费就可看成由纯保费、管理费用、风险加成、税收和利润几部分组成。在毛保费中，除纯保费外，其余部分统称为“附加保费”。

二、保费的支付方式

保费的支付方式通常有以下三种：一是一次性付清，这种保费被称为“趸交保费”；二是定期交纳一固定款额，这种周期性的保费被称为“定期交纳均衡保费”；三是定期交纳一可变款额，这种周期性的保费被称为“定期交纳非均衡保费”。对于周期性的保费来说，除了保额的额度外，还须明确规定保费的交纳期限与交纳频率。一般来说，保费是预付的，即在每期期初支付。在实际业务中，绝大多数的寿险以固定数额分期交费，比如可按年交，也可以按半年、按季或按月方式交纳保费。

第二节 年交均衡净保费

寿险合同通常是长期合同，保险交费一般采取分期交付的方式。早期保险曾采用过自然保费的方式，它是每期根据被保险人的出险概率和保险金额计算的保费。在寿险中，以自然保费方式计算的保费会随着被保险人年龄的增大而提高，使人们在年老时，由于昂贵的保费而退出保险，失去保险的保障。为克服自然保费的这种不足，人们又提出了均衡保费的方式，即把自然保费在长期内均衡化、平均化，在保险交付期内每隔一定时期交付相等数额的保险费。

年交均衡净保费是指把自然保费在长期内均衡化、平均化，保险费以均衡方式每年交付一次，并在契约成立时交付第一次保险费，那么保费就是一系列期初付的年金，而且保费的交付是以被保险人存活为条件，因此保费的交付构成期初付的生存年金。即所交净保费现值=未来给付保险金现值。净保费是用于将来保险事故发生时给付于被保险人的金额，它与保单规定的保险金额价值相等。具体地说，就是根据收支相等原则，在任一时点上，保险金的价值与保险费的价值相等。一般以保险契约成立时，净保费现值等于保险金现值为计算净保费的基础。

设未来保险金在投保时的现值为A，年交均衡净保费为P，1元生存年金期初付现值为$\ddot{a}$，则根据收支相等原则有$A = P\ddot{a}$，根据此公式可以计算出净保费P。

对不同的保险和不同的保费交付方式，保险金现值和交费现值的具体形式不同，下面分别进行讨论。

保险费按照交费期限可以分为全期交费和限期交费两种。全期交费即是交费期限与保险期限相同；期限交费即是在保险期限内的某一段时间交清保费，比如h年交清，此时h小于保险期限。

一、终身寿险年交净保费

对(x)投保的死亡年末赔付1单位元的终身寿险，如果规定保费每年年初交付，全期交费，此时保险费的现值是终身生存年金的精算现值，以P_x表示这一保险的年交均衡净保费，则：

$$P_x\ddot{a}_x = A_x$$

即：

$$P_x = \frac{A_x}{\ddot{a}_x} = \frac{M_x}{N_x} \tag{5.1}$$

若保险金在被保险人死亡时给付，年交净保费以$P(\overline{A}_x)$表示，则：

$$P(\overline{A}_x)\ddot{a}_x = \overline{A}_x$$

即：

$$P\left(\bar{A}_x\right)=\frac{\bar{A}_x}{\ddot{a}_x} \tag{5.2}$$

在死亡均匀分布假设下有：

$$P\left(\bar{A}_x\right)\approx\frac{i}{\delta}\times\frac{A_x}{\ddot{a}_x}=\frac{i}{\delta}\times P_x \tag{5.3}$$

若保费在h年限期交清，即为一系列期初付h年定期生存年金。以${}_hP_x$表示h年交清保费，则：

$${}_hP_x\ddot{a}_{x:\overline{h}|}=A_x$$

即：

$${}_hP_x=\frac{A_x}{\ddot{a}_{x:\overline{h}|}} \tag{5.4}$$

若保险金在被保险人死亡时给付，年交净保费以${}_hP\left(\bar{A}_x\right)$表示，则：

$${}_hP\left(\bar{A}_x\right)\ddot{a}_{x:\overline{h}|}=\bar{A}_x$$

即：

$${}_hP\left(\bar{A}_x\right)=\frac{\bar{A}_x}{\ddot{a}_{x:\overline{h}|}} \tag{5.5}$$

在死亡均匀分布假设下有：

$${}_hP\left(\bar{A}_x\right)\approx\frac{i}{\delta}\cdot\frac{A_x}{\ddot{a}_{x:\overline{h}|}}=\frac{i}{\delta}\,{}_hP_x \tag{5.6}$$

二、n年定期寿险年交净保费

对(x)投保的死亡年末赔付1单位元的n年定期寿险，保险费每年年初交付一次，直至保险期满。该保险费的现值是定期生存年金的精算现值，以$P^1_{x:\overline{n}|}$表示这一保险的年交均衡净保费，则：

$$P^1_{x:\overline{n}|}\ddot{a}_{x:\overline{n}|}=A^1_{x:\overline{n}|}$$

即：

$$P^1_{x:\overline{n}|}=\frac{A^1_{x:\overline{n}|}}{\ddot{a}_{x:\overline{n}|}} \tag{5.7}$$

若保险金在被保险人死亡时给付，年交净保费以$P\left(\bar{A}^1_{x:\overline{n}|}\right)$表示，则：

$$P\left(\bar{A}^1_{x:\overline{n}|}\right)\cdot\ddot{a}_{x:\overline{n}|}=\bar{A}^1_{x:\overline{n}|}$$

即：

$$P\left(\bar{A}^1_{x:\overline{n}|}\right)=\frac{\bar{A}^1_{x:\overline{n}|}}{\ddot{a}_{x:\overline{n}|}} \tag{5.8}$$

在死亡均匀分布的假设条件下有：

$$P\left(\bar{A}^{1}_{x:\overline{n}|}\right) \approx \frac{i}{\delta}\frac{A^{1}_{x:\overline{n}|}}{\ddot{a}_{x:\overline{n}|}} = \frac{i}{\delta}P^{1}_{x:\overline{n}|} \tag{5.9}$$

若保费在h年限期交清，即为一系列期初付h年定期生存年金。以${}_{h}P^{1}_{x:\overline{n}|}$表示该保险的年交均衡净保费，则：

$${}_{h}P^{1}_{x:\overline{n}|}\ddot{a}_{x:\overline{h}|} = A^{1}_{x:\overline{n}|} \quad (h < n)$$

即：

$${}_{h}P^{1}_{x:\overline{n}|} = \frac{A^{1}_{x:\overline{n}|}}{\ddot{a}_{x:\overline{h}|}} \tag{5.10}$$

若保险金在被保险人死亡时给付，年交净保费以${}_{h}P\left(\bar{A}^{1}_{x:\overline{n}|}\right)$表示，则：

$${}_{h}P\left(\bar{A}^{1}_{x:\overline{n}|}\right)\ddot{a}_{x:\overline{h}|} = \bar{A}^{1}_{x:\overline{n}|}$$

即：

$${}_{h}P\left(\bar{A}^{1}_{x:\overline{n}|}\right) = \frac{\bar{A}^{1}_{x:\overline{n}|}}{\ddot{a}_{x:\overline{h}|}} \tag{5.11}$$

在死亡均匀分布假设下有：

$${}_{h}P\left(\bar{A}^{1}_{x:\overline{n}|}\right) \approx \frac{i}{\delta}\frac{A^{1}_{x:\overline{n}|}}{\ddot{a}_{x:\overline{h}|}} = \frac{i}{\delta}\,{}_{h}P^{1}_{x:\overline{n}|} \tag{5.12}$$

三、n年期两全保险年交净保费

(一)纯粹的生存保险年交净保费

对(x)投保的死亡年末赔付1单位元的纯粹的生存保险。其年交均衡净保费为$P_{x:\overline{n}|}^{\;\;1}$，则：

$$P_{x:\overline{n}|}^{\;\;1}\ddot{a}_{x:\overline{n}|} = A_{x:\overline{n}|}^{\;\;1}$$

即：

$$P_{x:\overline{n}|}^{\;\;1} = \frac{A_{x:\overline{n}|}^{\;\;1}}{\ddot{a}_{x:\overline{n}|}} \tag{5.13}$$

h年限期交费的年交均衡净保费为${}_{h}P_{x:\overline{n}|}^{\;\;1}$，则：

$${}_{h}P_{x:\overline{n}|}^{\;\;1}\ddot{a}_{x:\overline{h}|} = A_{x:\overline{n}|}^{\;\;1}$$

即：

$${}_{h}P_{x:\overline{n}|}^{\;\;1} = \frac{A_{x:\overline{n}|}^{\;\;1}}{\ddot{a}_{x:\overline{h}|}} \tag{5.14}$$

(二)n年两全保险年交净保费

对(x)投保的死亡年末赔付1单元的n年期两全保险全期交费，其年交均衡净保费为$P_{x:\overline{n}|}$，则：

$$P_{x:\overline{n}|}\ddot{a}_{x:\overline{n}|}=A_{x:\overline{n}|}$$

即：

$$P_{x:\overline{n}|}=\frac{A_{x:\overline{n}|}}{\ddot{a}_{x:\overline{n}|}} \tag{5.15}$$

若保险金在被保险人死亡时给付，年交净保费以$P\left(\bar{A}_{x:\overline{n}|}\right)$表示，则：

$$P\left(\bar{A}_{x:\overline{n}|}\right)\ddot{a}_{x:\overline{n}|}=\bar{A}_{x:\overline{n}|}$$

即：

$$P\left(\bar{A}_{x:\overline{n}|}\right)=\frac{\bar{A}_{x:\overline{n}|}}{\ddot{a}_{x:\overline{n}|}} \tag{5.16}$$

在死亡均匀分布假设下有：

$$P\left(\bar{A}_{x:\overline{n}|}\right)\approx\frac{i}{\delta}\frac{A^{1}_{x:\overline{n}|}}{\ddot{a}_{x:\overline{n}|}}+\frac{A_{x:\overset{1}{\overline{n}|}}}{\ddot{a}_{x:\overline{n}|}}\approx\frac{i}{\delta}P^{1}_{x:\overline{n}|}+P_{x:\overset{1}{\overline{n}|}} \tag{5.17}$$

若保费在h年限期交清，其年交均衡净保费为${}_hP_{x:\overline{n}|}$，则：

$${}_hP_{x:\overline{n}|}\cdot\ddot{a}_{x:\overline{h}|}=A_{x:\overline{n}|}$$

即：

$${}_hP_{x:\overline{n}|}=\frac{A_{x:\overline{n}|}}{\ddot{a}_{x:\overline{h}|}} \tag{5.18}$$

若保险金在被保险人死亡时给付，其年交均衡净保费为${}_hP\left(\bar{A}_{x:\overline{n}|}\right)$，则：

$${}_hP\left(\bar{A}_{x:\overline{n}|}\right)\cdot\ddot{a}_{x:\overline{h}|}=\bar{A}_{x:\overline{n}|}$$

即：

$${}_hP\left(\bar{A}_{x:\overline{n}|}\right)=\frac{\bar{A}_{x:\overline{n}|}}{\ddot{a}_{x:\overline{h}|}} \tag{5.19}$$

在死亡均匀分布的假设下有：

$${}_hP\left(\bar{A}_{x:\overline{n}|}\right)\approx\frac{i}{\delta}\frac{A^{1}_{x:\overline{n}|}}{\ddot{a}_{x:\overline{h}|}}+\frac{A_{x:\overset{1}{\overline{n}|}}}{\ddot{a}_{x:\overline{h}|}}$$

即：

$${}_hP\left(\bar{A}_{x:\overline{n}|}\right)=\frac{i}{\delta}{}_hP^{1}_{x:\overline{n}|}+{}_hP_{x:\overset{1}{\overline{n}|}} \tag{5.20}$$

四、延期终身生存年金的年交净保费

延期终身生存年金按照保险金给付方式可以分为期初付、期末付和连续给付三种方式，我们分别来讨论。

(一)期初付终身生存年金年交净保费

(x)投保保额1元的延期n年期初付终身生存年金全期交费的年交均衡净保费

为$P\left({}_{n|}\ddot{a}_x\right)$,此处的全期交费即为在延期的$n$年上交费。则:

$$P\left({}_{n|}\ddot{a}_x\right)\cdot\ddot{a}_{x:\overline{n}|}={}_{n|}\ddot{a}_x$$

即:

$$P\left({}_{n|}\ddot{a}_x\right)=\frac{{}_{n|}\ddot{a}_x}{\ddot{a}_{x:\overline{n}|}} \tag{5.21}$$

若保费在h年限期交清,其年交均衡净保费为${}_hP\left({}_{n|}\ddot{a}_x\right)$,则:

$${}_hP\left({}_{n|}\ddot{a}_x\right)\cdot\ddot{a}_{x:\overline{h}|}={}_{n|}\ddot{a}_x$$

即:

$${}_hP\left({}_{n|}\ddot{a}_x\right)=\frac{{}_{n|}\ddot{a}_x}{\ddot{a}_{x:\overline{h}|}} \tag{5.22}$$

(二)期末付终身生存年金年交净保费

(x)投保保额1元的延期n年期末付终身生存年金全期交费的年交均衡净保费为$P\left({}_{n|}a_x\right)$,则:

$$P\left({}_{n|}a_x\right)\cdot\ddot{a}_{x:\overline{n}|}={}_{n|}a_x$$

即:

$$P\left({}_{n|}a_x\right)=\frac{{}_{n|}a_x}{\ddot{a}_{x:\overline{n}|}} \tag{5.23}$$

若保费在h年限期交清,其年交均衡净保费为${}_hP\left({}_{n|}a_x\right)$,则:

$${}_hP\left({}_{n|}a_x\right)\cdot\ddot{a}_{x:\overline{h}|}={}_{n|}a_x$$

即:

$${}_hP\left({}_{n|}a_x\right)=\frac{{}_{n|}a_x}{\ddot{a}_{x:\overline{h}|}} \tag{5.24}$$

(三)连续给付终身生存年金年交净保费

(x)投保保额1元的延期n年连续给付终身生存年金全期交费的年交均衡净保费为$P\left({}_{n|}\bar{a}_x\right)$,则:

$$P\left({}_{n|}\bar{a}_x\right)\ddot{a}_{x:\overline{n}|}={}_{n|}\bar{a}_x$$

即:

$$P\left({}_{n|}\bar{a}_x\right)=\frac{{}_{n|}\bar{a}_x}{\ddot{a}_{x:\overline{n}|}} \tag{5.25}$$

若保费在h年限期交清,其年交均衡净保费为${}_hP\left({}_{n|}\bar{a}_x\right)$,则:

$${}_hP\left({}_{n|}\bar{a}_x\right)\ddot{a}_{x:\overline{h}|}={}_{n|}\bar{a}_x$$

即：

$$ {}_hP\left({}_{n|}\bar{a}_x\right) = \frac{{}_{n|}\bar{a}_x}{\ddot{a}_{x:\overline{h|}}} \tag{5.26} $$

第三节 完全连续型寿险年交均衡净保费

上一节我们从年交均衡净保费的定义出发学习了各寿险的净保费的基本原理和算法。从这一节开始我们从余命随机变量$T(x)$和$K(x)$的角度以连续型、离散型和半连续型情况来讨论年交均衡净保费的算法。

一、精算等价原理与年交净保费的计算

根据精算等价原理我们可以计算各种净保费。定义保险人潜在的亏损随机变量为L,是保险金给付现值随机变量与保险费现值随机变量之差。

L = 保险金给付现值随机变量-保险费现值随机变量

根据精算等价原理有：　$E\left[L\right] = 0$

即：　E(保险金的给付现值) = E(净保费现值)

也即净保费应使得保险金给付的精算现值与净保费的精算现值相等。

二、全连续型各种寿险年交净保费

完全连续型寿险是指该险种保费的交纳是连续支付的，未来保险金的给付是死亡时支付的，是连续型精算模型。

我们以在(x)投保死亡时即刻给付1单位元的终身寿险为例说明如何根据精算等价原理来确定完全连续型寿险的年交均衡净保费$\overline{P}$。

对任何连续支付的保费$\overline{P}$,若被保险人的保险金在死亡t时刻时立即给付，则此时保险人的亏损现值为：

$$ l(t) = v^t - \bar{P}\cdot\bar{a}_{\overline{t|}} $$

由于

$$ \bar{a}_{\overline{t|}} = \frac{1-v^t}{\delta} $$

则有：

$$ l(t) = v^t - \bar{P}\frac{1-v^t}{\delta} = (1+\frac{\bar{P}}{\delta})v^t - \frac{\bar{P}}{\delta} $$

由此可见，$l(t)$是t的减函数，$l(0)=1$，且当$t\to+\infty$时，$l(t)\to-\frac{\bar{P}}{\delta}$。若$t_0$为使得$l\left(t_0\right)=0$的时刻，则被保险人在$t_0$前死亡有$l\left(t_0\right)>0$，即保险金给付现值>净保费

现值,保险人亏损;若被保险人在t_0后死亡有$l\left(t_0\right)<0$,即保险金给付现值<净保费现值,保险人收益。

现在,假设L为亏损随机变量,有:

$$Z=v^T,$$

$$Y=\bar{a}_{\overline{T|}}=\frac{1-v^T}{\delta},$$

$$L=l(T)=Z-\bar{P}Y=v^T-\bar{P}\cdot\bar{a}_{\overline{T|}}$$

根据精算等价原理,$\bar{P}$满足$E(L)=0$,有:

$$E(L)=E\left(Z-\bar{P}Y\right)=0$$

即:

$$E(Z)-E\left(\bar{P}Y\right)=E(Z)-\bar{P}E(Y)=0$$

$$\bar{P}=\frac{E(Z)}{E(Y)}=\frac{E\left(v^T\right)}{E\left(\bar{a}_{\overline{T|}}\right)}=\frac{E\left(b_T v_T\right)}{E\left(\bar{a}_{\overline{T|}}\right)}\tag{5.27}$$

(x)投保死亡时赔付1单位元的终身寿险,全期交费且保费连续交纳的年交均衡净保费记为$\bar{P}\left(\bar{A}_x\right)$。

$$\bar{A}_x=\bar{P}\left(\bar{A}_x\right)\bar{a}_x$$

即:

$$\bar{P}\left(\bar{A}_x\right)=\frac{\bar{A}_x}{\bar{a}_x}\tag{5.28}$$

L的方差是衡量亏损的变异程度大小的指标。

由于 $$E(L)=0$$

有:

$$\mathrm{Var}(L)=E(L^2)-[E(L)]^2=E(L^2)$$

对于亏损变量L,其方差为:

$$\begin{aligned}\mathrm{Var}\left(L\right)&=\mathrm{Var}(v^T-\bar{P}\cdot\bar{a}_{\overline{T|}})\\&=\mathrm{Var}[(1+\frac{\bar{P}}{\delta})\cdot v^T-\frac{\bar{P}}{\delta}]\\&=\mathrm{Var}\left[v^T\left(1+\frac{\bar{P}}{\delta}\right)\right]\\&=(1+\frac{\bar{P}}{\delta})^2\mathrm{Var}\left(v^T\right)\\&=(1+\frac{\bar{P}}{\delta})^2({}^2\bar{A}-\bar{A}^2)\end{aligned}$$

具体来看,死亡时给付的终身寿险全期连续交费的亏损现值随机变量的方差为：

$$\mathrm{Var}[L]=\left[1+\frac{\bar{P}(\bar{A}_x)}{\delta}\right]^2({}^2\bar{A}_x-\bar{A}_x^{\ 2}) \tag{5.29}$$

由于

$$\delta\bar{a}_x+\bar{A}_x=1,\ \bar{P}(\bar{A}_x)=\frac{\bar{A}_x}{\bar{a}_x}$$

$$\mathrm{Var}[L]=(1+\frac{\bar{A}_x}{\delta\bar{a}_x})^2({}^2\bar{A}_x-\bar{A}_x^{\ 2})$$

$$=(\frac{\delta\bar{a}_x+\bar{A}_x}{\delta\bar{a}_x})^2({}^2\bar{A}_x-\bar{A}_x^{\ 2})$$

$$=\frac{{}^2\bar{A}_x-\bar{A}_x^{\ 2}}{(\delta\bar{a}_x)^2} \tag{5.30}$$

若保费是h年限期交费，则其年交均衡净保费记为${}_h\bar{P}(\bar{A}_x)$，有：

$$\bar{A}_x={}_h\bar{P}(\bar{A}_x)\cdot\bar{a}_{x:\overline{h|}}$$

即：

$${}_h\bar{P}(\bar{A}_x)=\frac{\bar{A}_x}{\bar{a}_{x:\overline{h|}}} \tag{5.31}$$

其亏损现值随机变量方差为：

$$\mathrm{Var}[L]=\left[1+\frac{{}_h\bar{P}(\bar{A}_x)}{\delta}\right]^2({}^2\bar{A}_x-\bar{A}_x^{\ 2}) \tag{5.32}$$

例5.1 设死力为常数$\mu=0.04$，利力为常数$\delta=0.05$，计算$\bar{P}(\bar{A}_x)$和$\mathrm{Var}[L]$。

解 由题意可知，$\mu=0.04$，$\delta=0.05$。

$$\bar{a}_x=\int_0^{+\infty}v^t\cdot{}_tp_x\,dt=\int_0^{+\infty}e^{-\delta t}\cdot e^{-\mu t}dt$$

$$=\frac{1}{\mu+\delta}=\frac{1}{0.04+0.05}=11.11$$

$$\bar{A}_x=\int_0^{+\infty}v^t\cdot{}_tp_x\cdot\mu_{x+t}dt=\int_0^{+\infty}e^{-\delta t}\cdot e^{-\mu t}\cdot\mu dt$$

$$=\frac{\mu}{\mu+\delta}=0.44$$

$${}^2\bar{A}_x=\int_0^{+\infty}v^{2t}\cdot{}_tp_x\cdot\mu_{x+t}dt=\frac{\mu}{\mu+2\delta}=0.04$$

所以

$$\bar{P}(\bar{A}_x)=\frac{\bar{A}_x}{\bar{a}_x}=0.04$$

$$\mathrm{Var}[L]=\frac{{}^2\bar{A}_x-\bar{A}_x^{\ 2}}{(\delta\bar{a}_x)^2}=0.2857$$

由例5.1我们可以得到，当死力为常数μ时，存在如下结果：

$$\bar{a}_x = \frac{1}{\mu + \delta}$$

$$\bar{A}_x = \frac{\mu}{\mu + \delta}$$

$$\bar{P}\left(\bar{A}_x\right) = \frac{\bar{A}_x}{\bar{a}_x} = \frac{\mu/\left(\mu + \delta\right)}{1/\left(\mu + \delta\right)} = \mu = \text{常数}$$

类似于确定全连续型终身寿险的年交均衡净保费$\bar{P}\left(\bar{A}_x\right)$的方法，我们可以应用精算等价原理得出其他各种全连续型寿险的年交净保费公式。一般地，保险人在保单签发时的潜在亏损随机变量L可表示为：

$$L = b_T \cdot v_T - \bar{P} \cdot Y = Z - \bar{P} \cdot Y$$

其中，b_T与v_T分别是给付函数与折现函数，$\bar{P}$是全连续年交均衡净保费的一般符号，Y是连续年金现值随机变量，Z是保险金给付现值随机变量。

根据应用精算等价原理有：

$$E\left[b_T \cdot v_T - \bar{P} \cdot Y\right] = 0$$

所以

$$\bar{P} = \frac{E\left[b_T \cdot v_T\right]}{E\left[Y\right]} \tag{5.33}$$

表5.1和表5.2分别总结了各种全连续型寿险的年交均衡净保费公式，其中表5.1为全期交费，表5.2为限期交费。

表5.1 全连续年交净保费(全期交费)

保险种类	亏损成分		保费公式
	$b_T \cdot v_T$	$\bar{P}Y$中的Y	$\bar{P} = \frac{E\left[b_T v_T\right]}{E\left[Y\right]}$
终身寿险	$1 \cdot v^T$	$\bar{a}_{\overline{T}\rceil}$	$\bar{P}\left(\bar{A}_x\right) = \frac{\bar{A}_x}{\bar{a}_x}$
n年期定期寿险	$1 \cdot v^T$	$\bar{a}_{\overline{T}\rceil}$, $T \leqslant n$	$\bar{P}\left(\bar{A}^1_{x:\overline{n}\rceil}\right) = \frac{\bar{A}^1_{x:\overline{n}\rceil}}{\bar{a}_{x:\overline{n}\rceil}}$
	0	$\bar{a}_{\overline{n}\rceil}$, $T > n$	
n年期两全保险	$1 \cdot v^T$	$\bar{a}_{\overline{T}\rceil}$, $T \leqslant n$	$\bar{P}\left(\bar{A}_{x:\overline{n}\rceil}\right) = \frac{\bar{A}_{x:\overline{n}\rceil}}{\bar{a}_{x:\overline{n}\rceil}}$
	$1 \cdot v^n$	$\bar{a}_{\overline{n}\rceil}$, $T > n$	
n年期生存保险	0	$\bar{a}_{\overline{T}\rceil}$, $T \leqslant n$	$\bar{P}\left(A_{x:\overline{n}\rceil}^{\ \ 1}\right) = \frac{A_{x:\overline{n}\rceil}^{\ \ 1}}{\bar{a}_{x:\overline{n}\rceil}}$
	$1 \cdot v^n$	$\bar{a}_{\overline{n}\rceil}$, $T > n$	
n年延期终身生存年金	0	$\bar{a}_{\overline{T}\rceil}$, $T \leqslant n$	$\bar{P}\left({}_{n\vert}\bar{a}_x\right) = \frac{{}_{n\vert}\bar{a}_x}{\bar{a}_{x:\overline{n}\rceil}} = \frac{A_{x:\overline{n}\rceil}^{\ \ 1}\bar{a}_{x+n}}{\bar{a}_{x:\overline{n}\rceil}}$
	$\bar{a}_{\overline{T-n}\rceil} \cdot v^n$	$\bar{a}_{\overline{n}\rceil}$, $T > n$	

表5.2 全连续年交净保费(限期交费)

保险种类	亏损成分		保费公式
	$b_T \cdot v_T$	$\bar{P}Y$中的Y	$\bar{P}=\dfrac{E[b_T v_T]}{E[Y]}$
h年限期交费终身寿险	$1 \cdot v^T$	$\bar{a}_{\overline{T}\rvert}$, $T \leqslant h$	${}_h\bar{P}(\bar{A}_x)=\dfrac{\bar{A}_x}{\bar{a}_{x:\overline{h}\rvert}}$
	$1 \cdot v^T$	$\bar{a}_{\overline{h}\rvert}$, $T > h$	
h年限期交费n年期定期寿险	$1 \cdot v^T$	$\bar{a}_{\overline{T}\rvert}$, $T \leqslant h$	${}_h\bar{P}(\bar{A}^1_{x:\overline{n}\rvert})=\dfrac{\bar{A}^1_{x:\overline{n}\rvert}}{\bar{a}_{x:\overline{h}\rvert}}$
	$1 \cdot v^T$	$\bar{a}_{\overline{h}\rvert}$, $h < T \leqslant n$	
	0	$\bar{a}_{\overline{h}\rvert}$, $T > n$	
h年限期交费n年期两全保险	$1 \cdot v^T$	$\bar{a}_{\overline{T}\rvert}$, $T \leqslant h$	${}_h\bar{P}(\bar{A}_{x:\overline{n}\rvert})=\dfrac{\bar{A}_{x:\overline{n}\rvert}}{\bar{a}_{x:\overline{h}\rvert}}$
	$1 \cdot v^T$	$\bar{a}_{\overline{h}\rvert}$, $h < T \leqslant n$	
	$1 \cdot v^n$	$\bar{a}_{\overline{h}\rvert}$, $T > n$	
h年限期交费n年延期终身生存年金	0	$\bar{a}_{\overline{T}\rvert}$, $T \leqslant h$	${}_h\bar{P}({}_{n\rvert}\bar{a}_x)=\dfrac{{}_{n\rvert}\bar{a}_x}{\bar{a}_{x:\overline{h}\rvert}}=\dfrac{A_{x:\overset{1}{\overline{n}\rvert}}\bar{a}_{x+n}}{\bar{a}_{x:\overline{h}\rvert}}$
	0	$\bar{a}_{\overline{h}\rvert}$, $h < T \leqslant n$	
	$\bar{a}_{\overline{T-n}\rvert} \cdot v^n$	$\bar{a}_{\overline{h}\rvert}$, $T > n$	

例5.2 求h年限期交费n年期两全保险的年交均衡净保费。

解

$$b_T v_T=\begin{cases}1 \cdot v^T, & T \leqslant h\\ 1 \cdot v^T, & h < T \leqslant n\\ 1 \cdot v^n, & T > n\end{cases}$$

$$Y=\begin{cases}\bar{a}_{\overline{T}\rvert}, & T \leqslant h\\ \bar{a}_{\overline{h}\rvert}, & h < T \leqslant n\\ \bar{a}_{\overline{h}\rvert}, & T > n\end{cases}$$

有:

$$\begin{aligned}E(b_T v_T)&=\int_0^n v^t \cdot {}_t p_x \cdot \mu_{x+t}\,dt+v^n \cdot {}_n p_x\\&=\bar{A}^1_{x:\overline{n}\rvert}+A_{x:\overset{1}{\overline{n}\rvert}}\\&=\bar{A}_{x:\overline{n}\rvert}\end{aligned}$$

$$E(Y)=\int_0^h v^t \cdot {}_t p_x\,dt=\bar{a}_{x:\overline{h}\rvert}$$

从而h年限期交费n年期两全保险的年交均衡净保费${}_h\bar{P}(\bar{A}_{x:\overline{n}\rvert})$为:

$${}_h\bar{P}(\bar{A}_{x:\overline{n}\rvert})=\frac{E(b_T v_T)}{E(Y)}=\frac{\bar{A}_{x:\overline{n}\rvert}}{\bar{a}_{x:\overline{h}\rvert}}$$

对于全期交费的两全保险亏损现值随机变量的方差为：

$$\mathrm{Var}[L]=\left[1+\frac{{}_h\bar{P}(\bar{A}_{x:\overline{n}|})}{\delta}\right]^2\left({}^2\bar{A}_{x:\overline{n}|}-\bar{A}_{x:\overline{n}|}{}^2\right)$$

由于

$$\delta\bar{a}_{x:\overline{n}|}+\bar{A}_{x:\overline{n}|}=1$$

$$\bar{P}(\bar{A}_{x:\overline{n}|})=\frac{\bar{A}_{x:\overline{n}|}}{\bar{a}_{x:\overline{n}|}}$$

所以

$$\begin{aligned}\mathrm{Var}[L]&=\left(1+\frac{\bar{A}_{x:\overline{n}|}}{\delta\bar{a}_{x:\overline{n}|}}\right)^2\left({}^2\bar{A}_{x:\overline{n}|}-\bar{A}_{x:\overline{n}|}{}^2\right)\\&=\left(\frac{\delta\bar{a}_{x:\overline{n}|}+\bar{A}_{x:\overline{n}|}}{\delta\bar{a}_{x:\overline{n}|}}\right)^2\left({}^2\bar{A}_{x:\overline{n}|}-\bar{A}_{x:\overline{n}|}{}^2\right)\\&=\frac{{}^2\bar{A}_{x:\overline{n}|}-\bar{A}_{x:\overline{n}|}{}^2}{\left(\delta\bar{a}_{x:\overline{n}|}\right)^2}\end{aligned}$$

第四节 全离散型寿险年交均衡净保费

本节讨论的完全离散型寿险是指该险种保费的交纳是每年年初支付的，未来保险金的支付是死亡年末支付的，是离散型精算模型。尽管这个模型在保险实务中不被采用，但它在精算发展史上有着重要意义。

一、离散型寿险年交均衡净保费

我们以在(x)投保死亡年末给付1单位元的终身寿险为例，根据精算等价原理来确定全离散型寿险的年交均衡净保费P。设保险人在保单签发时的亏损随机变量为L：

$$L=Z-PY$$

$$Z=v^{k+1},\ k=0,1,2,\cdots$$

$$Y=\ddot{a}_{\overline{k+1}|}$$

根据精算等价原理有：$E(L)=0$，

即：

$$E(Z)=PE(Y)$$

所以

$$P=\frac{E(Z)}{E(Y)}=\frac{E\left(b_{k+1}v_{k+1}\right)}{E\left(\ddot{a}_{\overline{k+1}|}\right)}\tag{5.34}$$

从而L的方差为：

$$\begin{aligned}
\mathrm{Var}(L) &= \mathrm{Var}(Z - PY) = \mathrm{Var}\left(v^{k+1} - P \cdot \frac{1 - v^{k+1}}{d}\right) \\
&= \mathrm{Var}\left[Z\left(1 + \frac{P}{d}\right) - \frac{P}{d}\right] \\
&= \left(1 + \frac{P}{d}\right)^2 \mathrm{Var}(Z) \\
&= \left(1 + \frac{P}{d}\right)^2 ({}^2A - A^2)
\end{aligned}$$

例如,记完全离散型终身寿险年交净保费为P_x,则其亏损现值随机变量的方差为:

$$\mathrm{Var}(L) = \left(1 + \frac{P_x}{d}\right)^2 ({}^2A_x - A_x{}^2) \tag{5.35}$$

由于 $d\ddot{a}_x + A_x = 1$

有:

$$\begin{aligned}
\mathrm{Var}(L) &= \left(1 + \frac{A_x}{d\ddot{a}_x}\right)^2 ({}^2A_x - A_x{}^2) \\
&= \frac{(d\ddot{a}_x + A_x)^2}{(d\ddot{a}_x)^2} ({}^2A_x - A_x{}^2) \\
&= \frac{{}^2A_x - A_x{}^2}{d\ddot{a}_x}
\end{aligned} \tag{5.36}$$

同理,对于两全保险有:

$$\mathrm{Var}(L) = \frac{{}^2A_{x:\overline{n}|} - A_{x:\overline{n}|}{}^2}{d\ddot{a}_x} \tag{5.37}$$

表5.3和表5.4分别总结了各种全离散型寿险的年交均衡净保费公式。

表5.3 全离散型寿险年交均衡净保费(全期交费)

保险种类	亏损成分		保费公式
	$b_{K+1} \cdot v_{K+1}$	PY中的Y	$P = \frac{E[b_{K+1} \cdot v_{K+1}]}{E[Y]}$
终身寿险	$1 \cdot v^{K+1}$	$\ddot{a}_{\overline{K+1}\|}$, $K = 0,1,2,\cdots$	$P_x = \frac{A_x}{\ddot{a}_x}$
n年期定期寿险	$1 \cdot v^{K+1}$	$\ddot{a}_{\overline{K+1}\|}$, $K = 0,1,\cdots,n-1$	$P^1_{x:\overline{n}\|} = \frac{A^1_{x:\overline{n}\|}}{\ddot{a}_{x:\overline{n}\|}}$
	0	$\ddot{a}_{\overline{n}\|}$, $K = n,n+1,\cdots$	

续表

保险种类	亏损成分		保费公式
	$b_{K+1}\cdot v_{K+1}$	PY中的Y	$P=\dfrac{E[b_{K+1}\cdot v_{K+1}]}{E[Y]}$
n年期生存保险	0	$\ddot{a}_{\overline{K+1}\|}$, $K=0,1,\cdots,n-1$	$P_{x:\overline{n}\|}^{\ \ 1}=\dfrac{A_{x:\overline{n}\|}^{\ \ 1}}{\ddot{a}_{x:\overline{n}\|}}$
	$1\cdot v^n$	$\ddot{a}_{\overline{n}\|}$, $K=n,n+1,\cdots$	
n年期两全保险	$1\cdot v^{K+1}$	$\ddot{a}_{\overline{K+1}\|}$, $K=0,1,\cdots,n-1$	$P_{x:\overline{n}\|}=\dfrac{A_{x:\overline{n}\|}}{\ddot{a}_{x:\overline{n}\|}}$
	$1\cdot v^n$	$\ddot{a}_{\overline{n}\|}$, $K=n,n+1,\cdots$	
n年延期终身生存年金	0	$\ddot{a}_{\overline{K+1}\|}$, $K=0,1,\cdots,n-1$	$P({}_{n\|}\ddot{a}_x)=\dfrac{{}_{n\|}\ddot{a}_x}{\ddot{a}_{x:\overline{n}\|}}=\dfrac{A_{x:\overline{n}\|}^{\ \ 1}\cdot\ddot{a}_{x+n}}{\ddot{a}_{x:\overline{n}\|}}$
	$\ddot{a}_{\overline{K+1-n}\|}v^n$	$\ddot{a}_{\overline{n}\|}$, $K=n,n+1,\cdots$	

表5.4 全离散型寿险年交均衡净保费(限期交费)

保险种类	亏损成分		保费公式
	$b_{K+1}\cdot v_{K+1}$	PY中的Y	$P=\dfrac{E[b_{K+1}\cdot v_{K+1}]}{E[Y]}$
h年限期交费终身寿险	$1\cdot v^{K+1}$	$\ddot{a}_{\overline{K+1}\|}$, $K=0,1,\cdots,h-1$	${}_hP_x=\dfrac{A_x}{\ddot{a}_{x:\overline{h}\|}}$
	$1\cdot v^{K+1}$	$\ddot{a}_{\overline{h}\|}$, $K=h,h+1,\cdots$	
h年限期交费n年期定期寿险	$1\cdot v^{K+1}$	$\ddot{a}_{\overline{K+1}\|}$, $K=0,1,\cdots,h-1$	${}_hP_{x:\overline{n}\|}^{1}=\dfrac{A_{x:\overline{n}\|}^{1}}{\ddot{a}_{x:\overline{h}\|}}$
	$1\cdot v^{K+1}$	$\ddot{a}_{\overline{h}\|}$, $K=h,h+1,\cdots,n-1$	
	0	$\ddot{a}_{\overline{h}\|}$, $K=n,n+1,\cdots$	
h年限期交费n年期两全保险	$1\cdot v^{K+1}$	$\ddot{a}_{\overline{K+1}\|}$, $K=0,1,\cdots,h-1$	${}_hP_{x:\overline{n}\|}=\dfrac{A_{x:\overline{n}\|}}{\ddot{a}_{x:\overline{h}\|}}$
	$1\cdot v^{K+1}$	$\ddot{a}_{\overline{h}\|}$, $K=h,h+1,\cdots,n-1$	
	$1\cdot v^n$	$\ddot{a}_{\overline{h}\|}$, $K=n,n+1,\cdots$	
h年限期交费n年期生存保险	0	$\ddot{a}_{\overline{K+1}\|}$, $K=0,1,\cdots,h-1$	${}_hP_{x:\overline{n}\|}^{\ \ 1}=\dfrac{A_{x:\overline{n}\|}^{\ \ 1}}{\ddot{a}_{x:\overline{h}\|}}$
	0	$\ddot{a}_{\overline{h}\|}$, $K=h,h+1,\cdots,n-1$	
	$1\cdot v^n$	$\ddot{a}_{\overline{h}\|}$, $K=n,n+1,\cdots$	
h年限期交费n年延期终身生存年金	0	$\ddot{a}_{\overline{K+1}\|}$, $K=0,1,\cdots,h-1$	${}_hP({}_{n\|}\ddot{a}_x)=\dfrac{{}_{n\|}\ddot{a}_x}{\ddot{a}_{x:\overline{h}\|}}=\dfrac{A_{x:\overline{n}\|}^{\ \ 1}\ddot{a}_{x+n}}{\ddot{a}_{x:\overline{h}\|}}$
	0	$\ddot{a}_{\overline{h}\|}$, $K=h,h+1,\cdots,n-1$	
	$\ddot{a}_{\overline{K+1-n}\|}v^n$	$\ddot{a}_{\overline{h}\|}$, $K=n,n+1,\cdots$	

例5.3 求h年限期交费n年期全离散型两全保险的年交均衡净保费。

解 因为

$$Z = b_{k+1} \cdot v_{k+1} = \begin{cases} 1 \cdot v^{k+1}, & k = 0,1,\cdots,n-1 \\ 1 \cdot v^{n}, & k = n,n+1,\cdots \end{cases}$$

$$Y = \begin{cases} \ddot{a}_{\overline{k+1}|}, & k = 0,1,\cdots,h-1 \\ \ddot{a}_{\overline{h}|}, & k = h,h+1,\cdots,n-1 \\ \ddot{a}_{\overline{h}|}, & k = n,n+1,\cdots \end{cases}$$

所以该寿险年交均衡净保费${}_hP_{x:\overline{n}|}$为：

$${}_hP_{x:\overline{n}|} = \frac{E\left(b_{k+1} \cdot \nu_{k+1}\right)}{E(Y)} = \frac{A_{x:\overline{n}|}}{\ddot{a}_{x:\overline{h}|}}$$

例5.4 小李在30岁时投保了保险金额为10000元的终身寿险，假设$i = 2.5\%$，保险金在死亡年末给付，依据附表2.3计算：

(1)保险费在整个生存期交付的年交净保费；

(2)保险费在10年内交清的年交净保费。

解 (1)1元保险金年交净保费为：

$$P_{30} = \frac{A_{30}}{\ddot{a}_{30}} = \frac{M_{30}}{N_{30}} = \frac{152031.765}{13046520.95} = 0.0117\ (\text{元})$$

则10000元保险金的年交净保费为：

$$10000 \times 0.0117 = 117(\text{元})$$

(2)

$${}_{10}P_{30} = \frac{A_{30}}{\ddot{a}_{30:\overline{10}|}} = \frac{M_{30}}{N_{30} - N_{40}} = \frac{14730.1919}{2743767.50 - 1422016.88} = 0.0362$$

则10000元保险金的年交净保费为：

$$10000 \times 0.0362 = 362(\text{元})$$

在保险实务中，保费一般年交，保险的保险金在被保险人死亡后立即给付，而不是在死亡发生的保单年度末给付。因此有必要考虑半连续型寿险的净保费。

二、半连续型寿险年交均衡净保费

半连续型寿险保费是指保费的交纳在每年年初，未来保险金的给付在死亡年末。表5.5总结了半连续型寿险的年交均衡净保费计算公式。

表5.5 半连续型寿险的年交净保费

$P\left(\overline{A}_x\right)=\dfrac{\overline{A}_x}{\ddot{a}_x}$	${}_hP\left(\overline{A}_x\right)=\dfrac{\overline{A}_x}{\ddot{a}_{x:\overline{h}\rceil}}$
$P\left(\overline{A}^1_{x:\overline{n}\rceil}\right)=\dfrac{\overline{A}^1_{x:\overline{n}\rceil}}{\ddot{a}_{x:\overline{n}\rceil}}$	${}_nP\left(\overline{A}^1_{x:\overline{n}\rceil}\right)=\dfrac{\overline{A}^1_{x:\overline{n}\rceil}}{\ddot{a}_{x:\overline{h}\rceil}}$
$P\left(\overline{A}_{x:\overline{n}\rceil}\right)=\dfrac{\overline{A}_{x:\overline{n}\rceil}}{\ddot{a}_{x:\overline{n}\rceil}}$	${}_hP\left(\overline{A}_{x:\overline{n}\rceil}\right)=\dfrac{\overline{A}_{x:\overline{n}\rceil}}{\ddot{a}_{x:\overline{h}\rceil}}$

若被保险人的死亡服从均匀分布假设下：

$$P\left(\overline{A}_x\right)=\frac{\overline{A}_x}{\ddot{a}_x}\approx\frac{i}{\delta}\cdot\frac{A_x}{\ddot{a}_x}=\frac{i}{\delta}\cdot P_x \tag{5.38}$$

$$P\left(\overline{A}^1_{x:n}\right)=\frac{\overline{A}^1_{x:\overline{n}\rceil}}{\ddot{a}_{x:\overline{n}\rceil}}\approx\frac{i}{\delta}\cdot\frac{A^1_{x:\overline{n}\rceil}}{\ddot{a}_{x:\overline{n}\rceil}}=\frac{i}{\delta}\cdot P^1_{x:\overline{n}\rceil} \tag{5.39}$$

$$P\left(\overline{A}_{x:\overline{n}\rceil}\right)=\frac{\overline{A}_{x:\overline{n}\rceil}}{\ddot{a}_{x:\overline{n}\rceil}}\approx\frac{\dfrac{i}{\delta}A^1_{x:\overline{n}\rceil}+A_{x:\overset{1}{\overline{n}\rceil}}}{\ddot{a}_{x:\overline{n}\rceil}}=\frac{i}{\delta}P^1_{x:\overline{n}\rceil}+P_{x:\overset{1}{\overline{n}\rceil}} \tag{5.40}$$

例5.5 设每一年龄内的死亡服从均匀分布，$i=2.5\%$。试根据附表2.3计算下列保费：(1) $1000\bar{P}\left(\overline{A}_{30:\overline{20}\rceil}\right)$；(2) $1000P\left(\overline{A}_{30:\overline{20}\rceil}\right)$；(3) $1000P_{30:\overline{20}\rceil}$；(4) $1000\bar{P}\left(\overline{A}^1_{30:\overline{20}\rceil}\right)$；(5) $1000P\left(\overline{A}^1_{30:\overline{20}\rceil}\right)$；(6) $1000P^1_{30:\overline{20}\rceil}$。

解 由于每一年龄内的死亡服从均匀分布，所以

$$\overline{A}^1_{30:\overline{20}\rceil}=\frac{i}{\delta}A^1_{30:\overline{20}\rceil}=\frac{i}{\delta}\frac{M_{30}-M_{50}}{D_{30}}=0.026996707$$

$$\overline{A}_{30:\overline{20}\rceil}=\frac{i}{\delta}A^1_{30:\overline{20}\rceil}+A_{30:\overset{1}{\overline{20}\rceil}}=\frac{i}{\delta}\frac{M_{30}-M_{50}}{D_{30}}+\frac{D_{50}}{D_{30}}=0.614933074$$

其中，$\dfrac{i}{\delta}=\dfrac{0.025}{\ln(1.025)}=1.012449$，从而可得：

(1)
$$\begin{aligned}1000\bar{P}\left(\overline{A}_{30:\overline{20}\rceil}\right)&=1000\frac{\overline{A}_{30:\overline{20}\rceil}}{\bar{a}_{30:\overline{20}\rceil}}=1000\frac{\delta\overline{A}_{30:\overline{20}\rceil}}{1-\overline{A}_{30:\overline{20}\rceil}}\\&=1000\frac{\ln(1.025)\times0.614933074}{1-0.614933074}\\&=39.43\end{aligned}$$

(2)
$$\begin{aligned}1000P\left(\overline{A}_{30:\overline{20}\rceil}\right)&=1000\left[\frac{i}{\delta}P^1_{30:\overline{20}\rceil}+P_{30:\overset{1}{\overline{20}\rceil}}\right]\\&=1000\left[1.012449\cdot\frac{M_{30}-M_{50}}{N_{30}-N_{50}}+\frac{D_{50}}{N_{30}-N_{50}}\right]=38.92\end{aligned}$$

(3) $$1000P_{30:\overline{20|}} = 1000\frac{M_{30}-M_{50}+D_{50}}{N_{30}-N_{50}} = 38.9$$

(4) $$1000\bar{P}\left(\bar{A}^{1}_{30:\overline{20|}}\right) = 1000\frac{\bar{A}^{1}_{30:\overline{20|}}}{\bar{a}_{30:\overline{20|}}} = 1000\frac{\delta\bar{A}^{1}_{30:\overline{20|}}}{1-\bar{A}_{30:\overline{20|}}}$$

$$= 1000\frac{\ln(1.025)\times 0.2699670}{1-0.61493074}$$

$$= 1.73$$

(5) $$1000P\left(\bar{A}^{1}_{30:\overline{20|}}\right) = 1000\frac{\bar{A}^{1}_{30:\overline{20|}}}{\ddot{a}_{30:\overline{20|}}} = 1000\frac{i}{\delta}P^{1}_{30:\overline{20|}}$$

$$= 1000\times 1.012449\times\frac{M_{30}-M_{50}}{N_{30}-N_{50}} = 1.71$$

(6) $$1000P^{1}_{30:\overline{20|}} = 1000\frac{M_{30}-M_{50}}{N_{30}-N_{50}} = 1.68$$

第五节　一年交纳多次的净保费

如果在每一保单年度内，保费分 m 次交付，且死亡给付不作调整，那么，我们称这种年保费为年交 m 次的净保费。例如，对于死亡年末给付 1 单位的终身寿险，每年 m 次分期交付的年保费记为 $P_x^{(m)}$，称为年交 m 次的年均衡净保费，此时每次交付的数额为 $\frac{1}{m}P_x^{(m)}$。符号 $P^{(m)}$ 表示死亡年末给付的寿险的年交 m 次的年均衡净保费，$\ddot{a}^{(m)}$ 表示每年 1 元 m 次交付的年金现值，A 表示保险金现值。

根据精算等价原理有：

$$P^{(m)}\ddot{a}^{(m)} = A$$

即：

$$P^{(m)} = \frac{A}{\ddot{a}^{(m)}}$$

以终身寿险为例，它的保单年度末给付为 $P_x^{(m)} = \frac{A_x}{\ddot{a}_x^{(m)}}$。

由 $\ddot{a}_x^{(m)} \approx \ddot{a}_x - \frac{m-1}{2m}$，$\frac{1}{\ddot{a}_x} = P_x + d$，得：

$$P_x^{(m)} = \frac{A_x}{\ddot{a}_x - \frac{m-1}{2m}} = \frac{P_x}{1-\frac{m-1}{2m}(P_x+d)}$$

该式可解释为：等式右边分母 $1-\frac{m-1}{2m}(P_x+d) < 1$，故 $P_x^{(m)} > P_x$。即一年 m

次交费的年交保费 $P_x^{(m)}$ 比每年一次交费的保费额 P_x 大。

对保险人来说，把一年分成 m 个相等区间，在每个区间初交费比在这一年初交付保费平均来说迟一段时间，从而使得保险人所应得利息减少。

一年 m 次交费方式在被保险人死亡之后的一年其余区间不再交费，而年交保费方式都在死亡年年初交付了全部保费。故平均来说，一年 m 次交费方式交付的保费更少。

因此，为了得到相同的保险金，一年 m 次交费方式必须交纳更多的保险费。

表 5.6、表 5.7 分别总结了一年 m 次交费各类寿险年交净保费。表 5.6 为全期交费，表 5.7 为限期交费。

表 5.6 一年交 m 次年交均衡净保费(全期交费)

保险种类	给付方式	
	保单年度末给付	死亡立即给付
终身寿险	$P_x^{(m)} = \dfrac{A_x}{\ddot{a}_x^{(m)}}$	$P^{(m)}(\bar{A}_x) = \dfrac{\bar{A}_x}{\ddot{a}_x^{(m)}}$
n 年定期寿险	$P_{x:\overline{n\rvert}}^{1(m)} = \dfrac{A^{1}_{x:\overline{n\rvert}}}{\ddot{a}_{x:\overline{n\rvert}}^{(m)}}$	$P^{(m)}(A^{1}_{x:\overline{n\rvert}}) = \dfrac{A^{1}_{x:\overline{n\rvert}}}{\ddot{a}_{x:\overline{n\rvert}}^{(m)}}$
n 年期两全保险	$P_{x:\overline{n\rvert}}^{(m)} = \dfrac{A_{x:\overline{n\rvert}}}{\ddot{a}_{x:\overline{n\rvert}}^{(m)}}$	$P^{(m)}(\bar{A}_{x:\overline{n\rvert}}) = \dfrac{\bar{A}_{x:\overline{n\rvert}}}{\ddot{a}_{x:\overline{n\rvert}}^{(m)}}$
n 年交费的 n 年延期生存年金	$P^{(m)}({}_{n\rvert}a_x) = \dfrac{{}_{n\rvert}a_x}{\ddot{a}_{x:\overline{n\rvert}}^{(m)}}$	$P^{(m)}({}_{n\rvert}\bar{a}_x) = \dfrac{{}_{n\rvert}\bar{a}_x}{\ddot{a}_{x:\overline{n\rvert}}^{(m)}}$

表 5.7 一年交 m 次年交均衡净保费(限期交费)

保险种类	给付方式	
	保单年度末给付	死亡立即给付
h 年限期交费终身寿险	${}_hP_x^{(m)} = \dfrac{A_x}{\ddot{a}_{x:\overline{h\rvert}}^{(m)}}$	${}_hP^{(m)}(\bar{A}_x) = \dfrac{\bar{A}_x}{\ddot{a}_{x:\overline{h\rvert}}^{(m)}}$
h 年限期交费 n 年定期寿险	${}_hP_{x:\overline{n\rvert}}^{1(m)} = \dfrac{A^{1}_{x:\overline{n\rvert}}}{\ddot{a}_{x:\overline{h\rvert}}^{(m)}}$	${}_hP^{(m)}(\bar{A}^{1}_{x:\overline{n\rvert}}) = \dfrac{\bar{A}^{1}_{x:\overline{n\rvert}}}{\ddot{a}_{x:\overline{h\rvert}}^{(m)}}$
h 年交费 n 年期两全保险	${}_hP_{x:\overline{n\rvert}}^{(m)} - \dfrac{A_{x:\overline{n\rvert}}}{\ddot{a}_{x:\overline{h\rvert}}^{(m)}}$	${}_hP^{(m)}(\bar{A}_{x:\overline{n\rvert}}) = \dfrac{\bar{A}_{x:\overline{n\rvert}}}{\ddot{a}_{x:\overline{h\rvert}}^{(m)}}$
h 年交费的 n 年延期生存年金	${}_hP^{(m)}({}_{n\rvert}a_x) = \dfrac{{}_{n\rvert}a_x}{\ddot{a}_{x:\overline{h\rvert}}^{(m)}}$	${}_hP^{(m)}({}_{n\rvert}\bar{a}_x) = \dfrac{{}_{n\rvert}\bar{a}_x}{\ddot{a}_{x:\overline{h\rvert}}^{(m)}}$

例 5.6 设现年为30岁者，签发一张保险金额为5000元的全离散式的20年的定期寿险保单，试利用附表2.3，并在死亡均匀分布假设条件下，计算：

(1)普通年交纯保费；(2)季交纯保费；(3)月交纯保费。

解 (1)普通年交纯保费：

$$5000P^{1}_{30:\overline{20|}} = 5000\frac{M_{30} - M_{50}}{N_{30} - N_{50}} = 8.44(\text{元})$$

(2)先计算 $\ddot{a}_{30:\overline{20|}}$、$\ddot{a}^{(4)}_{30:\overline{20|}}$ 与 $\ddot{a}^{(12)}_{30:\overline{20|}}$：

$$\ddot{a}_{30:\overline{20|}} = \frac{N_{30} - N_{50}}{D_{30}} = 15.8014$$

$$\alpha(4) = 1.000265495,\ \beta(4) = -0.384238622$$

$$\alpha(12) = 1.00028095,\ \beta(12) = -0.46811888$$

$${}_{20}E_{30} = \frac{D_{50}}{D_{30}} = 0.5879$$

$$A^{1}_{30:\overline{20|}} = \frac{M_{30} - M_{50}}{D_{30}} = 0.0267$$

$$\ddot{a}^{(4)}_{30:\overline{20|}} = \alpha(4)\ddot{a}_{30:\overline{20|}} + \beta(4)(1 - {}_{20}E_{30}) = 15.6472$$

$$\ddot{a}^{(12)}_{30:\overline{20|}} = \alpha(12)\ddot{a}_{30:\overline{20|}} + \beta(12)(1 - {}_{20}E_{30}) = 15.6129$$

有：

$$5000P^{1(4)}_{30:\overline{20|}} = 5000 \cdot \frac{A^{1}_{30:\overline{20|}}}{\ddot{a}^{(4)}_{30:\overline{20|}}} = 8.52(\text{元})$$

故季交纯保费是：

$$P = \frac{5000P^{1(4)}_{30:\overline{20|}}}{4} = 2.13(\text{元})$$

(3)

$$5000P^{1(12)}_{30:\overline{20|}} = 5000 \cdot \frac{A^{1}_{30:\overline{20|}}}{\ddot{a}^{(12)}_{30:\overline{20|}}} = 8.5393(\text{元})$$

故月交纯保费是：

$$P = \frac{5000P^{1(12)}_{30:\overline{20|}}}{12} = 0.712(\text{元})$$

若运用近似公式计算可得：

$$\ddot{a}^{(m)}_{30:\overline{20|}} \approx \ddot{a}_{30:\overline{20|}} - \frac{m - 1}{2m}(1 - {}_{20}E_{30})$$

则有：

$$\ddot{a}^{(4)}_{30:\overline{20|}} = 15.6468$$

$$\ddot{a}^{(12)}_{30:\overline{20|}} = 15.6125$$

从而季交纯保费是 $P = 2.1302$ 元，月交纯保费是 $P = 0.7116$ 元，和上面用精确公式计算相差不大。

例5.7 年龄为20岁者,购买保险金额为50000元的寿险保单,试利用附表2.3的数值,以及年利率$i=0.025$,并在死亡均匀分布假设条件下,计算下列保单的月交纯保费:

(1)全离散式普通终身寿险;

(2)半连续式的65岁交清的终身寿险;

(3)全离散式的65岁满期的普通两全保险。

解 (1)

$$\ddot{a}_{20}=\frac{N_{20}}{D_{20}}=\frac{18466613.28}{605653.09}=30.4904$$

$$\alpha(12)=1.00028095,\ \beta(12)=-0.46811888$$

$$\ddot{a}_{20}^{(12)}=\alpha(12)\ddot{a}_{20}+\beta(12)=30.0309$$

$$A_{20}=\frac{M_{20}}{D_{20}}=\frac{155247.9}{605653.1}=0.2563$$

故全离散式普通终身寿险的月交纯保费是:

$$P=5000\times\frac{A_{20}}{12\ddot{a}_{20}^{(12)}}=3.56(\text{元})$$

(2)先计算$\ddot{a}_{20:\overline{45|}}^{(12)}$和${}_{45}P_{20}^{(12)}$:

$$\ddot{a}_{20:\overline{45|}}=\frac{N_{20}-N_{65}}{D_{20}}=26.7856$$

$${}_{45}E_{20}=\frac{D_{65}}{D_{20}}=0.2799$$

$$\ddot{a}_{20:\overline{45|}}^{(12)}=\alpha(12)\ddot{a}_{20:\overline{45|}}+\beta(12)(1-{}_{45}E_{20})=26.4561$$

$${}_{45}P_{20}^{(12)}=\frac{A_{20}}{\ddot{a}_{20:\overline{45|}}^{(12)}}=0.0097$$

故半连续式的65岁交清的终身寿险月交纯保费是:

$$\begin{aligned}P&=50000\times\frac{i}{12\delta}\times{}_{45}P_{20}^{(12)}\\&=50000\times0.0844\times0.0097\\&=40.87(\text{元})\end{aligned}$$

(3)

$$A_{20:\overline{45|}}=\frac{M_{20}-M_{65}+D_{65}}{D_{20}}=0.3467$$

故65岁满期的全离散式两全保险的月交纯保费是:

$$P=50000\frac{A_{20:\overline{45|}}}{12\ddot{a}_{20:\overline{45|}}^{(12)}}=54.60(\text{元})$$

第六节 总保费

一、厘定总保费的基本原则

前面各节引入精算等价原理来确定分期净保费,根据该原理,保险人在整个保险期间提供的保险金给付与投保人交纳的净保费的精算现值在保单生效时是相等的。在保险实务中,保险公司的支出除了保险责任范围内的保险金给付外,还需要一些必要的经营费用支出,如税金、许可证、保单销售服务、合同成立后的维持费等,这些费用必须由保费及投资收益来弥补。于是,保险公司实际收取的保费应为用于保险金给付的净保费与用于各种经营费用开支的附加费用之和,即毛保费。

厘定毛保费的基本原则仍然是精算等价原理,具体可以表述如下:

毛保费的精算现值=净保费的精算现值+附加费用的精算现值

=各种给付的精算现值+各种费用支出的精算现值

从上面表达式可以看出,对保险经营所需的各项经营费用支出的合理分析,对于厘定出公平、合理的毛保费是非常重要的。

二、费用的分类

保险公司获得了经营活动的有关数据,若运用精算等价原理,则附加保费的精算现值等于保单所对应的各种费用支出的精算现值。保险机构的费用分类是一项复杂的工作。表5.8给出了一个费用分类的例子。

在确定附加费用的保费时,一般只考虑保险费用,而以投资费用冲销投资收入,体现在保费计算中则适当降低预定收益率,即预定利率。

在某种情况下,费用项与经营活动有固定的联系。例如,通常代理人的佣金按保费的百分比提取,保险机构的税金一般也按保费的百分比来提取。

至于其他费用项目的分类就不那么显而易见了,这时常常综合运用统计分析和直觉判断。在附加费用的保费公式中,通常将新契约费分配于第一个保单年度。某些新契约费随保费数额变化,如佣金;一些则随保险金额而变化,如风险分类费用;而有些费用只与保单数目有关,而与保额或保费的额度无关,如准备新保单、建立会计记录、邮寄保费通知单等。

表5.8 保险机构费用开支的一种分类方案

费用分类		成分
投资费用		(1)投资分析成本 (2)购买、销售及服务成本
保险费用	1. 新契约费	(1) 销售费用,包括代理人佣金及宣传广告费 (2) 风险分类,包括体检费用 (3) 准备新保单及记录
	2. 维持费	(1) 保费收取及会计 (2) 给付变更及理赔选择权准备 (3) 与保单持有人进行联络
	3. 营业费用	(1) 研究、开发新险种费用 (2) 精算及一般法律服务 (3) 普通会计 (4) 税金、许可证等费用
	4. 理赔费	(1) 理赔调查和辩护费 (2) 各种给付的费用

对费用的分类与分配是控制保险体系营运的重要管理手段。然而,在决定保费时需要对未来的各项费用预先进行估算,以使未来的费用开支与未来的附加保费相匹配。因此,附加费用中要考虑通货膨胀或通货紧缩的趋势。表5.9给出了按照表5.8分类的保险费用与附加因素的一个例子。

表5.9 费用分配表

分类	第一年			续年				
	每份	每千元	保费百分比(%)	每份	每千元	2~9年	10~15年	16年以上
1. 新契约费								
(1)销售费用								
佣金	—	—	50	—	—	5	5	3
销售事务	—	—	25	—	—	2.5	1.5	1
其他	12.5	4	—	—	—	—	—	—
(2)分类	18	0.5	—	—	—	—	—	—
(3)发行与记录	4	—	—	—	—	—	—	—

续表

分类	第一年			续年				
	每份	每千元	保费百分比（%）	每份	每千元	2~9年	10~15年	16年以上
2. 维持费用	2	0.25	—	2	0.25	—	—	—
3. 营业费用								
(1)(2)(3)	4	0.25	—	4	0.25	—	—	—
(4)税金	—	—	3	—	—	2	—	22
小计	40.5	5	78	6	0.5	9.5	8.5	6
4. 给付费用	每份保单18元加上千元费用0.1元							

例5.8 对(x)购买的保险金额为20000元的半连续型终身寿险保单，按表5.9所列各项费用，试根据精算等价原理计算毛保费。

解 设G为所求的毛保费。根据精算等价原理有：

毛保费的精算现值

=保险金及理赔费用的精算现值+其他各种费用的精算现值

由于只有保险人向被保险人支付保险金时，才发生理赔费用的支出。所以，计算毛保费时，理赔费用与保险金可以视作一个整体，即将理赔费用与保险金之和看作保险金。于是有：

$$G\ddot{a}_x = (20000 + 18 + 0.1 \times 20)\bar{A}_x + [(40.5 + 100 + 0.78G) + 6a_x + 10a_x$$
$$+(0.095a_{x:8} + 0.085\ {}_{9|}\ddot{a}_{x:6} + 0.06\ {}_{15|}\ddot{a}_x)G]$$

$$a_{x:\overline{8}|} = \ddot{a}_{x:\overline{9}|} - 1,\quad \ddot{a}_{x:\overline{6}|} = \ddot{a}_{x:\overline{15}|} - \ddot{a}_{x:\overline{9}|},\quad {}_{15|}\ddot{a}_{x:\overline{6}|} = \ddot{a}_x - \ddot{a}_{x:\overline{15}|}$$

$$G = \frac{20020\bar{A}_x + 140.5 + 16a_x}{0.94\ddot{a}_x - 0.685 - 0.01\ddot{a}_{x:\overline{9}|} - 0.025\ddot{a}_{x:\overline{15}|}}$$

例5.9 对25岁投保者购买的保险金额为100000元的40年期两全保险保单，该保单第一年的费用为100元加上毛保费的25%，续年的费用为25元加上毛保费的10%。发生死亡给付时的理赔费用为100元，生存给付时不发生理赔费用。已知$A_{25:\overline{40}|} = 0.114592$，$A_{25:\overline{40}|}^{\ 1} = 0.0811675$，$i = 6\%$，求毛保费$G$。

解 根据精算等价原理有：

毛保费的精算现值

=保险金及理赔费用的精算现值+其他各种费用的精算现值

由于只有保险人向被保险人支付保险金时，才发生理赔费用的支出。因此，计算毛保费时，理赔费用与保险金可以视作一个整体，即将理赔费用与保险金之和看作保险金。于是有：

$$G\ddot{a}_{25:\overline{40}|} = (100000 + 100)A_{25:\overline{40}|}^{\ \ 1} + 100000A_{25:\overline{40}|}^{\ \ 1} + 100 + 0.25G + (25 + 0.1G)a_{25:\overline{39}|}$$

将上式整理，可得：

$$G = \frac{100000A_{25:\overline{40}|} + 100A_{25:\overline{40}|}^{1} + 25\ddot{a}_{25:\overline{40}|} + 75}{0.9\ddot{a}_{25:\overline{40}|} - 0.15}$$

$$\ddot{a}_{25:\overline{40}|} = \frac{1 - A_{25:\overline{40}|}}{i}(1 + i) = 15.6422$$

$$A_{25:\overline{40}|}^{1} = A_{25:\overline{40}|} - A_{25:\overline{40}|}^{\ \ 1} = 0.033425$$

$$G = 856.45(\text{元})$$

三、净保费加成法

在保险精算实务中，传统总保费计算方法是将总保费分解为净保费和附加保费，在净保费上加上补偿费用和预防不利偏差的附加保费，这种方法称为净保费加成法。

（一）固定比例法

固定比例法是最简单的净保费加成法，在这种方法下，简单地假设附加保费为总保费的固定比例。如果设附加费用为总费用的 e 比例，P 为净保费，有：

$$G(1 - e) = P$$

$$G = \frac{P}{(1 - e)}$$

固定比例法的优点是易于计算，缺点是对附加保费比例 e 的估计比较主观，没有考虑到各年费用的差异和各项费用性质的差异。

（二）变动比例法

变动比例法考虑了各年费用的差异，并根据情况对不同年度采用不同的附加费用率。如果设均衡净保费为 P，首年附加费用率为 e_1，h 年期限交费终身寿险在死亡期末给付，则有：

$$P\ddot{a}_{x:\overline{h}|} = A_x$$

这种方法的计算也相对简单，但没有考虑各项费用性质的差异。

（三）三元素法

传统定价方式最典型的是三元素法。这种方法将附加保费分为新契约费用、管理费用和收费费用三类。假设新契约费用为 α；收费费用发生在交费期，为总保费的 β 比例；管理费用发生在保单有效的整个合同期，为保额的 γ 比例。α、β、γ

的确定依据公司过去的经验。

例 5.10 某人30岁时购买了保险金额为20000元的终身寿险，他选择终身交费、每年交付一次的保险费交费方式。如果保单的费用采取表5.9列出的数额和结构，根据附表2.3的资料，计算年交净保费和年交总保费(假设利率 $i = 2.5\%$)。

解 （1）

$$\ddot{a}_{30} = \frac{N_{30}}{D_{30}} = 27.7444$$

$$\bar{A}_{30} = \frac{i}{\delta} \times \frac{M_{30}}{N_{30}} = 0.0118$$

$$20000P\left(\bar{A}_{30}\right) = 20000 \times \frac{\bar{A}_{30}}{\ddot{a}_x} = 8.5049(\text{元})$$

可见，年交净保费为8.5049元。

（2）
$$G\ddot{a}_{30} = \left(20000 + 18 + 0.1 \times 20\right)\bar{A}_{30} + \left(40.5 + 5 \times 20 + 0.78G\right) = \left[\left(6 + 0.5 \times 20\right)a_{30} + 0.06Ga_{30} + 0.025Ga_{30:\overline{14}|} - 0.01a_{30:\overline{8}|}\right]$$

上式可化简为：

$$G \times \left(\ddot{a}_{30} - 0.78 - 0.06a_{30} - 0.025a_{30:\overline{14}|} - 0.01a_{30:\overline{8}|}\right) = 20020\bar{A}_{30} + 16 + 140.5$$

而

$$a_{30} = \ddot{a}_{30} - 1 = 26.7444$$

$$a_{30:\overline{14}|} = \frac{N_{31} - N_{46}}{D_{30}} = 12.2763$$

$$a_{30:\overline{8}|} = \frac{N_{31} - N_{39}}{D_{30}} = 7.1410$$

$$G = \frac{20020\bar{A}_{30} + 16 + 140.5}{\ddot{a}_{30} - 0.78 - 0.06 - 0.025a_{30:\overline{14}|} - 0.01a_{30:\overline{8}|}} =14.8042(\text{元})$$

可见，总保费为14.8042元。

净保费加成法的最大优点是计算较为简单。当给定定价的基本假设时，只需进行有限的计算，就很容易得到费率。对于简单的寿险产品以及在缺少有效的计算工具时，这种方法是有效的和可行的。但是，这种方法不考虑退保和保单失效，不考虑建立评估准备金的成本，也不进行保费对死亡率、伤残率、费用率、利率等因素的敏感性分析。因此，在比较发达的保险市场上，已经很少直接采用这种方法。

四、现金流量法

随着精算技术和计算机技术的发展，考虑更多未来变动因素的现金流量法开始使用。在这种方法下，保费不需要分解为净保费和附加保费，而是按照满足未来赔付或给付、费用等所有可能开支并获得合理利润的原则，根据未来现金流量的预测确定。现金流量法是通过对一组保单未来保单年度预期收入和预期支出的估计，研究保单组随被保险人死亡、退保、分红、满期等的过程，并在一定的定价策略和利润目标下，给出保单的定价。

在现金流量法下，对一个保单组来说，年度收入为保单组的所有保费收入和投资收入，年度支出包括保险赔付、费用、退保、满期给付、红利、准备金增加额等，年度利润就是年度收入与年度支出的差，即：

利润=保费+投资收入-费用-赔付支出-退保支出-红利-准备金增加

现金流量法比较复杂，涉及对准备金的评估和对利润目标的确定等，有兴趣的读者可以参考保险精算实务的相关教材。

习题

5.1 设$\mu_{x+t}=\mu(t>0)$，利力为常数δ，试求：(1)$\bar{P}(\bar{A}_x)$；(2)$\mathrm{Var}[L]$。

5.2 设$\bar{P}(\bar{A}_{40})=0.025$，$\bar{A}_{40}=0.4$，试求利力$\delta$。

5.3 已知：$P_{20:\overline{10|}}=0.049$，$P^{1}_{20:\overline{10|}}=0.006$，$P_{30}=0.027$，$i=2.5\%$，试求$\ddot{a}_{20}$。

5.4 已知：$P_{40}=0.06$，$q_{40}=0.03$，$i=5\%$，试求P_{41}。

5.5 已知L为(x)购买的保额1元、年保费为$P_{x:\overline{n|}}$的完全离散型两全保险在保单签发时的保险人亏损随机变量，${}^2A_{x:\overline{n|}}=0.1675$，$\dfrac{P_{x:\overline{n|}}}{d}=0.6970$，试计算$\mathrm{Var}[L]$。

5.6 已知：$A_x=0.4$，${}^2A_x=0.06$，$d=0.05$，$\pi_x=0.02$，其中π_x为保险人对1单位终身寿险按年收取的毛保费。求保险人至少应发行多少份这种保单，才能使这些保单的总亏损为正的概率小于等于0.05。（这里假设各保单相互独立，且总亏损近似服从正态分布，$P_r(Z\leqslant 1.645)=0.95$，Z为标准正态随机变量。）

5.7 已知${}_{20}P_{40}=0.041$，$P_{40:\overline{20|}}=0.058$，$A_{55}=0.73$，试计算$P^{1}_{40:\overline{20|}}$。

5.8 已知x岁的人购买保额500元的完全离散型终身寿险的年保费为100元，$d=0.12$，$A_x=0.8$，${}^2A_x=0.4$，L是在保单签发时保险人的亏损随机变量。试计算：(1)$E[L]$；(2)$\mathrm{Var}[L]$。

5.9 某人在20岁时投保了40年定期寿险，若投保后10年内死亡，死亡给付为10000元；从40岁起，死亡给付逐年增加5000元。假设 $i=2.5\%$，计算10年限期交费的年交净保费。

5.10 某人25岁参加工作时投保了从他60岁退休开始领取的延期生存年金，保险金额为每月2000元，假设 $i=2.5\%$，保险费从他25岁工作到60岁退休前按月交付，计算每月净保费。

5.11 已知：$P_{40:\overline{10|}}=0.05$，$P^{1}_{40:\overline{10|}}=0.003$，$P_{50}=0.023$，$i=2.5\%$，求 $\ddot{a}_{40}$。

第六章 责任准备金

保险公司发行保单、收取第一笔保费后，开始承担起保单承诺的赔付责任。在整个保险期内，保险公司收取的保费应该能够抵偿可能的赔付和费用支出，同时保险公司也要获得利润。但是，保费收入和赔付支出在时间和数额上是不一致的，保险公司必须把前期多余的保费积存起来，建立储备基金，用于将来保费收入不足赔付支出时的补偿。这种为未来给付负责而建立的储备基金就是给付责任准备金。

本章将精算等价原理应用于契约开始生效以后的时期，经过一段时间，双方未尽责任和义务的等价关系会被破坏。例如，投保人可能仍需交纳净保费，同时保险人负有给付保险金的责任；某人的年金交费期可能已经结束，而年金机构却仍需按期支付年金。因此，出现了一个平衡项，该平衡项是保险人对被保险人的一种负债。对于寿险与年金的情形，该平衡项称为净保费准备金，它是寿险或年金机构在其财务报表中必须确认的负债项。由于在保险实务中，保险公司的支出不仅仅限于理赔给付，还包括税金、保单销售服务等开销，这些费用必须由投资收益及保费弥补。因此，本章的最后部分讨论了包含费用的责任准备金模型，即修正准备金方法。

第一节 责任准备金的意义和方法

一般来说，准备金就是为将来某项支出而预先留存的储备金。责任准备金是保险人对被保险人负债，并不是保险人的收入，它是保险人对均衡净保费依据保险事故发生的风险大小进行的合理分配。在人寿保险和年金保险中，当前期保费收入大于给付支出、后期保费收入小于给付支出时，需要把前期保费收入大于给付支出的部分积存起来，形成给付责任准备金，简称给付准备金或责任准备金，用于补足后期保费收入不足赔付支出的部分。

在自然保费制下，每年都要根据被保险人的年龄大小重新计算保险费，使每年的保险费收入与保险金给付支出相等，不会产生给付不足或多余。赋课式保费下，保费由所有(不分年龄大小)的参加者平均分担，多退少补，每期收入保费与保险金相等，不会产生给付不足或多余。而在均衡保费制下，每年收入的保费与给付的保险金不同，就会产生给付不足或多余的情况。

例如人寿保险，随着被保险人年龄的增大，死亡率不断提高，相应需给付的保险金也越来越大，使前期保费收入大于保险金给付、后期保费收入小于保险给付金。因此，保险公司需要在被保险人年轻时积累一定的准备金，以应付在被保险人年老时所需的更多赔付支出。

如图6.1所示。

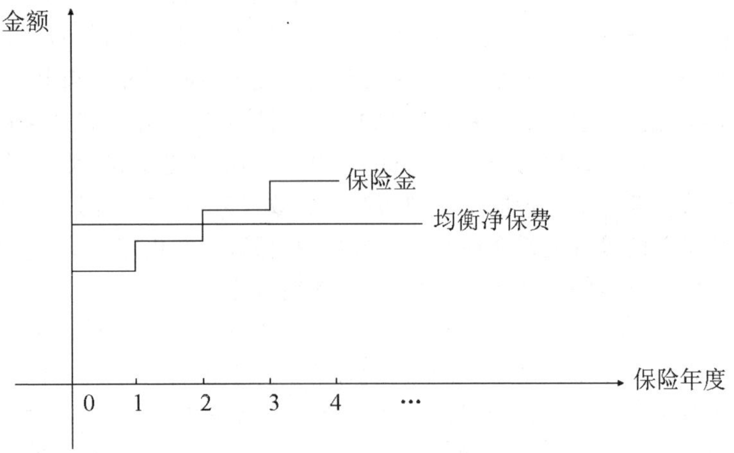

图6.1

由于净保费是保险给付金的来源，责任准备金的提存和计算以净保费为依据。除了均衡保费制会产生准备金外，趸交保费制也会产生责任准备金。在保险契约成立时，净保费现值等于保险金现值；在保险契约终止时，净保费终值等于保险金终值。但在保险期内任意时点，保险人已收取净保费不等于已支付的保险金，未来需要支付保险金不等于未来将收取的净保费。从未来看，它是保险人未来的净责任，可用未来给付金的现值减去未来净保费的现值来衡量；从过去看，它是保险人过去净保费收入大于赔付支出的部分，可用过去净保费终值减去过去给付的保险金终值计算。

因此，年交净均衡净保费下责任准备金的计算有过去法和将来法两种方法：

1.未来法，又称将来法，是从未来看，责任准备金是保险人未来的净责任，可用未来给付金的现值减去未来净保费的现值来衡量。即为：

责任准备金=未来保险金现值-未来净保费的现值

2.过去法，是从过去看，它是保险人过去净保费收入大于赔付支出的部分，可用过去净保费终值减去过去给付的保险金终值。即为：

责任准备金=过去已交净保费终值-过去已赔付保险金终值

而在任一时刻都有：

保险金的价值=净保费的价值

具体表示为：

t时已交净保费终值 +[t]时未来将交净保费现值

=[t]时已付保险金终值 +[t]时未来给付保险金现值

即：

t时已交净保费终值 -[t]时已付保险金终值

=[t]时未来给付保险金现值 -[t]时未来将交净保费现值

假设$_tV$表示t时刻的责任准备金，则有：

过去法$_tV$ = 未来法$_tV$

第二节 全离散寿险的责任准备金

引例 假设1000个50岁人投保1000元5年定期寿险，保费在5年内均衡交付。设预定利率为2.5%，按照附表2.3的资料，计算每个人年交均衡净保费为：

$$p = 1000 \times \frac{M_{50} - M_{55}}{N_{50} - N_{55}} = 4.8992(元)$$

保险给付在年初，保险金赔付在年末，不考虑费用、退保和分红等，则计算出未来5年内预期净保费收入和预期赔付支出如表6.1。

表6.1 预期净保费收入和预期赔付支出

保单年 t (1)	人均净保费（元）(2)	年初存活人数 (3)	净保费收入（元）(4)=(2)×(3)	年末净保费收入（元）(5)=(4)×1.06	死亡人数 (6)	赔付支出（元）(7)=1000×(6)	年末收支差（元）(8)=(5)-(7)
1	1.88	1000.00	1876.06	1988.63	1.65	1650.00	338.13
2	1.88	998.35	1872.97	1985.34	1.81	1809.01	176.31
3	1.88	996.54	1869.57	1981.75	1.99	1986.11	-4136
4	1.88	994.55	1865.85	1977.80	2.18	2181.06	-208.26
5	1.88	992.37	1861.75	1973.46	2.64	2637.73	-664.27
6	0	989.74	0	0	—	—	—

赔付支出(元)		1650.00	1809.01	1986.11	2181.06	2637.73	
净保费收入(元)	1876.06	1872.97	1869.57	1865.85	1861.75		
	0	1	2	3	4	5	t

用未来法计算：

$$未来赔付支出现值=\frac{1809.01}{1.06}+\frac{1986.11}{1.06^2}+\frac{2181.06}{1.06^3}+\frac{2637.73}{1.06^4}=7394.829（元）$$

$$未来净保费收入现值=1872.97+\frac{1869.57}{1.06}+\frac{1865.85}{1.06^2}+\frac{1861.75}{1.06^3}=6860.476（元）$$

$$第1年赔付准备金=7394.829-6860.476=534.35（元）$$

$$第1年末人均责任准备金=\frac{534.35}{998.35}=0.535（元）$$

依此类推计算。

可以看出，人均责任准备金正是每张有效保单需要积存的准备金数额。由此得到其他各种寿险的净保费准备金的未来法公式，并且t时的净保费准备金等于从$x+t$开始的未来应付保险金的精算现值与未来应收净保费的精算现值的差额。

一、责任准备金的未来法公式

对于(x)购买的1单位终身寿险，其全离散净保费为P_x，从保单生效时算起，被保险人生存k年末的责任准备金记为${}_kV_x$。

定义J为$(x+t)$的取整余命随机变量，其概率函数为${}_jp_{x+k}\cdot q_{x+k+j}(j=0,1,2,\cdots)$。$k$时保险人的未来亏损随机变量定义为：

$$ {}_kL=v^{j+1}-P_x\ddot{a}_{\overline{j+1}|} \tag{6.1}$$

根据定义${}_kV_x=E({}_kL)$，可得：

$$\begin{aligned}{}_kV_x&=E(v^{j+1})-P_xE(\ddot{a}_{\overline{j+1}|})\\&=A_{x+k}-P_x\cdot\ddot{a}_{x+k}\end{aligned} \tag{6.2}$$

此公式表明，责任准备金${}_kV_x$是从$x+k$岁开始的终身寿险精算现值与未来应收保费的精算现值之差。

由于$\ddot{a}_{\overline{j+1}|}=\dfrac{1-v^{j+1}}{d}$，则：

$$\begin{aligned}\mathrm{Var}[{}_kL]&=\mathrm{Var}[v^{j+1}-P_x\ddot{a}_{\overline{j+1}|}]=\mathrm{Var}[v^{j+1}-P_x\frac{1-v^{j+1}}{d}]\\&=\mathrm{Var}[v^{j+1}(1+\frac{P_x}{d})-\frac{P_x}{d}]=(1+\frac{P_x}{d})^2\mathrm{Var}(v^{j+1})\end{aligned}$$

$$=(1+\frac{P_x}{d})^2({}^2A_{x+k}-A_{x+k}^2) \tag{6.3}$$

例6.1 对于x岁投保的保额为1单位的n年期两全保险，计算Var[$_kL$]。

解 对于x岁投保的保额为1单位的n年期两全保险，保险人在签单k年时的未来亏损随机变量为：

$$_kL=\begin{cases}v^{j+1}-P_{x:\overline{n|}}\ddot{a}_{\overline{j+1|}}, & j<n-k\\ v^{n-k}-P_{x:\overline{n|}}\ddot{a}_{\overline{n-k|}}, & j\geqslant n-k\end{cases}$$

$$=\begin{cases}v^{j+1}(1+\dfrac{P_{x:\overline{n|}}}{d})-\dfrac{P_{x:\overline{n|}}}{d}, & j<n-k\\ v^{n-k}(1+\dfrac{P_{x:\overline{n|}}}{d})-\dfrac{P_{x:\overline{n|}}}{d}, & j\geqslant n-k\end{cases}$$

其中，J有概率函数$_jp_{x+k}\cdot q_{x+k+j}(j=0,1,2,\cdots)$，由此可得：

$$\text{Var}[_kL]=(1+\frac{P_{x:\overline{n|}}}{d})^2[{}^2A_{x+k:\overline{n-k|}}-A^2{}_{x+k:\overline{n-k|}}]$$

类似于全离散型终身寿险的净保费准备金的未来法公式的推导，我们可以得到其他各种寿险的净保费准备金的未来法公式，并且时刻t的净保费准备金等于从$x+t$开始的未来应付保险金的精算现值与未来应收净保费的精算现值的差额。

(x)投保的保额为1单位的未来法计算的全离散型寿险的k年末净保费责任准备金如表6.2、表6.3所示。

表6.2 全离散寿险净保费责任准备金(全期交费)

保险种类	全期交费
终身寿险	$_kV_x=A_{x+k}-P_x\ddot{a}_{x+k}$
n年期定期寿险	$_kV^1_{x:\overline{n|}}=\begin{cases}A^1_{x+k:\overline{n-k|}}-P^1_{x:\overline{n|}}\ddot{a}_{x+k:\overline{n-k|}}, & k<n\\ 0, & k=n\end{cases}$
n年期两全保险	$_kV_{x:\overline{n|}}=\begin{cases}A_{x+k:\overline{n-k|}}-P_{x:\overline{n|}}\ddot{a}_{x+k:\overline{n-k|}}, & k<n\\ 1, & k=n\end{cases}$
n年期生存保险	$_kV_{x:\overline{n|}}^{\;\;1}=\begin{cases}A_{x+k:\overline{n-k|}}^{\;\;1}-P_{x:\overline{n|}}^{\;\;1}\ddot{a}_{x+k:\overline{n-k|}}, & k<n\\ 1, & k=n\end{cases}$
n年延期终身生存年金	$_kV(_{n\|}\ddot{a}_x)=\begin{cases}\bar{A}_{x+k:\overline{n-k|}}^{\;\;1}\ddot{a}_{x+n}-P(_{n\|}\ddot{a}_x)\ddot{a}_{x+k:\overline{n-k|}}, & k<n\\ \ddot{a}_{x+k}, & k\geqslant n\end{cases}$

表6.3　全离散寿险净保费责任准备金(限期交费)

保险种类	h年限期交费
终身寿险	${}_k^hV_x=\begin{cases}A_{x+k}-{}_hP_x\cdot\ddot{a}_{x+k:\overline{h-k}\vert}, & k<h\\ 6A_{x+k}, & k\geqslant h\end{cases}$
n年期定期寿险	${}_k^hV_{x:\overline{n}\vert}^{1}=\begin{cases}A_{x+k:\overline{n-k}\vert}^{1}-{}_hP_{x:\overline{n}\vert}^{1}\cdot\ddot{a}_{x+k:\overline{h-k}\vert}, & k<h\\ A_{x+k:\overline{n-k}\vert}^{1}, & h\leqslant k\leqslant n\\ 0, & k\geqslant n\end{cases}$
n年期两全保险	${}_k^hV_{x:\overline{n}\vert}=\begin{cases}A_{x+k:\overline{n-k}\vert}-{}_hP_{x:\overline{n}\vert}\cdot\ddot{a}_{x+k:\overline{h-k}\vert}, & k<h\\ A_{x+k:\overline{n-k}\vert}, & h\leqslant k\leqslant n\\ 1, & k\geqslant n\end{cases}$
n年期生存保险	${}_k^hV_{x:\overline{n}\vert}^{\ \ 1}=\begin{cases}A_{x+k:\overline{n-k}\vert}^{\ \ 1}-{}_hP_{x:\overline{n}\vert}^{1}\cdot\ddot{a}_{x+k:\overline{h-k}\vert}, & k<h\\ A_{x+k:\overline{n-k}\vert}^{\ \ 1}, & h\leqslant k\leqslant n\\ 1, & k\geqslant n\end{cases}$
n年延期终身生存年金	${}_k^hV({}_{n\vert}\ddot{a}_x)=\begin{cases}A_{x+k:\overline{n-k}\vert}^{\ \ 1}\cdot\ddot{a}_{x+n}-{}_hP({}_{n\vert}\ddot{a}_x)\cdot\ddot{a}_{x+k:\overline{h-k}\vert}, & k<h\\ A_{x+k:\overline{n-k}\vert}^{\ \ 1}\cdot\ddot{a}_{x+n}, & h\leqslant k\leqslant n\\ \ddot{a}_{x+k}, & k\geqslant n\end{cases}$

例如，对于x岁投保、h年限交费n年期两全保险，记其在第k年末的完全离散净保费准备金为${}_k^hV_{x:\overline{n}\vert}$，其中左上标$h$表示交费年限。

由未来法有：

$$
{}_k^hV_{x:\overline{n}\vert}=\begin{cases}A_{x+k:\overline{n-k}\vert}-{}_hP_{x:\overline{n}\vert}\ddot{a}_{x+k:\overline{h-k}\vert}, & k<h\\ A_{x+k:\overline{n-k}\vert}, & h\leqslant k<n\\ 1, & k=n\end{cases}
$$

例6.2　王某在30岁投保了30年定期寿险，保险金额为10000元。若保险费限期10年交清，预定利率为2.5%，以附表2.3的资料，试计算：

(1)投保第5年年末的责任准备金；

(2)投保第15年年末的责任准备金；

(3)投保第30年年末的责任准备金。

解　(1)

$$
10000\,{}_{10}P_{30:\overline{30}\vert}^{1}=\frac{10000A_{30:\overline{30}\vert}^{1}}{\ddot{a}_{30:\overline{10}\vert}}=\frac{10000(M_{30}-M_{60})}{N_{30}-N_{40}}
$$

$$
=63.9301\text{(元)}
$$

$$\begin{aligned}10000\,{}_{5}^{10}V_{30:\overline{30}|}^{1} &= 10000A_{35:\overline{25}|}^{1} - 10000\,{}_{10}P_{30:\overline{30}|}^{1} \times \ddot{a}_{35:\overline{5}|} \\ &= \frac{10000(M_{35} - M_{60})}{D_{35}} - 10000{}_{10}P_{30:\overline{30}|}^{1} \times \frac{N_{35} - N_{40}}{D_{35}} \\ &= 297.65\ (\text{元})\end{aligned}$$

(2)
$$10000{}_{15}^{10}V_{30:\overline{30}|}^{1} = 10000A_{45:\overline{15}|} = \frac{10000(M_{45} - M_{60})}{D_{45}}$$

$$= 599.16(\text{元})$$

(3)
$$10000{}_{30}^{10}V_{30:\overline{30}|}^{1} = 0(\text{元})$$

如果保费在h年内交付($h < n$),一年m次,那么k年末的责任准备金为:

$$\begin{cases} {}_{k}^{h}V_{x:\overline{n}|}^{1\ (m)} = A_{x+k:\overline{n-k}|}^{1} - {}_{h}P_{x:\overline{n}|}^{1\ (m)}\ddot{a}_{x+k:\overline{h-k}|}^{(m)}, & k < h \\ {}_{k}^{h}V_{x:\overline{n}|}^{1\ (m)} = A_{x+k:\overline{n-k}|}^{1}, & k \geqslant h \end{cases}$$

例 6.3 王某在30岁投保了30年定期寿险,保险金额为10000元。若保险费限期10年交清,交费方式为每月初交付(一年交费12次),预定利率为2.5%,以附表2.3的资料,试计算:

(1)投保第5年年末的责任准备金;

(2)投保第15年年末的责任准备金;

(3)投保第30年年末的责任准备金。

解
$$10000\,{}_{10}P_{30:\overline{30}|}^{1\ (12)} = \frac{10000A_{30:\overline{30}|}^{1}}{a_{30:\overline{10}|}^{(12)}}$$

依公式,有:

$$a_{x:\overline{n}|}^{(m)} \approx a_{x:\overline{n}|} - \frac{m-1}{2m} \times (1 - {}_{n}E_{x})$$

$$a_{30:\overline{10}|}^{(12)} \approx \ddot{a}_{30:\overline{10}|} - \frac{12-1}{2 \times 12} \times (1 - {}_{10}E_{30}) = \frac{N_{30} - N_{40}}{D_{30}} - \frac{11}{24} \times (1 - \frac{D_{40}}{D_{30}}) = 8.83$$

同理可得:

$$a_{35:\overline{5}|}^{(12)} = 4.69$$

$$10000\,{}_{10}P_{30:\overline{30}|}^{1\ (12)} = \frac{10000A_{30:\overline{30}|}^{1}}{a_{30:\overline{10}|}^{(12)}} = \frac{10000 \times \frac{M_{30} - M_{60}}{D_{30}}}{a_{30:\overline{10}|}^{(12)}} = 64.68\ (\text{元})$$

(1)
$$\begin{aligned}10000{}_{5}^{10}V_{30:\overline{30}|}^{1\ (12)} &= 10000A_{35:\overline{25}|}^{1} - 10000\,{}_{10}P_{30:\overline{30}|}^{1\ (12)} \times \ddot{a}_{35:\overline{5}|}^{(12)} \\ &= \frac{10000(M_{35} - M_{60})}{D_{35}} - 10000\,{}_{10}P_{30:\overline{30}|}^{1\ (12)} \times \ddot{a}_{35:\overline{5}|}^{(12)} \\ &= 281.96(\text{元})\end{aligned}$$

(2)
$$10000 \cdot {}_{15}^{10}V_{40:\overline{20}|}^{1} = 10000A_{45:\overline{15}|} = \frac{10000(M_{45} - M_{60})}{D_{45}}$$

$$= 599.16(元)$$

(3) $$10000\ {}_{30}^{10}V_{30:\overline{30}|}^{1} = 0(元)$$

例 6.4 设王某在30岁投保了30年两全保险，保险金额为10000元。若保险费限期10年交清，预定利率为6%，以附表3.3中国人身保险业经验生命表（2010—2013）转换函数表的资料，试计算：

（1）投保第5年年末的责任准备金；

（2）投保第15年年末的责任准备金；

（3）投保第30年年末的责任准备金。

解

$$A_{30:\overline{30}|} = A_{30:\overline{30}|}^{1} + {}_{30}E_{30} = \frac{M_{30} - M_{60}}{D_{30}} + \frac{D_{60}}{D_{30}}$$

$$= 0.4889$$

同理可得：

$$A_{35:\overline{25}|} = 0.5508$$

$$A_{45:\overline{15}|} = 0.6985$$

$$\ddot{a}_{30:\overline{10}|} = \frac{N_{30} - N_{40}}{D_{30}} = 8.9341$$

同理可得：

$$\ddot{a}_{35:\overline{5}|} = 4.7508$$

$$10000\ {}_{10}P_{30:\overline{30}|} = \frac{10000A_{30:\overline{30}|}}{\ddot{a}_{30:\overline{10}|}} = 547.18\ (元)$$

(1) $$10000\,{}_{5}^{10}V_{30:\overline{30}|} = 10000A_{35:\overline{25}|} - 10000\ {}_{10}P_{30:\overline{30}|}\ddot{a}_{35:\overline{5}|} = 2908.80\ (元)$$

(2) $$10000\,{}_{15}^{10}V_{30:\overline{30}|} = 10000A_{45:\overline{15}|} = 6985.15(元)$$

(3) $$10000\ {}_{30}^{10}V_{30:\overline{30}|} = 10000(元)$$

二、责任准备金的过去法公式

以(x)投保保额1单位的终身寿险为例，其全离散净保费t年末的责任准备金记为${}_tV_x$。则：

t年末已交净保费终值为$P_x\ddot{S}_{x:\overline{t}|}$；

t年末已给付寿险保险金现值为$A_{x:\overline{t}|}^{1}$；

t年末已给付1单位保险金终值为$\dfrac{1}{{}_tE_x}$。

过去法计算t年末责任准备金为：

$${}_tV_x = P_x\ddot{S}_{x:\overline{t}|} - \frac{A_{x:\overline{t}|}^{1}}{{}_tE_x} \tag{6.4}$$

在进行数值计算时，究竟使用未来法公式还是过去法公式，遵循以下两条指导原则。

(1)在持续时间超出交费期时，未来法公式更便利。此时责任准备金简化为未来应付保险金的精算现值。

(2)在尚未发生保险金给付的交费期内，过去法公式更为便利。此时责任准备金简化为过去纯保费的精算积累值。

三、其他类型的公式

对于全离散净保费准备金有下列公式，以下只对x岁开始投保的保额为1单位的n年期两全保险在第k年末的净保费准备金${}_kV_{x:\overline{n}|}(k<n)$作一简单说明。

从前面介绍的${}_kV_{x:\overline{n}|}$公式中提取因子$\ddot{a}_{x+k:\overline{n-k}|}$，可得保费差公式：

$$\begin{aligned}{}_kV_{x:\overline{n}|}&=A_{x+k:\overline{n-k}|}-P_{x:\overline{n}|}\ddot{a}_{x+k:\overline{n-k}|},\ k<n\\&=\left(\frac{A_{x+k:\overline{n-k}|}}{\ddot{a}_{x+k:\overline{n-k}|}}-P_{x:\overline{n}|}\right)\ddot{a}_{x+k:\overline{n-k}|}\\&=(P_{x+k:\overline{n-k}|}-P_{x:\overline{n}|})\ddot{a}_{x+k:\overline{n-k}|}\end{aligned}\tag{6.5}$$

它将责任准备金表示成剩余交费期内保费差的精算现值，其保费差是从$x+t$岁时按剩余期限计算的等价年保费中减去原保费。

从${}_kV_{x:\overline{n}|}$的未来法公式中提取$A_{x+k:\overline{n-k}|}$，可得交清保险公式：

$$\begin{aligned}{}_kV_{x:\overline{n}|}&=\left(1-P_{x:\overline{n}|}\frac{\ddot{a}_{x+k:\overline{n-k}|}}{A_{x+k:\overline{n-k}|}}\right)A_{x+k:\overline{n-k}|}\\&=\left(1-\frac{P_{x:\overline{n}|}}{P_{x+k:\overline{n-k}|}}\right)A_{x+k:\overline{n-k}|}\end{aligned}\tag{6.6}$$

它将责任准备金表示成部分给付的精算现值，该部分并不能由仍将收取的净保费所提供。这里$P_{x+k:\overline{n-k}|}$是满足未来保险金给付所应收取的未来年净保费，而$P_{x:\overline{n}|}$则是实际收取的净保费，因而$P_{x:\overline{n}|}/P_{x+k:\overline{n-k}|}$是实收保费占未来应收保费的比例。

从上面责任准备金的过去法公式还可得出一些有趣的关系。考虑(x)购买的两份不同保单，在开始的h年中保险金额都是1单位，这里h小于或等于每个保单的交费期。两者的责任准备金的过去法公式分别为：

$${}_hV_1=P_1\ddot{S}_{x:\overline{h}|}-\frac{A^1_{x:\overline{h}|}}{{}_hE_x}$$

$${}_hV_2=P_2\ddot{S}_{x:\overline{h}|}-\frac{A^1_{x:\overline{h}|}}{{}_hE_x}$$

于是

$${}_hV_1-{}_hV_2=(P_1-P_2)\ddot{S}_{x:\overline{h}|}\tag{6.7}$$

即两者的责任准备金之差等于净保费之差的精算积累值。

因为 $\frac{1}{\ddot{s}_{x:\overline{h}|}} = \frac{{}_hE_x}{\ddot{a}_{x:\overline{h}|}} = P_{x:\overline{h}|}^{\ \ 1}$，公式(6.7)可整理为：

$$P_1 - P_2 = P_{x:\overline{h}|}^{\ \ 1}({}_hV_1 - {}_hV_2) \tag{6.8}$$

此时，年净保费之差可表示成以第 h 年末的责任准备金之差为保额的 h 年期生存保险的年净保费。另外，根据 ${}_nV_{x:\overline{n}|}^{\ \ 1} = 0$，并利用公式(6.8)可得：

$$P_x = P_{x:\overline{h}|}^{1} + P_{x:\overline{h}|}^{\ \ 1}\,{}_nV_x \tag{6.9}$$

完全离散型终身寿险与两全保险的责任准备金也有一些特殊公式。例如，对于终身寿险，根据关系式 $P_x = \frac{1}{\ddot{a}_x} - d$ 及 $A_x = 1 - d\ddot{a}_x$，可得如下公式：

$$\begin{aligned}{}_kV_x &= A_{x+k} - P_x\ddot{a}_{x+k} \\ &= 1 - d\ddot{a}_{x+k} - \left(\frac{1}{\ddot{a}_x} - d\right)\ddot{a}_{x+k} \\ &= 1 - \frac{\ddot{a}_{x+k}}{\ddot{a}_x}\end{aligned} \tag{6.10}$$

或

$${}_kV_x = 1 - \frac{\ddot{a}_{x+k}}{\ddot{a}_x} = 1 - \frac{1 - A_{x+k}}{1 - A_x} = \frac{A_{x+k} - A_x}{1 - A_x} \tag{6.11}$$

利用类似公式的保费差公式得：

$$\begin{aligned}{}_kV_x &= (P_{x+k} - P_x)\ddot{a}_{x+k} \\ &= \frac{P_{x+k} - P_x}{P_{x+k} + d}\end{aligned} \tag{6.12}$$

类似地，对于两全保险的准备责任金成立如下关系式：

$$\begin{aligned}{}_kV_{x:\overline{n}|} &= A_{x+k:\overline{n-k}|} - P_{x:\overline{n}|}\ddot{a}_{x+k:\overline{n-k}|} \\ &= 1 - d\ddot{a}_{x+k:\overline{n-k}|} - \left(\frac{1}{\ddot{a}_{x:\overline{n}|}} - d\right)\ddot{a}_{x+k:\overline{n-k}|} \\ &= 1 - \frac{\ddot{a}_{x+k:\overline{n-k}|}}{\ddot{a}_{x:\overline{n}|}}\end{aligned} \tag{6.13}$$

或

$$\begin{aligned}{}_kV_{x:\overline{n}|} &= 1 - \frac{\ddot{a}_{x+k:\overline{n-k}|}}{\ddot{a}_{x:\overline{n}|}} \\ &= 1 - \frac{1 - A_{x+k:\overline{n-k}|}}{1 - A_{x:\overline{n}|}} \\ &= \frac{A_{x+k:\overline{n-k}|} - A_{x:\overline{n}|}}{1 - A_{x:\overline{n}|}}\end{aligned} \tag{6.14}$$

$$
\begin{aligned}
{}_kV_{x:\overline{n}|} &= [P_{x+k:\overline{n-k}|} - P_{x:\overline{n}|}]\ddot{a}_{x+k:\overline{n-k}|} \\
&= \frac{P_{x+k:\overline{n-k}|} - P_{x:\overline{n}|}}{P_{x+k:\overline{n-k}|}+d}
\end{aligned}
\tag{6.15}
$$

例6.5 一种完全离散的保额为1000元的3年期两全保险,已知:

(1) $i = 6\%$

(2)

y	x	$x+1$	$x+2$
l_y	1000	900	810

(3) $1000P_{x:\overline{3}|} = 332.51$

计算:$1000({}_2V_{x:\overline{3}|} - {}_1V_{x:\overline{3}|})$。

解 由过去法公式得:

$$
\begin{aligned}
1000\,{}_1V_{x:\overline{3}|} &= 1000[P_{x:\overline{3}|}\ddot{S}_{x:\overline{1}|} - {}_1k_x] = \frac{1000[l_xP_{x:\overline{3}|}(1+i) - d_x]}{l_{x+1}} \\
&= \frac{1000\times[332.51\times1.06 - (1000-900)]}{900} \\
&= 280.51
\end{aligned}
$$

$$
\begin{aligned}
1000\,{}_2V_{x:\overline{3}|} &= \frac{l_{x+1}\cdot(1000P_{x:\overline{3}|} + 1000\,{}_1V_{x:\overline{3}|})(1+i) - 1000d_{x+1}}{l_{x+2}} \\
&= \frac{900\times(332.51+280.51)\times1.06 - 1000\times(900-810)}{810} \\
&= 610.89
\end{aligned}
$$

$$
1000({}_2V_{x:\overline{3}|} - {}_1V_{x:\overline{3}|}) = 610.89 - 280.51 = 330.38
$$

例6.6 已知:$P_x = 0.013$,${}_{20}P_x = 0.017$,$P^1_{x:\overline{10}|} = 0.082$,${}_{10}V_x = 0.11$,计算${}^{20}_{10}V_x$。

解 由公式得:

$$
P_x - {}_{20}P_x = P^1_{x:\overline{10}|}({}_{10}V_x - {}^{20}_{10}V_x)
$$

所以

$$
{}^{20}_{10}V_x = {}_{10}V_x - \frac{P_x - {}_{20}P_x}{P^1_{x:\overline{10}|}} = 0.15878
$$

四、一般情形的准备金

现考虑x岁投保更一般的全离散型保险,该保险在死亡年末给付死亡保险金,第j年的保险金额为$b_j(j = 1,2,\cdots)$,保费在每个保单年度初交付,第j年保费为$\pi_{j-1}(j = 1,2,\cdots)$,则保险人在第$k$年末未来亏损随机变量为:

$$ {}_kL = b_{k+j+1}v^{j+1} - \sum_{h=0}^{j}\pi_{k+h}v^h \tag{6.16} $$

第k个保单年度末的净保费准备金为：

$$ \begin{aligned} {}_kV = E[\,{}_kL] &= E[\,b_{k+j+1}v^{j+1} - \sum_{h=0}^{j}\pi_{k+h}v^h\,]B \\ &= \sum_{j=0}^{\infty}[\,b_{k+j+1}v^{j+1} - \sum_{h=0}^{j}\pi_{k+h}v^h\,]\,{}_jp_{x+k}q_{x+k+j} \\ &= \sum_{j=0}^{\infty}b_{k+j+1}v^{j+1}\,{}_jp_{x+k}q_{x+k+j} - \sum_{h=0}^{\infty}\pi_{k+h}v^h\,{}_hp_{x+k} \end{aligned} \tag{6.17} $$

公式中的第二项通过改变求和顺序可以得出。于是，${}_kV$也是未来应付保险金的精算现值与未来应收净保费的精算现值之差。

第三节 全连续寿险的责任准备金

一、责任准备金的未来法公式

对于(x)购买的1单位终身寿险，其全连续净保费为$\bar{P}(\bar{A}_x)$。从保单生效时算起，被保险人生存至t年末的责任准备金记为${}_t\bar{V}(\bar{A}_x)$。

定义U为$(x+t)$的余命随机变量，其概率密度函数为${}_up_{x+t}\cdot\mu_{x+t+u}(u \geqslant 0)$。$t$时刻保险人的未来亏损随机变量定义为：

$$ {}_tL = v^U - \bar{P}(\bar{A}_x)\cdot\bar{a}_{\overline{U|}} \tag{6.18} $$

则t时刻的纯保费准备金为那时的未来亏损随机变量的期望，即：

$$ \begin{aligned} {}_t\bar{V}(\bar{A}_x) &= E[\,{}_tL] \\ &= E[\,v^U] - \bar{P}(\bar{A}_x)\cdot E[\,\bar{a}_{\overline{U|}}] \\ &= \bar{A}_{x+t} - \bar{P}(\bar{A}_x)\bar{a}_{x+t} \end{aligned} \tag{6.19} $$

公式表明，时刻t的纯保费准备金等于从$x+t$岁开始投保的终身寿险的精算现值，减去$x+t$岁以后的年保费$\bar{P}(\bar{A}_x)$的精算现值。而且显然有${}_0\bar{V}(\bar{A}_x)=0$。

由于

$$ \bar{a}_U = \frac{1-v^U}{\delta} $$

则：

$$\begin{aligned}{}_tL &= v^U - \bar{P}(\bar{A}_x)\cdot\frac{1-v^U}{\delta} \\ &= \left[1+\frac{\bar{P}(\bar{A}_x)}{\delta}\right]v^U - \frac{\bar{P}(\bar{A}_x)}{\delta}\end{aligned} \tag{6.20}$$

于是${}_tL$的方差为：

$$\begin{aligned}\mathrm{Var}[{}_tL] &= \left[1+\frac{\bar{P}(\bar{A}_x)}{\delta}\right]^2 \mathrm{Var}[v^U] \\ &= \left[1+\frac{\bar{P}(\bar{A}_x)}{\delta}\right]^2\left[{}^2\bar{A}_{x+t} - \bar{A}^2_{x+t}\right]\end{aligned} \tag{6.21}$$

(x)投保的保额1单位的未来法计算的全连续型寿险t年末的净保费责任准备金如表6.4、表6.5所示。

表6.4 全连续寿险净保费责任准备金(全期交费)

保险种类	全期交费
终身寿险	${}_t\bar{V}(\bar{A}_x) = \bar{A}_{x+t} - \bar{P}(\bar{A}_x)\bar{a}_{x+t}$
n年期定期寿险	${}_t\bar{V}(\bar{A}^1_{x:\overline{n}\mid}) = \begin{cases}\bar{A}^1_{x+t:\overline{n-t}\mid} - \bar{P}(\bar{A}^1_{x:\overline{n}\mid})\bar{a}_{x+t:\overline{n-t}\mid}, & t<n \\ 0, & t=n\end{cases}$
n年期两全保险	${}_t\bar{V}(\bar{A}_{x:\overline{n}\mid}) = \begin{cases}\bar{A}_{x+t:\overline{n-t}\mid} - \bar{P}(\bar{A}_{x:\overline{n}\mid})\bar{a}_{x+t:\overline{n-t}\mid}, & t<n \\ 1, & t=n\end{cases}$
n年期生存保险	${}_t\bar{V}(\bar{A}_{x:\overline{n}\mid}^{\ \ 1}) = \begin{cases}\bar{A}_{x+t:\overline{n-t}\mid}^{\ \ 1} - \bar{P}(\bar{A}_{x:\overline{n}\mid}^{\ \ 1})a_{x+t:\overline{n-t}\mid}^{\ \ 1}, & t<n \\ 1, & t=n\end{cases}$
n年延期终身生存年金	${}_t\bar{V}({}_{n\mid}\bar{a}_x) = \begin{cases}A_{x+t:\overline{n-t}\mid}^{\ \ 1}\bar{a}_{x+n} - \bar{P}({}_{n\mid}\bar{a}_x)\bar{a}_{x+t:\overline{n-t}\mid}, & t<n \\ \bar{a}_{x+t}, & t\geqslant n\end{cases}$

表6.5 全连续寿险净保费责任准备金(限期交费)

保险种类	h年限期交费
终身寿险	${}_t^h\bar{V}(\bar{A}_x)=\begin{cases}\bar{A}_{x+t}-{}_h\bar{P}(\bar{A}_x)\bar{a}_{x+t:\overline{n-t}\rceil}, & t<h\\ \bar{A}_{x+t}, & t>h\end{cases}$
n年期定期寿险	${}_t^h\bar{V}(\bar{A}^{\ 1}_{x:\overline{n}\rceil})=\begin{cases}\bar{A}^{\ 1}_{x+t:\overline{n-t}\rceil}-{}_h\bar{P}(\bar{A}^{\ 1}_{x:\overline{n}\rceil})\cdot\bar{a}x+t:\overline{h-t}\rceil, & t<h\\ \bar{A}^{\ 1}_{x+t:\overline{n-t}\rceil}, & h\leqslant t<n\\ 0, & t=n\end{cases}$
n年期两全保险	${}_t^h\bar{V}(\bar{A}_{x:\overline{n}\rceil})=\begin{cases}\bar{A}_{x+t:\overline{n-t}\rceil}-{}_h\bar{P}(\bar{A}_{x:\overline{n}\rceil})\cdot\bar{a}_{x+t:\overline{h-t}\rceil}, & t<h\\ \bar{A}_{x+t:\overline{n-t}\rceil}, & h\leqslant t<n\\ 1, & t=n\end{cases}$
n年期生存保险	${}_t^h\bar{V}(A_{x:\overline{n}\rceil}^{\ \ 1})=\begin{cases}A_{x+t:\overline{n-t}\rceil}^{\ \ \ 1}-{}_h\bar{P}(A_{x:\overline{n}\rceil}^{\ \ 1})\cdot\bar{a}_{x+t:\overline{h-t}\rceil}, & t<h\\ A_{x+t:\overline{n-t}\rceil}^{\ \ \ 1}, & h\leqslant t<n\\ 1, & t=n\end{cases}$
n年延期终身生存年金	${}_t^h\bar{V}({}_{n\vert}\bar{a}\,x)=\begin{cases}A_{x+t:\overline{n-t}\rceil}^{\ \ \ 1}\bar{a}_{x+n}-{}_h\bar{P}({}_{n\vert}\bar{a}_x)\cdot\bar{a}_{x+t:\overline{h-t}\rceil}, & t<h\\ A_{x+t:\overline{n-t}\rceil}^{\ \ \ 1}\bar{a}_{x+n}, & h\leqslant t<n\\ \bar{a}_{x+t}, & t\geqslant n\end{cases}$

例6.8 对(x)投保的保额1单位元的h年限期交费n年期两全保险,求其净保费准备金${}_t^h\bar{V}(\bar{A}_{x:\overline{n}|})$,其中$h$表示交费年限。

解 由未来法得:

$$
{}_t^h\bar{V}(\bar{A}_{x:\overline{n}|})=\begin{cases}\bar{A}_{x+t:\overline{n-t}|}-{}_h\bar{P}(\bar{A}_{x:\overline{n}|})\bar{a}_{x+t:\overline{h-t}|}, & t<h\\ \bar{A}_{x+t:\overline{n-t}|}, & h\leqslant t<n\\ 1, & t=n\end{cases}
$$

例6.9 设死亡遵从分布:$l_x=105-x,\ 0\leqslant x\leqslant 105$,按利率6%计算:(1)$\bar{P}(\bar{A}_{35})$;(2)${}_t\bar{V}(\bar{A}_{35})$, $\mathrm{Var}[{}_tL]$, $t=0,10,20,\cdots,60$。

解 (1)由$l_x=105-x(0\leqslant x<105)$可知:

$$
{}_tp_{35}=\frac{70-t}{70},\quad {}_tp_{35}\cdot\mu_{35+t}=-\frac{d}{dt}{}_tp_{35}=\frac{1}{70},\quad 0\leqslant t<70
$$

因此

$$
\delta=\ln 1.06=0.05827
$$

$$\bar{A}_{35}=\int_0^{70} v^t\,{}_tp_{35}\mu_{35+t}dt=\int_0^{70} v^t\frac{1}{70}dt=\frac{1}{70}\bar{a}_{\overline{70}|}=0.2410$$

$$\bar{P}(\bar{A}_{35})=\frac{\delta\bar{A}_{35}}{1-\bar{A}_{35}}=0.0185$$

(2) $${}_0\bar{V}(\bar{A}_{35})=\bar{A}_{35}-\bar{P}(\bar{A}_{35})\bar{a}_{35}=0$$

$t=10,20,\cdots,60$时：

$$\begin{aligned}{}_t\bar{V}(\bar{A}_{35})&=\bar{A}_{35+t}-\bar{P}(\bar{A}_{35})\bar{a}_{35+t}\\&=\left[1+\frac{\bar{P}(\bar{A}_{35})}{\delta}\right]\bar{A}_{35+t}-\frac{\bar{P}(\bar{A}_{35})}{\delta}\\&=1.3175\bar{A}_{35+t}-0.3175\end{aligned}$$

又

$$\bar{A}_{35+t}=\int_0^{70-t} v^U\,{}_up_{35+t}\mu_{35+t+\mu}du=\int_0^{70-t} v^U\frac{1}{70-t}du=\frac{1}{70-t}\bar{a}_{\overline{70-t}|}$$

$${}^2\bar{A}_{35+t}=\frac{1}{70-t}\,{}^2\bar{a}_{\overline{70-t}|}$$

于是

$$\begin{aligned}\mathrm{Var}[{}_tL]&=\left[1+\frac{\bar{P}(\bar{A}_{35})}{\delta}\right]^2\left[{}^2\bar{A}_{35+t}-\bar{A}_{35+t}^2\right]\\&=1.7358\left[{}^2\bar{A}_{35+t}-\bar{A}_{35+t}^2\right]\end{aligned}$$

因此可得结果为：

t	${}_t\bar{V}(\bar{A}_{35})$	$\mathrm{Var}[{}_tL]$
0	0	0.1119
10	0.0480	0.1144
20	0.1102	0.1141
30	0.1928	0.1085
40	0.3050	0.0940
50	0.4605	0.0670
60	0.6810	0.0280

二、责任准备金的过去法公式

过去法计算的责任准备金是过去已交净保费终值减去过去已给付保险金终值。

以(x)投保保额1元的终身寿险为例，其完全连续净保费下t年末的责任准备金记为$\bar{V}(\bar{A}_x)$。则：

t年末已交净保费终值为$\bar{P}(\bar{A}_x)\bar{S}_{x:\overline{t}|}$；

t年末已给付保险金在(x)时现值为$\bar{A}^{1}_{x:\overline{t}|}$；

t年末已给付保险金终值为$\dfrac{\bar{A}^{1}_{x:\overline{t}|}}{{}_tE_x}$。

过去法计算t年末净保费责任准备金为：

$$_t\bar{V}(\bar{A}_x)=\bar{P}(\bar{A}_x)\bar{S}_{x:\overline{t}|}-\frac{\bar{A}^{1}_{x:\overline{t}|}}{{}_tE_x}$$

设${}_t\bar{K}_x=\dfrac{A^{1}_{x:\overline{t}|}}{{}_tEx}$为保险成本精算累积值。

由上式可得：

$$_t\bar{k}_x=\int_0^t\frac{v^s{}_xp_x\mu_{x+s}ds}{v^t{}_tp_x}=\frac{\int_0^t(1+i)^{t-s}l_{x+s}\mu_{x+s}ds}{l_{x+t}} \tag{6.22}$$

可解释为生存组在年龄x与$x+t$间死亡给付的积累值按l_{x+t}个生存者计算时每人的估价。这样，责任准备金可以看成净保费的精算积累值（按利息累计并在$x+t$岁的生存者中间分摊）与保险成本的精算积累值之差。则：

$$_t\bar{V}(\bar{A}_x)=\bar{P}(\bar{A}_x)\bar{S}_{x:\overline{t}|}-{}_t\bar{K}_x \tag{6.23}$$

同理可得其他各险种过去法计算公式：

$$_t\bar{V}(\bar{A}^{1}_{x:\overline{n}|})=\bar{P}(\bar{A}^{1}_{x:\overline{n}|})\bar{S}_{x:\overline{t}|}-{}_t\bar{K}_x \tag{6.24}$$

$$_t\bar{V}(\bar{A}_{x:\overline{n}|})=\bar{P}(\bar{A}_{x:\overline{n}|})\bar{S}_{x:\overline{t}|}-{}_t\bar{K}_x \tag{6.25}$$

在进行数值计算时，究竟使用未来法公式还是过去法公式，遵循完全离散型责任准备金的两条指导原则。

三、其他类型的公式

从责任准备金的未来法公式出发，我们可以得到有关均衡费率保单责任准备金的几个公式。下面以n年期两全保险为例进行说明。由

$$_t\bar{V}(\bar{A}_{x:\overline{n}|})=\bar{A}_{x+t:\overline{n-t}|}-\bar{P}(\bar{A}_{x:\overline{n}|})\bar{a}_{x+t:\overline{n-t}|}$$

可得：

$$\begin{aligned}_t\bar{V}(\bar{A}_{x:\overline{n}|})&=\left[\frac{\bar{A}_{x+t:\overline{n-t}|}}{\bar{a}_{x+t:\overline{n-t}|}}-\bar{P}(\bar{A}_{x:\overline{n}|})\right]\bar{a}_{x+t:\overline{n-t}|}\\&=\left[\bar{P}(\bar{A}_{x+t:\overline{n-t}|})-\bar{P}(\bar{A}_{x:\overline{n}|})\right]\bar{a}_{x+t:\overline{n-t}|}\end{aligned} \tag{6.26}$$

它将责任准备金表示成剩余交费期内保费差的精算现值，其保费差用$x+t$岁时按剩余期限计算的等价年保费减去原保费。

若从${}_t\bar{V}(\bar{A}_{x:\overline{n}|})$的未来法公式中提取$\bar{A}_{x+t:\overline{n-t}|}$，可得第二个公式：

$$
\begin{aligned}
{}_t\bar{V}(\bar{A}_{x:\overline{n}|}) &= [1-\bar{P}(\bar{A}_{x:\overline{n}|})\frac{\bar{a}_{x+t:\overline{n-t}|}}{\bar{A}_{x+t:\overline{n-t}|}}]\bar{A}_{x+t:\overline{n-t}|} \\
&= [1-\frac{\bar{P}(\bar{A}_{x:\overline{n}|})}{\bar{P}(\bar{A}_{x+t:\overline{n-t}|})}]\bar{A}_{x+t:\overline{n-t}|}
\end{aligned} \tag{6.27}
$$

它将责任准备金表示成部分给付的精算现值，该部分并不能由仍将收取的净保费所提供。这里$\bar{P}(\bar{A}_{x+t:\overline{n-t}|})$是满足未来保险金给付所应该收取的未来年交净保费，而$\bar{P}(\bar{A}_{x:\overline{n}|})$则是实际收取的净保费，因而$\bar{P}(\bar{A}_{x:\overline{n}|})/\bar{P}(\bar{A}_{x+t:\overline{n-t}|})$是实收保费占未来应收保费的比例。公式(6.27)称为交清保险公式。与公式(6.26)和公式(6.27)类似的公式也对其他保险的责任准备金成立。

最后，我们来推导终身寿险责任准备金的几个特殊公式。

由于$\bar{P}(\bar{A}_x)=\frac{1}{\bar{a}_x}-\delta$及$\bar{A}_{x+t}=1-\delta\bar{a}_{x+t}$，所以

$$
\begin{aligned}
{}_t\bar{V}(\bar{A}_x) &= \bar{A}_{x+t}-\bar{P}(\bar{A}_x)\bar{a}_{x+t} \\
&= 1-\delta\bar{a}_{x+t}-[\frac{1}{\bar{a}_x}-\delta]\bar{a}_{x+t} \\
&= 1-\frac{\bar{a}_{x+t}}{\bar{a}_x}
\end{aligned} \tag{6.28}
$$

利用公式得：

$$
\begin{aligned}
{}_t\bar{V}(\bar{A}_x) &= [\bar{P}(\bar{A}_{x+t})-\bar{P}(\bar{A}_x)]\bar{a}_{x+t} \\
&= \frac{\bar{P}(\bar{A}_{x+t})-\bar{P}(\bar{A}_x)}{\bar{P}(\bar{A}_{x+t})+\delta}
\end{aligned} \tag{6.29}
$$

利用$\bar{A}_{x+t}=1-\delta\bar{a}_{x+t}$改写公式，可得：

$$
{}_t\bar{V}(\bar{A}_x)=1-\frac{1-\bar{A}_{x+t}}{1-\bar{A}_x}=\frac{\bar{A}_{x+t}-\bar{A}_x}{1-\bar{A}_x} \tag{6.30}
$$

类似公式对于n年期两全保险责任准备金也成立，但对于一般保险的责任准备金则不然。

例 6.10 设L为30岁人购买完全连续终身寿险时保险人的亏损随机量，且已知：$\mathrm{Var}[L]=0.20$，$\bar{A}_{50}=0.7$，${}^2\bar{A}_{50}=0.3$，计算${}_{20}\bar{V}(\bar{A}_{50})$。

解 由于

$$
\mathrm{Var}[L]=\frac{{}^2\bar{A}_{50}-\bar{A}_{50}^{\,2}}{(1-\bar{A}_{50})^2}=0.20,\quad {}^2\bar{A}_{50}=0.3
$$

所以

$$\bar{A}_{30}=0.5$$

$${}_{20}\bar{V}(\bar{A}_{50})=\frac{\bar{A}_{50}-\bar{A}_{30}}{1-\bar{A}_{30}}=\frac{0.7-0.5}{1-0.5}=0.4$$

第四节　半连续型寿险和一年 m 次交费型寿险的责任准备金

一、半连续型寿险的责任准备金

在实际保险业务中，在死亡时就立即给付死亡保险金，并且保费通常为分期支付。所以我们必须考虑到死亡即刻给付的半连续型净保费 $P(\bar{A}_x)$、$P(\bar{A}^1_{x:\overline{n}|})$、$P(\bar{A}_{x:\overline{n}|})$、${}_hP(\bar{A}_x)$、${}_hP(\bar{A}^1_{x:\overline{n}|})$、${}_hP(\bar{A}_{x:\overline{n}|})$。这时在第二节给出的责任准备金公式中，就必须将 A 改为 $\bar{A}$，P 改为 $P(\bar{A})$。比如，h 年期限交费年期两全保险的半连续净保费责任准备金为：

$${}_k^hV(\bar{A}_{x:\overline{n}|})=\begin{cases}\bar{A}_{x+k:\overline{n-k}|}-{}_hP(\bar{A}_{x:\overline{n}|})\ddot{a}_{x+k:\overline{h-k}|}, & k<h\\ \bar{A}_{x+k:\overline{n-k}|}, & h\leqslant k<n\\ 1, & k=n\end{cases}\tag{6.31}$$

假设在每一年龄的死亡服从均匀分布，那么有：

$$\bar{A}^1_{x:\overline{n}|}=\frac{i}{\delta}A^1_{x:\overline{n}|},\quad P(\bar{A}^1_{x:\overline{n}|})=\frac{i}{\delta}P^1_{x:\overline{n}|}$$

故有：

$${}_k^hV(\bar{A}_{x:\overline{n}|})=\frac{i}{\delta}{}_k^hV^1_{x:\overline{n}|}+{}_k^hV_{x:\overline{n}|}^{\ \ 1}\tag{6.32}$$

因此，在这种情况下的半连续净保费责任准备金就很容易用对应的完全离散净保费责任准备金来完成计算。同理，其他险种可得到相应的责任准备金，如下所示：

$${}_k^hV(\bar{A}_x)=\frac{i}{\delta}{}_k^hV_x\tag{6.33}$$

$${}_k^hV(\bar{A}^1_{x:\overline{n}|})=\frac{i}{\delta}{}_k^hV^1_{x:\overline{n}|}\tag{6.34}$$

二、一年 m 次交费型寿险的责任准备金

一年分 m 次交费的寿险模型，其准备金的计算原理与一年一次交费的寿险模型责任准备金的计算原理完全相同。以 (x) 投保，一年 m 次交费，保额1元的全期

交费的完全离散型寿险为例,根据未来法计算其k年末责任准备金${}_kV_x^{(m)}$可表示为:

$$ {}_kV_x^{(m)} = A_{x+k} - P_x^{(m)} \ddot{a}_{x+k}^{(m)} \tag{6.35} $$

在死亡均匀分布假设下,依据$P_x^{(m)}$和$\ddot{a}_{x+k}^{(m)}$的近似公式,计算${}_kV_x^{(m)}$。

由于

$$ \ddot{a}_{x+k}^{(m)} \approx \ddot{a}_x - \frac{m-1}{2m} $$

$$ P_x^{(m)} \approx \frac{P_x}{1 - \frac{m-1}{2m}(P_x + d)} $$

则有:

$$ {}_kV_x^{(m)} = A_{x+k} - \frac{P_x}{1 - \frac{m-1}{2m}(P_x + d)} \left(\ddot{a}_{x+k} - \frac{m-1}{2m} \right) \tag{6.36} $$

$$ P_x^{(m)} = P_x + \frac{m-1}{2m} P_x^{(m)} (P_x + d) $$

得:

$$ \begin{aligned} {}_kV_x^{(m)} &= A_{x+k} - \left[P_x + \frac{m-1}{2m} P_x^{(m)} (P_x + d) \right] \left(\ddot{a}_{x+k} - \frac{m-1}{2m} \right) \\ &= A_{x+k} - \left[P_x + \frac{m-1}{2m} P_x^{(m)} (P_x + d) \right] \ddot{a}_{x+k} + \frac{m-1}{2m} P_x^{(m)} \\ &= A_{x+k} - P_x \ddot{a}_{x+k} + \frac{m-1}{2m} P_x^{(m)} [1 - (P_x + d) \ddot{a}_{x+k}] \\ &= {}_kV_x + \frac{m-1}{2m} P_x^{(m)} [1 - d\ddot{a}_{x+k} - P_x \ddot{a}_{x+k}] \\ &= {}_kV_x + \frac{m-1}{2m} P_x^{(m)} [A_{x+k} - P_x \ddot{a}_{x+k}] \\ &= \left(1 + \frac{m-1}{2m} P_x^{(m)}\right) {}_kV_x \end{aligned} \tag{6.37} $$

由式(6.37)可见,${}_kV_x^{(m)} > {}_kV_x$。

假设每一年的死亡服从均匀分布,那么对于半连续年交m次年净保费责任准备金也有类似的结果。由未来法可以得知,对于$k<h$,有:

$$ {}_k^hV^{(m)}(\bar{A}_{x:\overline{n}|}) = \bar{A}_{x+k:\overline{n-k}|} - {}_hP^{(m)}(\bar{A}_{x:\overline{n}|})\, \ddot{a}_{x+k:\overline{h-k}|}^{(m)} \tag{6.38} $$

类似地,有:

$$ {}_k^hV^{(m)}(\bar{A}_x) = \bar{A}_x - {}_hP^{(m)}(\bar{A}_x)\, \ddot{a}_{x+k:\overline{h-k}|}^{(m)} \tag{6.39} $$

令$m \to \infty$,就可以得到全连续净保费责任准备金与其他净保费责任准备金的一个关系:

$$ {}_{k}^{h}\bar{V}(\bar{A}_{x:\overline{n}|})=\bar{A}_{x:\overline{n}|}-{}_{h}\bar{P}(\bar{A}_{x:\overline{n}|})\bar{a}_{x+k:\overline{h-k}|} \tag{6.40}$$

$$ {}_{k}^{h}\bar{V}(\bar{A}_{x})=\bar{A}_{x}-{}_{h}\bar{P}(\bar{A}_{x})\bar{a}_{x+k:\overline{h-k}|} \tag{6.41}$$

通过前面的学习，未来法公式将责任准备金用未来应付保险金与未来应收保费的精算值来表示，而过去法公式则是将责任准备金通过过去已收保费的精算积累值来表示。

例6.11 某人在30岁投保了10000元30年两全保险，保险金在被保险人死亡时赔付，保险费在30年内均衡交付，预定利率为2.5%，以附表3.3中国人身保险业经验生命表（2010—2013）转换函数表的资料，求投保第10年末的责任准备金。

解 $10000\,{}_{10}V(\bar{A}_{30:\overline{30}|})=10000(\bar{A}_{40:\overline{20}|}-{}_{30}P(\bar{A}_{30:\overline{30}|})\ddot{a}_{40:\overline{20}|})$

有：

$$10000\bar{A}_{40:\overline{20}|}=5879.61(\text{元})$$

$$\ddot{a}_{40:\overline{20}|}=14.1712$$

故

$$10000\,{}_{30}P(\bar{A}_{30:\overline{30}|})=10000\frac{\bar{A}_{30:\overline{30}|}}{\ddot{a}_{30:\overline{30}|}}\approx 10000\frac{\frac{i}{\delta}A^{1}_{30:\overline{30}|}+A_{30:\overline{30}|}^{\ \ 1}}{\ddot{a}_{30:\overline{30}|}}$$

$$=10000\times\frac{\frac{i}{\delta}(M_{30}-M_{60})+D_{60}}{N_{30}-N_{60}}$$

$$=246.22(\text{元})$$

$$10000\,{}_{10}V(\bar{A}_{30:\overline{30}|})=3287.00-132.0552\times 11.8828$$

$$=2390.38(\text{元})$$

第五节 责任准备金的递推公式

一、以终身寿险责任准备金为例

由 ${}_{t}V_{x}=A_{x+t}-P_{x}\ddot{a}_{x+t}$ 两边同加 P_x 得：

$$P_x+{}_{t}V_{x}=A_{x+t}-P_{x}(\ddot{a}_{x+t}-1)=A_{x+t}-P_{x}a_{x+t}$$

又

$$a_{x+t}=vp_{x+t}\cdot\ddot{a}_{x+t+1}$$

$$P_x+{}_{t}V_{x}=vq_{x+t}+vp_{x+t}\cdot A_{x+t+1}-P_x\cdot vp_{x+t}\cdot\ddot{a}_{x+t+1}$$

$$=vq_{x+t}+vp_{x+t}(A_{x+t+1}-P_x\cdot\ddot{a}_{x+t+1})$$

$$P_x+{}_{t}V_{x}=vq_{x+t}+vp_{x+t}\cdot{}_{t+1}V_{x} \tag{6.42}$$

该式表明：t 年末的 ${}_tV_x$ 加上 $t+1$ 年初保费收入 P_x，正好等于 $t+1$ 年的死亡给付在 t 年末的现值 vq_{x+t} 加上 $t+1$ 年末责任准备金 ${}_{t+1}V_x$ 在利率和生者利作用下 t 年末的现值。

对式(6.42)两边同乘以 $(1+i)l_{x+t}$ 得：

$$l_{x+t}({}_tV_x + P_x)(1+i) = l_{x+t}(1+i)(vq_{x+t} + vp_{x+t} \cdot {}_{t+1}V_x)$$

$$= (1+i)l_{x+t} \cdot vq_{x+t} + (1+i)l_{x+t} \cdot vq_{x+t} \cdot {}_{t+1}V_x$$

由于 $$l_{x+t} \cdot q_{x+t} = d_{x+t},\ l_{x+t} \cdot p_{x+t} = l_{x+t+1}$$

得：

$$(1+i)l_{x+t}({}_tV_x + P_x) = d_{x+t} + l_{x+t+1} \cdot {}_{t+1}V_x \tag{6.43}$$

该式表明，l_{x+t} 人 t 年末责任准备金加 l_{x+t} 人 $t+1$ 年初交付的净保费 $l_{x+t}({}_tV_x + P_x)$，再加上它们一年的利息，正好等于 $t+1$ 年发生死亡的给付金额 d_{x+t} 元和 $t+1$ 年末 l_{x+t+1} 人的责任准备金。

对式(6.42)移项得：

$$P_x = vq_{x+t} + vp_{x+t} \cdot {}_{t+1}V_x - {}_tV_x \tag{6.44}$$

该式表明：每年净保费 P_x 正好满足死亡给付 vq_{x+t} 和相邻两期责任准备金的差额，$vp_{x+t} \cdot {}_{t+1}V_x$ 是 $t+1$ 年末责任准备金在 t 年末的值。

把 $p_{x+t} = 1 - q_{x+t}$ 代入式(6.44)得：

$$({}_tV_x + P_x)(1+i) = \frac{d_{x+t}}{l_{x+t}} + \frac{l_{x+t+1}}{l_{x+t}}\,{}_{t+1}V_x$$

$$= q_{x+t} + p_{x+t} \cdot {}_{t+1}V_x$$

$$= q_{x+t} + (1 - q_{x+t}) \cdot {}_{t+1}V_x$$

$$= {}_{t+1}V_x + q_{x+t}(1 - {}_{t+1}V_x)$$

即：

$$P_x = vq_{x+t}(1 - {}_{t+1}V_x) + {}_{t+1}V_x \cdot v - {}_tV_x \tag{6.45}$$

式中，$1 - {}_{t+1}V_x$ 是 $t+1$ 年末单位给付与责任准备金之差，表明如果 $t+1$ 年被保险人死亡，保险人责任准备金不足给付的部分，这部分称为 $t+1$ 年末保险人风险净额。其中：

$q_{x+t}(1 - {}_{t+1}V_x)$：保险人 t+1 年末期望风险净额；

$vq_{x+t}(1 - {}_{t+1}V_x)$：保险人期望风险净额在 t 年现值。

(6.45)式表明：每年净保费正是满足保险人期望风险净额与相邻两期责任准备金差额的金额。

给(6.45)式两边同乘以 $(1+i)$ 并移项得：

$${}_{t+1}V_x - (1+i)\,{}_tV_x = P_x(1+i) - q_{x+t}(1 - {}_{t+1}V_x) \tag{6.46}$$

对两边同时乘以 $(1+i)^{n-t-1}$，并对 t 从 0 到 $n-1$ 求和有：

$$\sum_{t=0}^{n-1}[(1+i)^{n-t-1}\,{}_{t+1}V_x-(1+i)^{n-t}\cdot{}_tV_x]$$

$$=\sum_{t=0}^{n-1}P_x(1+i)^{n-x}-\sum_{t=0}^{n-1}(1+i)^{n-t-1}q_{x+t}(1-{}_{t+1}V_x)$$

$${}_nV_x=P_x\sum_{t=0}^{n-1}(1+i)^{n-t}-\sum_{t=0}^{n-1}(1+i)^{n-t-1}q_{x+t}(1-{}_{t+1}V_x)$$

$$=P_x\ddot{S}_{\overline{n}|}-\sum_{t=0}^{n-1}(1+i)^{n-t-1}q_{x+t}(1-{}_{t+1}V_x)$$

该式表明:第n年末的责任准备金等于每年净保费累积与保险人期望风险净额累积的差额。

上述的递推公式不只限于定额给付的终身寿险,对其他保险险种同样适用。

二、一般形式的责任准备金递推公式

考虑从x岁开始相邻两期准备金之间具有递推关系,了解这种关系对深入认识准备金的实质具有重要意义。投保一般保险:第$j+1$个保单年度末给付死亡保险b_{j+1},保单年度初交纳年净保费$\pi_{j+1}(j=0,1,\cdots)$。根据公式,保单年度$h-1$末的净保费责任准备金为:

$${}_{h-1}V=\sum_{j=0}^{\infty}b_{h+j}v^{j+1}{}_jp_{x+h-1}q_{x+h+j-1}-\sum_{j=0}^{\infty}\pi_{h+j-1}v^j{}_jp_{x+h-1} \tag{6.47}$$

可得:

$${}_{h-1}V=b_hvq_{x+h-1}-\pi_{h-1}+vp_{x+h-1}\left\{\sum_{j=1}^{\infty}b_{h+j}v^j{}_{j-1}p_{x+h}q_{x+h+j-1}-\sum_{j=1}^{\infty}\pi_{h+j-1}v^{j-1}{}_{j-1}p_{x+h}\right\}$$

上面大括号内的项等于${}_hV$就有:

$${}_{h-1}V+\pi_{h-1}=b_hvq_{x+h-1}+vp_{x+h-1}\cdot{}_hV \tag{6.48}$$

即期初保费与期初准备金之和等于期内死亡给付与期末准备金的精算现值之和。

公式可以整理为:

$$\pi_{h-1}=b_hvq_{x+h-1}+(vp_{x+h-1}\cdot{}_hV-{}_{h-1}V) \tag{6.49}$$

等式右端的第一项为保额为b_h的一年定期寿险的净保费;第二项代表的金额加上年初的准备金${}_{h-1}V$后,经一年按利息与生存积累,在年末将成为${}_hV$。

在公式(6.49)的两边分别乘以$1+i$并加以整理就可以得到

$$\pi_{h-1}+({}_{h-1}V+\pi_{h-1})i+{}_hVq_{x+h-1}=b_hq_{x+h-1}+\triangle({}_{h-1}V) \tag{6.50}$$

称${}_{h-1}V+\pi_{h-1}$为第h保单年度的期初责任准备金。公式的左端为第h保单年度初的保费、期初责任准备金的利息、因死亡而消除的期末责任准备金三项之和;

公式的右端由年末预期死亡给付与责任准备金增量${}_hV-{}_{h-1}V$组成。

在公式(6.49)中以$1-q_{x+h-1}$取代p_{x+h-1},并在等式两边都乘以$1+i$,得到:

$$({}_{h-1}V+\pi_{h-1})(1+i)=(b_h-{}_hV)q_{x+h-1}+{}_hV$$

$${}_hV=({}_{h-1}V+\pi_{h-1})(1+i)-(b_h-{}_hV)q_{x+h-1} \tag{6.51}$$

有:

$$\pi_{h-1}=(b_h-{}_hV)vq_{x+h-1}+v\,{}_hV-{}_{h-1}V \tag{6.52}$$

上式右端第一项是保险金额等于风险净值的一年定期寿险的净保费,第二项加上年初的准备金${}_{h-1}V$后,到年末只按利息积累将成${}_hV$并且部分已经用于抵消死亡给付,所以责任准备金就像储蓄金一样积累。

同时,有如下公式:

$$\pi_{h-1}+({}_{h-1}V+\pi_{h-1})i=(b_h-{}_hV)q_{x+h-1}+\triangle({}_{h-1}V) \tag{6.53}$$

例6.12 一份全离散型均衡交费10年的20年期两全保险的保单规定:若被保险人在保险期内死亡,则保险人将在其死亡的年末给付死亡保险金,且保险金额等于死亡年末的净保费准备金;若被保险人生存到保险期满,则保险人给付生存保险金为1000元。设年利率为6%,计算均衡净保费π及在第五年末的净保费准备金${}_5V$。

解 根据题意有:

$$b_h={}_hV(h=1,2,\cdots,20),\quad {}_{20}V=1000$$

由公式有:

$$\pi_k=(b_{k+1}-{}_{k+1}V)vq_{x+k}+v\cdot{}_{k+1}V-{}_kV,\qquad k=0,1,\cdots,9$$

注意到$b_{k+1}={}_{k+1}V$,上式变为:

$$\pi_k=v\cdot{}_{k+1}V-{}_kV,\qquad k=0,1,\cdots,9$$

在上式的两边均乘以v^k,可得:

$$\pi_k\cdot v^k=\sum_{k=0}^{19}(v^{k+1}\cdot{}_{k+1}V-v^k\cdot{}_kV)=v^{20}{}_{20}V \tag{6.54}$$

对$k=0,1,\cdots,19$求和,并利用$\pi_{10}=\pi_{11}=\ldots=\pi_{19}=0,{}_0V=0$

$$\sum_{k=0}^{9}\pi_k\cdot v^k=\sum_{k=0}^{19}(v^{k+1}\cdot{}_{k+1}V-v^k\cdot{}_kV)=v^{20}\cdot{}_{20}V$$

从而

$$\pi\sum_{k=0}^{9}v^k=v^{20}\cdot{}_{20}V$$

$$\pi=\frac{v^{20}\cdot{}_{20}V}{\sum_{k=0}^{9}v^k}=\frac{v^{20}\cdot{}_{20}V}{\ddot{a}_{\overline{10|}}}=\frac{{}_{20}V}{\ddot{s}_{\overline{10|}}\cdot1.06^{10}}=39.97$$

公式的两边均对$k=0,1,\cdots,4$求和,可得:

$$\pi\sum_{k=0}^{4}v^k = v^5 \cdot {}_5V$$

$${}_5V = \frac{\pi\sum_{k=0}^{4}v^k}{v^5} = \pi\ddot{s}_{\overline{5}|} = 238.83$$

例6.13 某种x岁投保，按年均衡交费n年，从$x+n$岁开始每年领取1元的延期年金。该保单规定，若年金领取人在$x+n$岁前死亡，保险人将与其死亡的年末给付金额等于那时的净保费准备金的保险金。求该年金的年交均衡净保费π以及k年末的净保费责任准备金的数额。

解 根据公式及$b_h = {}_hV(h=1,2,\cdots,n)$，年交均衡净保费$\pi$满足：

$$\pi = v\cdot{}_hV - {}_{h-1}V \quad (h=1,2,\cdots,n)$$

上式两边同时乘以v^{h-1}，可得：

$$\pi = v^h\cdot{}_hV - v^{h-1}\cdot{}_{h-1}V = \Delta(v^{h-1}\cdot{}_{h-1}V) \tag{6.55}$$

对$h=1,2,\cdots,n$求和，有：

$$v^n\cdot{}_nV - v^0\cdot{}_0V = \pi\sum_{h=1}^{n}v^{h-1} = \pi\ddot{a}_{\overline{n}|}$$

由于

$${}_0V = 0,\ {}_nV = \pi\ddot{a}_{x+n}$$

故

$$\pi = \frac{v^n\cdot{}_nV}{\ddot{a}_{\overline{n}|}} = \frac{\ddot{a}_{x+n}}{\ddot{s}_{\overline{n}|}}$$

为所求的年交均衡净保费。

再利用公式，对$h=1,2,\cdots,k$求和，可得：

$$v^k\cdot{}_kV - v^0\cdot{}_0V = \pi\sum_{h=1}^{n}v^{h-1} = \pi\ddot{a}_{\overline{k}|}$$

$${}_kV = \pi\ddot{s}_{\overline{k}|},\quad 1\leqslant k\leqslant n$$

第六节 修正准备金方法

净保费责任准备金的计算是以年交均衡保费为依据的，它不考虑保险公司在实际业务中所支出的各项费用在时间上如何摊提，而仅以每年的均衡保费与实际支出的保险金额为基础，计算应提存的责任准备金。但是，在实际业务中，保险公司要在新合同签订的第一年年初垫支大量的初始费用（如宣传广告费用、代理人佣金、体检费等),这些费用通常远远大于第一年收取的均衡保费的附加费用。因此,若仍用理论上的均衡净保费与应支付保险金的差额为基础来提存责任准备金,则第一年所收取的毛保费扣除当年要提存的净保费责任准备金和所需费用以后,所剩余的保费应付当年的保险金支出是不足够的。所以,在实际业务中提存责任准备金时,必须对净保费准备金的计算基础加以修正,使得经修正以后的第一年净保费小于均衡附加费。我们称根据修正以后的各年净保费与应付的保险金的差额提存的责任准备金,为修正责任准备金。

这样,每张保单在修正期届满之前,各年的修正准备金与净保费准备金的数额不同,实际提存的准备金要小于净保费准备金,两者的差额随时间的延长而逐步缩小,一直到规定时间,两者的差额缩小到零。修正准备金和净保费准备金于保险时间的什么时刻达到一致,随交费方式(如限期交费年限的长短)和修正方法的不同而有所不同,但保险期满时,无论如何,二者的数额必须相同。

让费用占用一部分净保费,少提准备金,再从以后各年收取的营业费用中逐年归还,以补足第一年应提的准备金数额。这种对均衡净保费责任准备金进行调整的方法称为修正准备金方法。在确定责任准备金时,从未来应付保险金的精算现值里减去的项不直接采用一组均衡净保费的精算现值,而是采用阶梯保费制。

修正责任准备金方法可以通过确定修正期年限j以及修正期间的第一年保费α或需年保费或差额$\beta-\alpha$三者之一而得到体现。图6.2提供了这些关系的一个图解,其中阴影部分A与B所代表的保费的精算现值相等,与之对应的关系式可从公式看出。

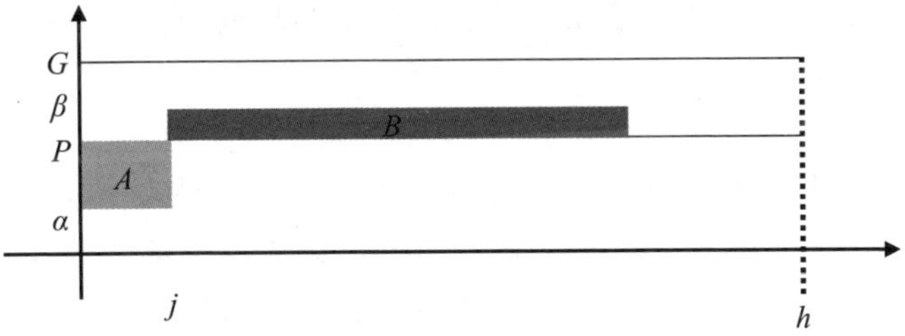

图6.2

尽管理论上可允许使用多个阶梯,但常常包含的不同保费水平有三个。这三个保费水平分别记为α、β、P,其中α是第一年的净保费,β是接下去$j-1$年的年交净保费,P是j个保单年度之后的均衡净保费,即原净保费。这组保费需满足如下约束:

$$\alpha+\beta a_{x:\overline{j-1}|}+P\cdot {}_{j|}\ddot{a}_{x:\overline{h-j}|}=P\ddot{a}_{x:\overline{h}|}$$

$$\alpha+\beta a_{x:\overline{j-1}|}=P\ddot{a}_{x:\overline{j}|} \tag{6.56}$$

其中，h是交费年限，j为保费修正期。于是，这组保费的精算现值与均衡净保费的精算现值相当。

由公式(6.56)的第二式可得：

$$\alpha+\beta a_{x:\overline{j-1}|}=P(a_{x:\overline{j-1}|}+1)$$

$$\beta=P+\frac{P-\alpha}{a_{x:\overline{j-1}|}} \tag{6.57}$$

从公式(6.56)第二式还可获得：

$$\alpha+\beta(\ddot{a}_{x:\overline{j}|}+1)=P\ddot{a}_{x:\overline{j}|}$$

$$\beta=P+\frac{\beta-\alpha}{\ddot{a}_{x:\overline{j}|}}$$

$$P-\alpha=(\beta-P)a_{x:\overline{j-1}|} \tag{6.58}$$

上面的符号α与β分别表示j年修正期的责任准备金方法中的第一年保费与续年保费，用一般符号P表示均衡净保费。与此相对应，符号V^{Mod}表示根据修正方法计算出的期末责任准备金。

对于两全保险h年限期交费n年期，当采用j年修正期的修正责任准备金方法时，计算对应的期末责任准备金用下列公式。在修正期内，即$k>j$时，有：

$$\begin{aligned}{}_k^hV_{x:\overline{n}|}^{Mod}&=A_{x+k:\overline{n-k}|}-\beta\ddot{a}_{x+k:\overline{j-k}|}-{}_hP_{x:\overline{n}|}\cdot{}_{j-k|}\ddot{a}_{x+k:\overline{h-j}|}\\&=A_{x+k:\overline{n-k}|}-{}_hp_{x:n}\ddot{a}_{x+k:\overline{h-k}|}-(\beta-{}_hP_{x:\overline{n}|})\ddot{a}_{x+k:\overline{j-k}|}\\&={}_k^hV_{x:\overline{n}|}-(\beta-{}_hP_{x:\overline{n}|})\ddot{a}_{x+k:\overline{j-k}|}\end{aligned} \tag{6.59}$$

在修正期之后，修正方法下的责任准备金与均衡纯保费方法下的责任准备金相同，即：

$${}_k^hV_{x:\overline{n}|}^{Mod}={}_k^hV_{x:\overline{n}|},\ k\geqslant j$$

例6.14 对于30岁投保30年限期交费的完全离散型50年期两全保险，应用修正准备金方法，已知：修正年限为20年，第2年至第20年的修正净保费为0.00879，${}_5^{30}V_{30:\overline{50}|}=0.07042$，死亡服从附录中的生命表，利率$i=6\%$，计算${}_5^{30}V_{30:\overline{50}|}^{Mod}$。

解 修正年限$j=20$，根据公式有：

$$\begin{aligned}{}_5^{30}V_{30:\overline{50}|}^{Mod}&={}_5^{30}V_{30:\overline{50}|}-(\beta-{}_{30}P_{30:\overline{50}|})\ddot{a}_{35:\overline{20-5}|}\\&=0.07042-\left(0.00879-\frac{M_{30}-M_{80}+D_{80}}{N_{30}-N_{60}}\right)\frac{N_{35}-N_{50}}{D_{35}}\\&=0.031\end{aligned}$$

上面介绍了修正准备金的方法。但是，实用的责任准备金修正制应避免第一个保单年度末出现负的责任准备金。这意味着，对于完全离散、定额给付保单，α

的最小可能值是$A^1_{x:1}$。此结果的推导如下：

$$ {}_1V \geqslant 0 \Rightarrow \alpha\ddot{s}_{x:\overline{1}|} - {}_1k_x \geqslant 0 \Rightarrow \alpha \geqslant A^{\ 1}_{x:\overline{1}|} \tag{6.60}$$

当α取最低水平且修正期为整个保费交付期时，相应的修正准备金方法称为一年定期(Full Preliminary Term，FPT)修正法。在FPT修正制下，第一个保单年度末的责任准备金为0。

在完全离散情况下，续年保费β可以利用类似于公式的等式获得。用A表示趸交净保费，$A(1)$表示始于$x+1$岁的剩余期限保险的趸交净保费，则：

$$\begin{aligned} A^{\ 1}_{x:\overline{1}|} + \beta\ {}_{1|}\ddot{a}_{x:\overline{h-1}|} &= P\ddot{a}_{x:\overline{h}|} = A \\ &= A^{\ 1}_{x:\overline{1}|} + {}_1E_xA(1) \end{aligned} \tag{6.61}$$

或

$$\beta = \frac{{}_1E_xA(1)}{{}_{1|}\ddot{a}_{x:\overline{h-1}|}} = \frac{A(1)}{\ddot{a}_{x+1:\overline{h-1}|}} \tag{6.62}$$

换言之，β是年龄增加1岁的同类保险的年交净保费。在期限交费的情况下，调整后续年保费的交付期少一年，满期年龄与原保险相同。

在完全连续情况下，第一年保费(率)$\bar{\alpha}$的最小可能值为$\bar{A}^{\ 1}_{x:\overline{1}|}/\bar{a}_{x:\overline{1}|}$，此结果仍基于第一年年末的责任准备金应非负，即：

$$ {}_1\bar{V}(\bar{A}_x) \geqslant 0 \Rightarrow \bar{\alpha}\frac{\bar{a}_{x:\overline{1}|}}{{}_1E_x} - {}_1\bar{k}_x \geqslant 0 \Rightarrow \bar{\alpha} \geqslant \frac{\bar{a}_{x:\overline{1}|}}{{}_1E_x} \tag{6.63}$$

对于续年保费(年费)，类似于公式(6.61)有：

$$\bar{A}^{\ 1}_{x:\overline{1}|} + \bar{\beta}\ {}_{1|}\bar{a}_{x:\overline{h-1}|} = \bar{P}(\bar{A})\bar{a}_{x:\overline{h}|} = \bar{A} = \bar{A}^{\ 1}_{x:\overline{1}|} + {}_1E_x\bar{A}(1)$$

$$\bar{\beta} = \frac{{}_1E_x\bar{A}(1)}{{}_{1|}\bar{a}_{x:\overline{h-1}|}} = \frac{\bar{A}(1)}{\bar{a}_{x+1:\overline{h-1}|}} \tag{6.64}$$

例6.15 20岁的人投保完全离散的保额，1000元的30年期两全保险，已知：$1000A_{22:\overline{28}|} = 256.090$，$1000A^{\ 1}_{20:\overline{1}|} = 0.768$，$\ddot{a}_{20:\overline{30}|} = 15.876$，$\ddot{a}_{22:\overline{28}|} = 15.503$，$1000P_{20:\overline{30}|} = 15.096$，$1000P_{21:\overline{29}|} = 15.986$。

求：(1)用一年定期修正法计算第2年年末的责任准备金；

(2)采用修正年限$j=30$年，$\alpha^{Mod} = 5\alpha^{FPT}$，计算第2年年末的责任准备金。

解 (1)

$$\begin{aligned} \beta^{FRT} &= P_{20:\overline{30}|} + \frac{P_{20:\overline{30}|} - A^{\ 1}_{20:\overline{1}|}}{a_{20:\overline{29}|}} \\ &= P_{20:\overline{30}|} + \frac{P_{20:\overline{30}|} - A^{\ 1}_{20:\overline{1}|}}{\ddot{a}_{20:\overline{30}|} - 1} \\ &= 0.016059 \end{aligned}$$

$$1000\,{}_2V^{FPT}_{20:\overline{30}|} = 1000(A_{22:\overline{28}|} - \beta^{FRT}\ddot{a}_{22:\overline{28}|})$$
$$= 1000(0.256090 - 0.016059 \times 15.503)$$
$$= 7.127$$

(2)
$$\beta^{Mod} = P_{20:\overline{30}|} + \frac{P_{20:\overline{30}|} - 5A^{1}_{20:\overline{1}|}}{a_{20:\overline{29}|}}$$
$$= P_{20:\overline{30}|} + \frac{P_{20:\overline{30}|} - 5A^{1}_{20:\overline{1}|}}{\ddot{a}_{20:\overline{30}|} - 1}$$
$$= 0.01585$$
$$1000\,{}_2V^{Mod}_{20:\overline{30}|} = 1000(A_{22:\overline{28}|} - \beta^{Mod}\ddot{a}_{22:\overline{28}|})$$
$$= 10.37$$

例6.16 已知：$a_{50:\overline{30}|} = 8.263$，$a_{51:\overline{29}|} = 8.050$，$a_{55:\overline{24}|} = 5.176$，$a_{50:\overline{29}|} = 8.179$。求：$1000\,{}_5V^{FPT}_{50:\overline{30}|}$。

解
$$1000\,{}_5V^{FPT}_{50:\overline{30}|} = 1000\,{}_4V_{51:29} = 1000(1 - \frac{\ddot{a}_{55:\overline{25}|}}{\ddot{a}_{51:\overline{29}|}})$$
$$\ddot{a}_{55:\overline{25}|} = 1 + a_{55:\overline{24}|} = 6.176$$

由
$$a_{50:\overline{30}|} = V \cdot P_{50} + V \cdot P_{50} \cdot a_{51:\overline{29}|}$$

得：
$$V \cdot P_{50} = \frac{a_{50:\overline{30}|}}{1 + a_{51:\overline{29}|}} = \frac{8.263}{1 + 8.050} = 0.913$$
$$\ddot{a}_{51:\overline{29}|} = \frac{a_{50:\overline{29}|}}{V \cdot P_{50}} = \frac{8.179}{0.913} = 8.958$$

则
$$1000\,{}_5V^{FPT}_{50:\overline{30}|} = 1000(1 - \frac{\ddot{a}_{55:\overline{25}|}}{\ddot{a}_{51:\overline{29}|}}) = 310.56$$

习题

6.1 某人在25岁时投保了10000元终身寿险，计算在投保第20年年末，保险人在下列两种情况下为这一保单提存的责任准备金（假设 $i = 2.5\%$）：

（1）保险金在死亡年年末给付，保险费终身交付；

（2）保险金在死亡时给付，保险费在15年内交清。

6.2 某人在30岁时购买了20年20000元两全保险，保费在10年内付清，利率为2.5%，以附表4.3试计算：

(1)第5年年末和第15年年末的均衡净保费责任准备金；

(2)以完全初年定期修正法计算第5年年末和第15年年末的责任准备金。

6.3 对于(x)购买的趸交保费，每年给付1元的连续定期年金，t时刻保险人的未来亏损随机变量为 ${}_tL=\begin{cases}\bar{a}_{\overline{U|}}, & 0\leqslant U<n-t\\ \bar{a}_{\overline{n-t|}}, & U\geqslant n-t\end{cases}$。试计算：$E[{}_tL]$；$\mathrm{Var}[{}_tL]$。

6.4 写出下面准备金的未来法公式：

(1)${}_{10}^{10}\bar{V}(\bar{A}_{25:\overline{20|}})$；

(2)一种趸交保费、保额为1000元的10年定期寿险(死亡即付)，对于投保年龄40岁的被保险人，求其在第五年年末的纯保费准备金。

6.5 已知：$\dfrac{\bar{P}(\bar{A}_x)}{\delta}=0.49$，$V(\bar{A}_x)=0.57$，${}_tV_x=0.500$，试计算${}_t\bar{V}(\bar{A}_x)$。

6.6 已知：$P_x=0.013$，${}_{20}P_x=0.015$，$P^{\,1}_{x:\overline{10|}}=0.08$，${}_{10}V_x=0.15$，试计算${}_{10}^{20}V_x$。

参考文献

雷雨,1998.寿险精算学[M].北京:北京大学出版社.

李秀芳,曾庆五,1999.保险精算学[M].北京:中国金融出版社.

李秀芳,2000.寿险精算实务[M].天津:南开大学出版社.

李秀芳,曾庆五,2011.保险精算[M].北京:中国金融出版社.

卢仿先,曾庆五,2001.寿险精算数学[M].天津:南开大学出版社.

孟生旺,袁卫,2000.实用非寿险精算学.北京:经济科学出版社.

孟生旺,袁卫,2001.利息理论及其应用[M].北京:中国人民大学出版社.

王晓军,江星,刘文卿,1995.保险精算学[M].北京:中国人民大学出版社.

王晓军,孟生旺,2006.保险精算学[M].北京:中国人民大学出版社.

王晓军,孟生旺,2021.保险精算原理与实务[M].北京:中国人民大学出版社.

谢志刚,韩天雄,2000.风险理论与非寿险精算[M].天津:南开大学出版社.

周江雄等,2001.生命表的构造理论[M].天津:南开大学出版社.

张连增,2005.利息理论[M].天津:南开大学出版社.

(荷)R•卡尔斯,M•胡法兹著;唐启鹤,胡太忠,成世学译,2005.现代精算风险理论[M].北京:科学出版社.

Bellis, Clare, 2010. Understanding Actuarial Management: The Actuarial Control Cycle[M]. Society of Actuaries.

David B. Atkinson, James W. Dallas, 2000. Life Insurance Products and Finance: Charting a Clear Course [M]. Society of Actuaries.

Howard E. Winklevoss, 1993. Pension Mathematics with Numerical Illustrations[M]. University of Pennsylvania Press.

Robert V. Hogg, Stuart A. Klugman. 1984. Loss distributions[M]. Wiley.

Robert J Finger, 1990. Risk classification[M]. Foundations of Casualty Actuarial Science.

Ronald F. Wiser, 2004. Loss Reserving[M]. The Casualty Actuarial Society.

附录

附表1 中国人身保险业经验生命表(2010—2013)

年龄	非养老类业务一表		非养老类业务二表		养老类业务表	
	男(CL1)	女(CL2)	男(CL3)	女(CL4)	男(CL5)	女(CL6)
0	0.000867	0.000620	0.000620	0.000455	0.000566	0.000453
1	0.000615	0.000456	0.000465	0.000324	0.000386	0.000289
2	0.000445	0.000337	0.000353	0.000236	0.000268	0.000184
3	0.000339	0.000256	0.000278	0.000180	0.000196	0.000124
4	0.000280	0.000203	0.000229	0.000149	0.000158	0.000095
5	0.000251	0.000170	0.000200	0.000131	0.000141	0.000084
6	0.000237	0.000149	0.000182	0.000119	0.000132	0.000078
7	0.000233	0.000137	0.000172	0.000110	0.000129	0.000074
8	0.000238	0.000133	0.000171	0.000105	0.000131	0.000072
9	0.000250	0.000136	0.000177	0.000103	0.000137	0.000072
10	0.000269	0.000145	0.000187	0.000103	0.000146	0.000074
11	0.000293	0.000157	0.000202	0.000105	0.000157	0.000077
12	0.000319	0.000172	0.000220	0.000109	0.000170	0.000080
13	0.000347	0.000189	0.000240	0.000115	0.000184	0.000085
14	0.000375	0.000206	0.000261	0.000120	0.000197	0.000090
15	0.000402	0.000221	0.000280	0.000128	0.000208	0.000095
16	0.000427	0.000234	0.000298	0.000135	0.000219	0.000100
17	0.000449	0.000245	0.000315	0.000141	0.000227	0.000105
18	0.000469	0.000255	0.000331	0.000149	0.000235	0.000110
19	0.000489	0.000262	0.000346	0.000156	0.000241	0.000115
20	0.000508	0.000269	0.000361	0.000163	0.000248	0.000120
21	0.000527	0.000274	0.000376	0.000170	0.000256	0.000125
22	0.000547	0.000279	0.000392	0.000178	0.000264	0.000129
23	0.000568	0.000284	0.000409	0.000185	0.000273	0.000134
24	0.000591	0.000289	0.000428	0.000192	0.000284	0.000139
25	0.000615	0.000294	0.000448	0.000200	0.000297	0.000144
26	0.000644	0.000300	0.000471	0.000208	0.000314	0.000149
27	0.000675	0.000307	0.000497	0.000216	0.000333	0.000154
28	0.000711	0.000316	0.000526	0.000225	0.000354	0.000160
29	0.000751	0.000327	0.000558	0.000235	0.000379	0.000167
30	0.000797	0.000340	0.000595	0.000247	0.000407	0.000175
31	0.000847	0.000356	0.000635	0.000261	0.000438	0.000186
32	0.000903	0.000374	0.000681	0.000277	0.000472	0.000198
33	0.000966	0.000397	0.000732	0.000297	0.000509	0.000213

附表1续表1

年龄	非养老类业务一表		非养老类业务二表		养老类业务表	
	男(CL1)	女(CL2)	男(CL3)	女(CL4)	男(CL5)	女(CL6)
34	0.001035	0.000423	0.000788	0.000319	0.000549	0.000231
35	0.001111	0.000454	0.000850	0.000346	0.000592	0.000253
36	0.001196	0.000489	0.000919	0.000376	0.000639	0.000277
37	0.001290	0.000530	0.000995	0.000411	0.000690	0.000305
38	0.001395	0.000577	0.001078	0.000450	0.000746	0.000337
39	0.001515	0.000631	0.001170	0.000494	0.000808	0.000372
40	0.001651	0.000692	0.001270	0.000542	0.000878	0.000410
41	0.001804	0.000762	0.001380	0.000595	0.000955	0.000450
42	0.001978	0.000841	0.001500	0.000653	0.001041	0.000494
43	0.002173	0.000929	0.001631	0.000715	0.001138	0.000540
44	0.002393	0.001028	0.001774	0.000783	0.001245	0.000589
45	0.002639	0.001137	0.001929	0.000857	0.001364	0.000640
46	0.002913	0.001259	0.002096	0.000935	0.001496	0.000693
47	0.003213	0.001392	0.002277	0.001020	0.001641	0.000750
48	0.003538	0.001537	0.002472	0.001112	0.001798	0.000810
49	0.003884	0.001692	0.002682	0.001212	0.001967	0.000877
50	0.004249	0.001859	0.002908	0.001321	0.002148	0.000950
51	0.004633	0.002037	0.003150	0.001439	0.002340	0.001031
52	0.005032	0.002226	0.003409	0.001568	0.002544	0.001120
53	0.005445	0.002424	0.003686	0.001709	0.002759	0.001219
54	0.005869	0.002634	0.003982	0.001861	0.002985	0.001329
55	0.006302	0.002853	0.004297	0.002027	0.003221	0.001450
56	0.006747	0.003085	0.004636	0.002208	0.003469	0.001585
57	0.007227	0.003342	0.004999	0.002403	0.003731	0.001736
58	0.007770	0.003638	0.005389	0.002613	0.004014	0.001905
59	0.008403	0.003990	0.005807	0.002840	0.004323	0.002097
60	0.009161	0.004414	0.006258	0.003088	0.004660	0.002315
61	0.010065	0.004923	0.006742	0.003366	0.005034	0.002561
62	0.011129	0.005529	0.007261	0.003684	0.005448	0.002836
63	0.012360	0.006244	0.007815	0.004055	0.005909	0.003137
64	0.013771	0.007078	0.008405	0.004495	0.006422	0.003468
65	0.015379	0.008045	0.009039	0.005016	0.006988	0.003835
66	0.017212	0.009165	0.009738	0.005626	0.007610	0.004254
67	0.019304	0.010460	0.010538	0.006326	0.008292	0.004740
68	0.021691	0.011955	0.011496	0.007115	0.009046	0.005302
69	0.024411	0.013674	0.012686	0.008000	0.009897	0.005943
70	0.027495	0.015643	0.014192	0.009007	0.010888	0.006660

附表1续表2

年龄	非养老类业务一表		非养老类业务二表		养老类业务表	
	男(CL1)	女(CL2)	男(CL3)	女(CL4)	男(CL5)	女(CL6)
71	0.030965	0.017887	0.016106	0.010185	0.012080	0.007460
72	0.034832	0.020432	0.018517	0.011606	0.013550	0.008369
73	0.039105	0.023303	0.021510	0.013353	0.015387	0.009436
74	0.043796	0.026528	0.025151	0.015508	0.017686	0.010730
75	0.048921	0.030137	0.029490	0.018134	0.020539	0.012332
76	0.054506	0.034165	0.034545	0.021268	0.024017	0.014315
77	0.060586	0.038653	0.040310	0.024916	0.028162	0.016734
78	0.067202	0.043648	0.046747	0.029062	0.032978	0.019619
79	0.074400	0.049205	0.053801	0.033674	0.038437	0.022971
80	0.082220	0.055385	0.061403	0.038718	0.044492	0.026770
81	0.090700	0.062254	0.069485	0.044160	0.051086	0.030989
82	0.099868	0.069880	0.077987	0.049977	0.058173	0.035598
83	0.109754	0.078320	0.086872	0.056157	0.065722	0.040576
84	0.120388	0.087611	0.096130	0.062695	0.073729	0.045915
85	0.131817	0.097754	0.105786	0.069596	0.082223	0.051616
86	0.144105	0.108704	0.115900	0.076863	0.091239	0.057646
87	0.157334	0.120371	0.126569	0.084501	0.100900	0.064084
88	0.171609	0.132638	0.137917	0.092504	0.111321	0.070942
89	0.187046	0.145395	0.150089	0.100864	0.122608	0.078241
90	0.203765	0.158572	0.163239	0.109567	0.134870	0.086003
91	0.221873	0.172172	0.177519	0.118605	0.148212	0.094249
92	0.241451	0.186294	0.193067	0.127985	0.162742	0.103002
93	0.262539	0.201129	0.209999	0.137743	0.178566	0.112281
94	0.285129	0.216940	0.228394	0.147962	0.195793	0.122109
95	0.309160	0.234026	0.248299	0.158777	0.214499	0.132540
96	0.334529	0.252673	0.269718	0.170380	0.234650	0.143757
97	0.361101	0.273112	0.292621	0.183020	0.256180	0.155979
98	0.388727	0.295478	0.316951	0.196986	0.279025	0.169420
99	0.417257	0.319794	0.342628	0.212604	0.303120	0.184301
100	0.446544	0.345975	0.369561	0.230215	0.328401	0.200836
101	0.476447	0.373856	0.397652	0.250172	0.354803	0.219242
102	0.506830	0.403221	0.426801	0.272831	0.382261	0.239737
103	0.537558	0.433833	0.456906	0.298551	0.410710	0.262537
104	0.568497	0.465447	0.487867	0.327687	0.440086	0.287859
105	1.000000	1.000000	1.000000	1.000000	1.000000	1.000000

附表 2.1　中国人身保险业经验生命表(2010—2013)——非养老类业务一表(CL1)

年龄	死亡率	生存人数	死亡人数	生存人年数		平均余额
(x)	q_x	l_x	d_x	L_x	T_x	e_x
0	0.000867	1000000	867	999567	76420142	76.42
1	0.000615	999133	614	998826	75420575	75.49
2	0.000445	998519	444	998296	74421750	74.53
3	0.000339	998074	338	997905	73423453	73.57
4	0.000280	997736	279	997596	72425548	72.59
5	0.000251	997456	250	997331	71427952	71.61
6	0.000237	997206	236	997088	70430621	70.63
7	0.000233	996970	232	996854	69433533	69.64
8	0.000238	996737	237	996619	68436679	68.66
9	0.000250	996500	249	996376	67440060	67.68
10	0.000269	996251	268	996117	66443685	66.69
11	0.000293	995983	292	995837	65447567	65.71
12	0.000319	995691	318	995533	64451730	64.73
13	0.000347	995374	345	995201	63456198	63.75
14	0.000375	995028	373	994842	62460997	62.77
15	0.000402	994655	400	994455	61466155	61.80
16	0.000427	994255	425	994043	60471700	60.82
17	0.000449	993831	446	993608	59477657	59.85
18	0.000469	993385	466	993152	58484049	58.87
19	0.000489	992919	486	992676	57490897	57.90
20	0.000508	992433	504	992181	56498222	56.93
21	0.000527	991929	523	991668	55506041	55.96
22	0.000547	991406	542	991135	54514373	54.99
23	0.000568	990864	563	990583	53523238	54.02
24	0.000591	990301	585	990008	52532655	53.05
25	0.000615	989716	609	989411	51542647	52.08
26	0.000644	989107	637	988789	50553235	51.11
27	0.000675	988470	667	988137	49564447	50.14
28	0.000711	987803	702	987452	48576310	49.18
29	0.000751	987101	741	986730	47588859	48.21
30	0.000797	986359	786	985966	46602129	47.25
31	0.000847	985573	835	985156	45616162	46.28
32	0.000903	984738	889	984294	44631007	45.32
33	0.000966	983849	950	983374	43646713	44.36

附表2.1续表1

年龄	死亡率	生存人数	死亡人数	生存人年数		平均余额
(x)	q_x	l_x	d_x	L_x	T_x	e_x
34	0.001035	982899	1017	982390	42663339	43.41
35	0.001111	981881	1091	981336	41680949	42.45
36	0.001196	980791	1173	980204	40699613	41.50
37	0.001290	979618	1264	978986	39719408	40.55
38	0.001395	978354	1365	977671	38740423	39.60
39	0.001515	976989	1480	976249	37762751	38.65
40	0.001651	975509	1611	974704	36786502	37.71
41	0.001804	973898	1757	973020	35811799	36.77
42	0.001978	972141	1923	971180	34838779	35.84
43	0.002173	970219	2108	969164	33867599	34.91
44	0.002393	968110	2317	966952	32898434	33.98
45	0.002639	965794	2549	964519	31931482	33.06
46	0.002913	963245	2806	961842	30966963	32.15
47	0.003213	960439	3086	958896	30005121	31.24
48	0.003538	957353	3387	955659	29046225	30.34
49	0.003884	953966	3705	952113	28090566	29.45
50	0.004249	950261	4038	948242	27138452	28.56
51	0.004633	946223	4384	944031	26190211	27.68
52	0.005032	941839	4739	939470	25246179	26.81
53	0.005445	937100	5103	934549	24306710	25.94
54	0.005869	931997	5470	929262	23372161	25.08
55	0.006302	926527	5839	923608	22442899	24.22
56	0.006747	920689	6212	917583	21519291	23.37
57	0.007227	914477	6609	911172	20601708	22.53
58	0.007770	907868	7054	904341	19690536	21.69
59	0.008403	900814	7570	897029	18786196	20.85
60	0.009161	893244	8183	889153	17889167	20.03
61	0.010065	885061	8908	880607	17000014	19.21
62	0.011129	876153	9751	871278	16119407	18.40
63	0.012360	866402	10709	861048	15248130	17.60
64	0.013771	855693	11784	849802	14387082	16.81
65	0.015379	843910	12978	837420	13537280	16.04
66	0.017212	830931	14302	823780	12699860	15.28
67	0.019304	816629	15764	808747	11876080	14.54
68	0.021691	800865	17372	792179	11067333	13.82
69	0.024411	783493	19126	773931	10275153	13.11
70	0.027495	764368	21016	753859	9501223	12.43

附表 2.1 续表 2

年龄	死亡率	生存人数	死亡人数	生存人年数		平均余额
(x)	q_x	l_x	d_x	L_x	T_x	e_x
71	0.030965	743351	23018	731842	8747364	11.77
72	0.034832	720333	25091	707788	8015521	11.13
73	0.039105	695243	27187	681649	7307733	10.51
74	0.043796	668055	29258	653426	6626084	9.92
75	0.048921	638797	31251	623172	5972658	9.35
76	0.054506	607547	33115	590989	5349486	8.81
77	0.060586	574432	34803	557030	4758497	8.28
78	0.067202	539629	36264	521497	4201467	7.79
79	0.074400	503365	37450	484640	3679970	7.31
80	0.082220	465915	38308	446761	3195330	6.86
81	0.090700	427607	38784	408215	2748569	6.43
82	0.099868	388823	38831	369408	2340354	6.02
83	0.109754	349992	38413	330786	1970946	5.63
84	0.120388	311579	37510	292824	1640161	5.26
85	0.131817	274069	36127	256005	1347337	4.92
86	0.144105	237942	34289	220798	1091331	4.59
87	0.157334	203653	32042	187632	870534	4.27
88	0.171609	171612	29450	156887	682901	3.98
89	0.187046	142162	26591	128866	526015	3.70
90	0.203765	115571	23549	103796	397149	3.44
91	0.221873	92022	20417	81813	293353	3.19
92	0.241451	71604	17289	62960	211540	2.95
93	0.262539	54315	14260	47186	148580	2.74
94	0.285129	40056	11421	34345	101394	2.53
95	0.309160	28635	8853	24208	67049	2.34
96	0.334529	19782	6618	16473	42841	2.17
97	0.361101	13164	4754	10787	26368	2.00
98	0.388727	8411	3269	6776	15580	1.85
99	0.417257	5141	2145	4069	8804	1.71
100	0.446544	2996	1338	2327	4736	1.58
101	0.476447	1658	790	1263	2409	1.45
102	0.506830	868	440	648	1146	1.32
103	0.537558	428	230	313	497	1.16
104	0.568497	198	113	142	184	0.93
105	1.000000	85	85	43	43	0.50

附表 2.2 中国人身保险业经验生命表(2010—2013)——非养老类业务一表(CL2)

年龄 (x)	死亡率 q_x	生存人数 l_x	死亡人数 d_x	生存人年数 L_x	生存人年数 T_x	平均余额 e_x
0	0.000620	1000000	620	999690	81707123	81.71
1	0.000456	999380	456	999152	80707433	80.76
2	0.000337	998924	337	998756	79708281	79.79
3	0.000256	998588	256	998460	78709525	78.82
4	0.000203	998332	203	998231	77711065	77.84
5	0.000170	998129	170	998045	76712834	76.86
6	0.000149	997960	149	997885	75714790	75.87
7	0.000137	997811	137	997743	74716904	74.88
8	0.000133	997674	133	997608	73719162	73.89
9	0.000136	997542	136	997474	72721554	72.90
10	0.000145	997406	145	997334	71724080	71.91
11	0.000157	997261	157	997183	70726747	70.92
12	0.000172	997105	172	997019	69729564	69.93
13	0.000189	996933	188	996839	68732545	68.94
14	0.000206	996745	205	996642	67735706	67.96
15	0.000221	996539	220	996429	66739064	66.97
16	0.000234	996319	233	996203	65742634	65.99
17	0.000245	996086	244	995964	64746431	65.00
18	0.000255	995842	254	995715	63750467	64.02
19	0.000262	995588	261	995458	62754752	63.03
20	0.000269	995327	268	995193	61759295	62.05
21	0.000274	995060	273	994923	60764101	61.07
22	0.000279	994787	278	994648	59769178	60.08
23	0.000284	994509	282	994368	58774530	59.10
24	0.000289	994227	287	994083	57780162	58.12
25	0.000294	993940	292	993793	56786079	57.13
26	0.000300	993647	298	993498	55792285	56.15
27	0.000307	993349	305	993197	54798787	55.17
28	0.000316	993044	314	992887	53805590	54.18
29	0.000327	992730	325	992568	52812703	53.20
30	0.000340	992406	337	992237	51820135	52.22
31	0.000356	992068	353	991892	50827897	51.23
32	0.000374	991715	371	991530	49836006	50.25
33	0.000397	991344	394	991148	48844476	49.27

附表2.2续表1

年龄	死亡率	生存人数	死亡人数	生存人年数		平均余额
(x)	q_x	l_x	d_x	L_x	T_x	e_x
34	0.000423	990951	419	990741	47853328	48.29
35	0.000454	990532	450	990307	46862587	47.31
36	0.000489	990082	484	989840	45872280	46.33
37	0.000539	989598	524	989336	44882440	45.35
38	0.000577	989073	571	988788	43893105	44.38
39	0.000631	988503	624	988191	42904317	43.40
40	0.000692	987879	684	987537	41916126	42.43
41	0.000762	987195	752	986819	40928589	41.46
42	0.000841	986443	830	986028	39941770	40.49
43	0.000929	985613	916	985156	38955742	39.52
44	0.001028	984698	1012	984192	37970586	38.56
45	0.001137	983686	1118	983126	36986394	37.60
46	0.001259	982567	1237	981949	36003268	36.64
47	0.001392	981330	1366	980647	35021320	35.69
48	0.001537	979964	1506	979211	34040673	34.74
49	0.001692	978458	1656	977630	33061462	33.79
50	0.001859	976802	1816	975894	32083832	32.85
51	0.002037	974986	1986	973993	31107938	31.91
52	0.002226	973000	2166	971917	30133944	30.97
53	0.002424	970834	2353	969658	29162027	30.04
54	0.002634	968481	2551	967206	28192369	29.11
55	0.002853	965930	2756	964552	27225163	28.19
56	0.003085	963174	2971	961689	26260611	27.26
57	0.003342	960203	3209	958598	25298923	26.35
58	0.003638	956994	3482	955253	24340324	25.43
59	0.003990	953512	3805	951610	23385071	24.53
60	0.004414	949708	4192	947612	22433461	23.62
61	0.004923	945516	4655	943188	21485849	22.72
62	0.005529	940861	5202	938260	20542661	21.83
63	0.006244	935659	5842	932738	19604400	20.95
64	0.007078	929817	6581	926526	18671663	20.08
65	0.008045	923236	7427	919522	17745136	19.22
66	0.009165	915808	8393	911611	16825614	18.37
67	0.010460	907415	9492	902669	15914003	17.54
68	0.011955	897923	10735	892556	15011334	16.72
69	0.013674	887189	12131	881123	14118778	15.91
70	0.015643	875057	13689	868213	13237655	15.13

附表2.2续表2

年龄 (x)	死亡率 q_x	生存人数 l_x	死亡人数 d_x	生存人年数 L_x	T_x	平均余额 e_x
71	0.017887	861369	15407	853665	12369443	14.36
72	0.020432	845961	17285	837319	11515778	13.61
73	0.023303	828677	19311	819021	10678459	12.89
74	0.026528	809366	21471	798631	9859437	12.18
75	0.030137	787895	23745	776023	9060807	11.50
76	0.034165	764150	26107	751097	8284784	10.84
77	0.038653	738043	28528	723779	7533687	10.21
78	0.043648	709516	30969	694031	6809908	9.60
79	0.049205	678547	33388	661853	6115877	9.01
80	0.055385	645159	35732	627293	5454024	8.45
81	0.062254	609427	37939	590457	4826732	7.92
82	0.069880	571487	39936	551520	4236275	7.41
83	0.078320	531552	41631	510736	3684755	6.93
84	0.087611	489921	42922	468459	3174019	6.48
85	0.097754	446998	43696	425150	2705559	6.05
86	0.108704	403302	43841	381382	2280409	5.65
87	0.120371	359462	43269	337827	1899027	5.28
88	0.132638	316193	41939	295223	1561200	4.94
89	0.145395	274254	39875	254316	1265976	4.62
90	0.158572	234379	37166	215796	1011660	4.32
91	0.172172	197213	33955	180236	795864	4.04
92	0.186294	163258	30414	148051	615629	3.77
93	0.201129	132844	26719	119485	467577	3.52
94	0.216940	106125	23023	94614	348093	3.28
95	0.234026	83103	19448	73378	253479	3.05
96	0.252673	63654	16084	55613	180100	2.83
97	0.273112	47571	12992	41075	124488	2.62
98	0.295478	34579	10217	29470	83413	2.41
99	0.319794	24361	7791	20466	53943	2.21
100	0.345975	16571	5733	13704	33477	2.02
101	0.373856	10838	4052	8812	19773	1.82
102	0.403221	6786	2736	5418	10961	1.62
103	0.433833	4050	1757	3171	5543	1.37
104	0.465447	2293	1067	1759	2372	1.03
105	1.000000	1226	1226	613	613	0.50

附表2.3 中国人身保险业经验生命表(2010—2013)转换函数表——非养老类业务一表(CL1)

利率:2.5%

年龄(x)	D_x	N_x	S_x	C_x	M_x	R_x
0	1000000.00	34390368.49	946209633.21	845.85	161210.52	11312084.76
1	974763.90	33390368.49	911819264.71	584.86	160364.67	11150874.23
2	950404.30	32415604.59	878428896.22	412.61	159779.81	10990509.56
3	926811.10	31465200.28	846013291.63	306.53	159367.20	10830729.75
4	903899.40	30538389.17	814548091.35	246.92	159060.67	10671362.55
5	881606.19	29634489.74	784009702.18	215.89	158813.75	10512301.88
6	859887.71	28752883.55	754375212.44	198.82	158597.87	10353488.13
7	838716.02	27892995.84	725622328.89	190.65	158399.04	10194890.26
8	818068.87	27054279.83	697729333.05	189.95	158208.39	10036491.21
9	797926.02	26236210.95	670675053.22	194.62	158018.44	9878282.82
10	778269.80	25438284.93	644438842.27	204.25	157823.82	9720264.39
11	759083.36	24660015.13	619000557.34	216.99	157619.57	9562440.56
12	740352.14	23900931.78	594340542.21	230.41	157402.59	9404820.99
13	722064.36	23160579.63	570439610.44	244.45	157172.18	9247418.40
14	704208.59	22438515.27	547279030.80	257.64	156927.73	9090246.23
15	686775.13	21734306.68	524840515.53	269.35	156670.09	8933318.50
16	669755.17	21047531.55	503106208.85	279.01	156400.74	8776648.40
17	653140.67	20377776.38	482058677.30	286.11	156121.73	8620247.66
18	636924.30	19724635.71	461680900.93	291.43	155835.63	8464125.93
19	621098.13	19087711.41	441956265.22	296.31	155544.19	8308290.30
20	605653.09	18466613.28	422868553.81	300.17	155247.88	8152746.11
21	590580.89	17860960.19	404401940.53	303.65	154947.72	7997498.23
22	575872.83	17270379.30	386540980.34	307.32	154644.07	7842550.51
23	561519.84	16694506.46	369270601.04	311.16	154336.75	7687906.44
24	547513.07	16132986.63	352576094.58	315.69	154025.59	7533569.69
25	533843.40	15585473.56	336443107.95	320.31	153709.90	7379544.10
26	520502.52	15051630.16	320857634.39	327.03	153389.59	7225834.20
27	507480.31	14531127.63	305806004.23	334.19	153062.57	7072444.60
28	494768.55	14023647.32	291274876.60	343.20	152728.37	6919382.04
29	482357.82	13528878.77	277251229.28	353.42	152385.17	6766653.67
30	470239.58	13046520.95	263722350.50	365.64	152031.76	6614268.50
31	458404.69	12576281.36	250675829.56	378.80	151666.12	6462236.74
32	446845.28	12117876.68	238099548.19	393.66	151287.32	6310570.62
33	435552.96	11671031.39	225981671.52	410.48	150893.66	6159283.31

附表2.3续表1

年龄(x)	D_x	N_x	S_x	C_x	M_x	R_x
34	424519.23	11235478.43	214310640.12	428.66	150483.18	6008389.65
35	413736.45	10810959.20	203075161.69	448.45	150054.51	5857906.47
36	403196.86	10397222.75	192264202.49	470.46	149606.06	5707851.96
37	392892.33	9994025.89	181866979.74	494.47	149135.60	5558245.90
38	382815.12	9601133.56	171872953.85	521.00	148641.13	5409110.29
39	372957.17	9218318.44	162271820.29	551.25	148120.13	5260469.16
40	363309.40	8845361.27	153053501.86	585.19	147568.88	5112349.03
41	353863.00	8482051.87	144208140.59	622.80	146983.69	4964780.15
42	344609.40	8128188.87	135726088.72	665.01	146360.89	4817796.46
43	335539.28	7783579.47	127597899.85	711.34	145695.88	4671435.57
44	326644.05	7448040.19	119814320.38	762.59	144984.53	4525739.69
45	317914.53	7121396.14	112366280.19	818.51	144221.94	4380755.16
46	309342.00	6803481.61	105244884.05	879.13	143403.43	4236533.22
47	300917.94	6494139.61	98441402.44	943.27	142524.29	4093129.79
48	292635.21	6193221.67	91947262.83	1010.09	141581.02	3950605.50
49	284487.68	5900586.46	85754041.17	1078.00	140570.93	3809024.48
50	276470.95	5616098.78	79853454.71	1146.07	139492.93	3668453.55
51	268581.68	5339627.83	74237355.92	1213.99	138346.86	3528960.61
52	260816.92	5071046.15	68897728.09	1280.42	137132.87	3390613.75
53	253175.11	4810229.23	63826681.95	1344.92	135852.45	3253480.89
54	245655.20	4557054.11	59016452.72	1406.59	134507.53	3117628.44
55	238257.02	4311398.92	54459398.61	1464.87	133100.95	2983120.90
56	230981.00	4073141.90	50147999.69	1520.42	131636.07	2850019.95
57	223826.90	3842160.90	46074857.80	1578.14	130115.66	2718383.88
58	216789.56	3618334.00	42232696.90	1643.37	128537.51	2588268.22
59	209858.64	3401544.44	38614362.90	1720.43	126894.14	2459730.71
60	203019.71	3191685.80	35212818.46	1814.50	125173.71	2332836.57
61	196253.50	2988666.09	32021132.66	1927.11	123359.21	2207662.86
62	189539.72	2792412.59	29032466.56	2057.94	121432.10	2084303.65
63	182858.86	2602872.87	26240053.97	2205.01	119374.16	1962871.55
64	176193.88	2420014.01	23637181.11	2367.19	117169.15	1843497.40
65	169529.28	2243820.13	21217167.10	2543.60	114801.96	1726328.25
66	162850.82	2074290.85	18973346.97	2734.62	112258.36	1611526.29
67	156144.23	1911440.03	16899056.12	2940.69	109523.74	1499267.93
68	149395.14	1755295.80	14987616.09	3161.49	106583.05	1389744.19
69	142589.86	1605900.67	13232320.29	3395.86	103421.55	1283161.15
70	135716.20	1463310.80	11626419.62	3640.50	100025.69	1179739.59

附表2.3续表2

年龄（x）	D_x	N_x	S_x	C_x	M_x	R_x
71	128765.54	1327594.61	10163108.82	3889.98	96385.18	1079713.90
72	121734.94	1198829.07	8835514.21	4136.85	92495.21	983328.72
73	114628.95	1077094.12	7636685.15	4373.23	88358.36	890833.51
74	107459.89	962465.18	6559591.02	4591.53	83985.12	802475.15
75	100247.39	855005.29	5597125.85	4784.59	79393.60	718490.03
76	93017.74	754757.90	4742120.55	4946.37	74609.01	639096.43
77	85802.65	661740.16	3987362.65	5071.65	69662.65	564487.42
78	78638.25	575937.51	3325622.49	5155.75	64591.00	494824.77
79	71564.49	497299.26	2749684.97	5194.53	59435.24	430233.77
80	64624.48	425734.76	2252385.72	5183.83	54240.71	370798.53
81	57864.45	361110.28	1826650.95	5120.30	49056.88	316557.82
82	51332.82	303245.83	1465540.67	5001.47	43936.58	267500.94
83	45079.33	251913.01	1162294.84	4826.96	38935.11	223564.36
84	39152.87	206833.68	910381.82	4598.57	34108.15	184629.25
85	33599.35	167680.81	703548.14	4320.94	29509.58	150521.10
86	28458.91	134081.45	535867.34	4001.05	25188.64	121011.52
87	23763.75	105622.54	401785.88	3647.65	21187.59	95822.88
88	19536.49	81858.79	296163.34	3270.87	17539.93	74635.29
89	15789.13	62322.30	214304.55	2881.26	14269.07	57095.36
90	12522.76	46533.17	151982.25	2489.46	11387.81	42826.29
91	9727.87	34010.41	105449.08	2105.71	8898.34	31438.48
92	7384.89	24282.55	71438.66	1739.60	6792.64	22540.14
93	5465.17	16897.65	47156.12	1399.83	5053.04	15747.50
94	3932.05	11432.48	30258.46	1093.80	3653.21	10694.47
95	2742.35	7500.43	18825.99	827.15	2559.41	7041.26
96	1848.32	4758.08	11325.56	603.23	1732.27	4481.84
97	1200.00	2909.76	6567.48	422.75	1129.03	2749.58
98	747.98	1709.76	3657.72	283.67	706.28	1620.55
99	446.07	961.78	1947.96	181.59	422.61	914.27
100	253.60	515.71	986.18	110.48	241.02	491.66
101	136.93	262.11	470.47	63.65	130.54	250.63
102	69.94	125.17	208.37	34.59	66.89	120.09
103	33.65	55.23	83.19	17.65	32.31	53.20
104	15.18	21.57	27.97	8.42	14.66	20.89
105	6.39	6.39	6.39	6.24	6.24	6.24

附表 2.4 中国人身保险业经验生命表(2010—2013)转换函数表——非养老类业务一表(CL2)

利率:2.5%

年龄(x)	D_x	N_x	S_x	C_x	M_x	R_x
0	1000000.00	35285500.24	1008277522.39	604.88	139378.04	10693365.55
1	975004.88	34285500.24	972992022.15	433.76	138773.16	10553987.51
2	950790.51	33310495.36	938706521.90	312.60	138339.41	10415214.34
3	927287.90	32359704.85	905396026.54	231.60	138026.81	10276874.94
4	904439.53	31432416.95	873036321.69	179.12	137795.21	10138848.13
5	882200.90	30527977.43	841603904.74	146.32	137616.09	10001052.92
6	860537.49	29645776.52	811075927.31	125.09	137469.77	9863436.83
7	839423.68	28785239.03	781430150.79	112.20	137344.68	9725967.06
8	818837.73	27945815.36	752644911.75	106.25	137232.48	9588622.39
9	798759.83	27126977.62	724699096.40	105.98	137126.23	9451389.91
10	779171.90	26328217.79	697572118.77	110.22	137020.25	9314263.67
11	760057.49	25549045.89	671243900.98	116.42	136910.03	9177243.42
12	741403.08	24788988.40	645694855.10	124.41	136793.61	9040333.40
13	723195.67	24047585.32	620905866.70	133.35	136669.20	8903539.79
14	705423.40	23324389.65	596858281.38	141.77	136535.85	8766870.59
15	688076.18	22618966.25	573533891.72	148.36	136394.07	8630334.75
16	671145.48	21930890.08	550914925.47	153.22	136245.72	8493940.68
17	654622.86	21259744.60	528984035.39	156.47	136092.50	8357694.96
18	638499.97	20605121.75	507724290.79	158.85	135936.03	8221602.46
19	622767.96	19966621.77	487119169.04	159.19	135777.18	8085666.43
20	607419.31	19343853.82	467152547.27	159.41	135618.00	7949889.25
21	592444.79	18736434.51	447808693.45	158.37	135458.59	7814271.25
22	577836.55	18143989.71	429072258.95	157.28	135300.22	7678812.66
23	563585.69	17566153.16	410928269.24	156.15	135142.93	7543512.45
24	549683.54	17002567.47	393362116.07	154.98	134986.78	7408369.52
25	536121.64	16452883.93	376359548.60	153.78	134831.79	7273382.74
26	522891.73	15916762.28	359906664.68	153.04	134678.02	7138550.95
27	509985.23	15393870.55	343989902.39	152.75	134524.98	7003872.93
28	497393.82	14883885.32	328596031.84	153.34	134372.23	6869347.95
29	485108.92	14386491.49	313712146.53	154.76	134218.89	6734975.73
30	473122.24	13901382.57	299325655.03	156.94	134064.12	6600756.84
31	461425.73	13428260.33	285424272.46	160.26	133907.19	6466692.71
32	450011.18	12966834.60	271996012.13	164.20	133746.93	6332785.53
33	438871.10	12516823.42	259029177.52	169.98	133582.73	6199038.60

附表2.4续表1

年龄(x)	D_x	N_x	S_x	C_x	M_x	R_x
34	427996.95	12077952.32	246512354.10	176.63	133412.74	6065455.88
35	417381.37	11649955.37	234434401.79	184.87	133236.12	5932043.13
36	407016.47	11232574.00	222784446.42	194.18	133051.25	5798807.01
37	396895.06	10825557.53	211551872.42	205.22	132857.07	5665755.77
38	387009.47	10428662.47	200726314.89	217.86	132651.85	5532898.69
39	377352.36	10041653.00	190297652.41	232.30	132433.99	5400246.85
40	367916.34	9664300.65	180255999.41	248.39	132201.69	5267812.86
41	358694.38	9296384.31	170591698.76	266.66	131953.30	5135611.17
42	349679.08	8937689.93	161295314.45	286.91	131686.64	5003657.87
43	340863.41	8588010.85	152357624.52	308.94	131399.73	4871971.23
44	332240.73	8247147.44	143769613.67	333.21	131090.79	4740571.50
45	323804.09	7914906.71	135522466.23	359.19	130757.58	4609480.70
46	315547.24	7591102.62	127607559.52	387.58	130398.40	4478723.12
47	307463.38	7275555.38	120016456.89	417.55	130010.81	4348324.73
48	299546.72	6968092.00	112740901.51	449.17	129593.26	4218313.92
49	291791.53	6668545.28	105772809.51	481.67	129144.09	4088720.65
50	284193.00	6376753.74	99104264.23	515.43	128662.42	3959576.57
51	276746.03	6092560.75	92727510.49	549.98	128146.99	3830914.15
52	269446.15	5815814.72	86634949.74	585.16	127597.01	3702767.16
53	262289.13	5546368.57	80819135.03	620.28	127011.85	3575170.15
54	255271.55	5284079.44	75272766.46	655.99	126391.57	3448158.31
55	248389.43	5028807.89	69988687.02	691.37	125735.58	3321766.74
56	241639.78	4780418.46	64959879.13	727.28	125044.21	3196031.16
57	235018.85	4538778.67	60179460.68	766.28	124316.93	3070986.95
58	228520.41	4303759.82	55640682.00	811.08	123550.66	2946670.02
59	222135.66	4075239.41	51336922.18	864.70	122739.58	2823119.36
60	215853.01	3853103.75	47261682.77	929.54	121874.87	2700379.78
61	209658.77	3637250.74	43408579.02	1006.98	120945.34	2578504.91
62	203538.16	3427591.97	39771328.28	1097.91	119938.36	2457559.57
63	197475.90	3224053.80	36343736.31	1202.97	118840.45	2337621.21
64	191456.45	3026577.90	33119682.51	1322.08	117637.48	2218780.77
65	185464.71	2835121.45	30093104.61	1455.67	116315.40	2101143.29
66	179485.51	2649656.74	27257983.16	1604.86	114859.73	1984827.88
67	173502.95	2470171.23	24608326.42	1770.58	113254.87	1869968.15
68	167500.59	2296668.29	22138155.19	1953.63	111484.29	1756713.28
69	161461.58	2129167.69	19841486.90	2153.98	109530.66	1645228.99
70	155369.52	1967706.11	17712319.21	2371.17	107376.69	1535698.32

附表2.4续表2

年龄（x）	D_x	N_x	S_x	C_x	M_x	R_x
71	149208.85	1812336.59	15744613.10	2603.80	105005.52	1428321.64
72	142965.81	1663127.74	13932276.51	2849.83	102401.72	1323316.12
73	136629.01	1520161.93	12269148.77	3106.21	99551.89	1220914.40
74	130190.38	1383532.92	10748986.84	3369.45	96445.68	1121362.51
75	123645.55	1253342.54	9365453.92	3635.42	93076.22	1024916.84
76	116994.39	1129696.99	8112111.37	3899.62	89440.80	931840.62
77	110241.24	1012702.61	6982414.38	4157.22	85541.18	842399.82
78	103395.21	902461.36	5969711.78	4402.92	81383.95	756858.64
79	96470.45	799066.16	5067250.41	4631.05	76981.03	675474.68
80	89486.46	702595.71	4268184.25	4835.32	72349.98	598493.65
81	82468.54	613109.24	3565588.55	5008.78	67514.66	526143.67
82	75448.34	530640.70	2952479.31	5143.74	62505.88	458629.01
83	68464.40	455192.37	2421838.60	5231.35	57362.14	396123.13
84	61563.18	386727.97	1966646.23	5262.06	52130.80	338760.99
85	54799.58	325164.79	1579918.26	5226.22	46868.73	286630.20
86	48236.78	270365.20	1254753.47	5115.64	41642.51	239761.46
87	41944.64	222128.42	984388.27	4925.77	36526.87	198118.95
88	35995.82	180183.78	762259.85	4657.96	31601.10	161592.08
89	30459.91	144187.96	582076.07	4320.70	26943.13	129990.98
90	25396.29	113728.05	437888.11	3928.92	22622.43	103047.85
91	20847.95	88331.76	324160.06	3501.89	18693.51	80425.42
92	16837.58	67483.81	235828.30	3060.23	15191.63	61731.90
93	13366.67	50646.24	168344.49	2622.85	12131.40	46540.27
94	10417.80	37279.57	117698.25	2204.91	9508.54	34408.88
95	7958.79	26861.77	80418.68	1817.14	7303.63	24900.34
96	5947.54	18902.98	53556.91	1466.13	5486.49	17596.71
97	4336.35	12955.44	34653.94	1155.42	4020.36	12110.22
98	3075.16	8619.09	21698.50	886.48	2864.94	8089.86
99	2113.68	5543.93	13079.41	659.45	1978.46	5224.92
100	1402.67	3430.25	7535.48	473.45	1319.00	3246.46
101	895.01	2027.58	4105.23	326.44	845.55	1927.46
102	546.73	1132.58	2077.64	215.08	519.11	1081.90
103	318.32	585.85	945.07	134.73	304.03	562.79
104	175.83	267.52	359.22	79.84	169.30	258.76
105	91.70	91.70	91.70	89.46	89.46	89.46

附表 3.1 中国人身保险业经验生命表(2010—2013)——非养老类业务二表(CL3)

年龄	死亡率	生存人数	死亡人数	生存人年数		平均余额
(x)	q_x	l_x	d_x	L_x	T_x	e_x
0	0.000620	1000000.00	620.00	999690.00	80351120.93	80.35
1	0.000465	999380.00	464.71	999147.64	79351430.93	79.40
2	0.000353	998915.29	352.62	998738.98	78352283.29	78.44
3	0.000278	998562.67	277.60	998423.87	77353544.31	77.46
4	0.000229	998285.07	228.61	998170.77	76355120.44	76.49
5	0.000200	998056.46	199.61	997956.66	75356949.67	75.50
6	0.000182	997856.85	181.61	997766.05	74358993.01	74.52
7	0.000172	997675.24	171.60	997589.44	73361226.97	73.53
8	0.000171	997503.64	170.57	997418.36	72363637.53	72.54
9	0.000177	997333.07	176.53	997244.81	71366219.17	71.56
10	0.000187	997156.54	186.47	997063.31	70368974.36	70.57
11	0.000202	996970.07	201.39	996869.38	69371911.06	69.58
12	0.000220	996768.68	219.29	996659.04	68375041.68	68.60
13	0.000240	996549.40	239.17	996429.81	67378382.64	67.61
14	0.000261	996310.22	260.04	996180.21	66381952.83	66.63
15	0.000280	996050.19	278.89	995910.74	65385772.62	65.65
16	0.000298	995771.29	296.74	995622.92	64389861.88	64.66
17	0.000315	995474.55	313.57	995317.77	63394238.96	63.68
18	0.000331	995160.98	329.40	994996.28	62398921.20	62.70
19	0.000346	994831.58	344.21	994659.47	61403924.92	61.72
20	0.000361	994487.37	359.01	994307.86	60409265.44	60.74
21	0.000376	994128.36	373.79	993941.46	59414957.58	59.77
22	0.000392	993754.57	389.55	993559.79	58421016.12	58.79
23	0.000409	993365.01	406.29	993161.87	57427456.33	57.81
24	0.000428	992958.73	424.99	992746.24	56434294.45	56.83
25	0.000448	992533.74	444.66	992311.41	55441548.22	55.86
26	0.000471	992089.09	467.27	991855.45	54449236.80	54.88
27	0.000497	991621.81	492.84	991375.39	53457381.35	53.91
28	0.000526	991128.98	521.33	990868.31	52466005.96	52.94
29	0.000558	990607.64	552.76	990331.26	51475137.65	51.96
30	0.000595	990054.88	589.08	989760.34	50484806.39	50.99
31	0.000635	989465.80	628.31	989151.65	49495046.04	50.02
32	0.000681	988837.49	673.40	988500.79	48505894.40	49.05
33	0.000732	988164.09	723.34	987802.42	47517393.61	48.09

附表3.1续表1

年龄	死亡率	生存人数	死亡人数	生存人年数		平均余额
(x)	q_x	l_x	d_x	L_x	T_x	e_x
34	0.000788	987440.76	778.10	987051.70	46529591.18	47.12
35	0.000850	986662.65	838.66	986243.32	45542539.48	46.16
36	0.000919	985823.99	905.97	985371.00	44556296.16	45.20
37	0.000995	984918.02	979.99	984428.02	43570925.15	44.24
38	0.001078	983938.02	1060.69	983407.68	42586497.13	43.28
39	0.001170	982877.34	1149.97	982302.36	41603089.45	42.33
40	0.001270	981727.37	1246.79	981103.98	40620787.10	41.38
41	0.001380	980480.58	1353.06	979804.05	39639683.12	40.43
42	0.001500	979127.52	1468.69	978393.17	38659879.08	39.48
43	0.001631	977658.82	1594.56	976861.54	37681485.91	38.54
44	0.001774	976064.26	1731.54	975198.49	36704624.36	37.60
45	0.001929	974332.72	1879.49	973392.98	35729425.87	36.67
46	0.002096	972453.24	2038.26	971434.11	34756032.89	35.74
47	0.002277	970414.97	2209.63	969310.16	33784598.78	34.81
48	0.002472	968205.34	2393.40	967008.64	32815288.63	33.89
49	0.002682	965811.94	2590.31	964516.78	31848279.99	32.98
50	0.002908	963221.63	2801.05	961821.10	30883763.21	32.06
51	0.003150	960420.58	3025.32	958907.92	29921942.10	31.16
52	0.003400	957395.26	3263.76	955763.37	28963034.19	30.25
53	0.003686	954131.49	3516.93	952373.03	28007270.81	29.35
54	0.003982	950614.57	3785.35	948721.89	27054897.78	28.46
55	0.004297	946829.22	4068.53	944794.96	26106175.89	27.57
56	0.004636	942760.69	4370.64	940575.37	25161380.93	26.69
57	0.004999	938390.05	4691.01	936044.55	24220805.56	25.81
58	0.005389	933699.04	5031.70	931183.19	23284761.01	24.94
59	0.005807	928667.34	5392.77	925970.95	22353577.82	24.07
60	0.006258	923274.57	5777.85	920385.64	21427606.86	23.21
61	0.006742	917496.72	6185.76	914403.83	20507221.22	22.35
62	0.007261	911310.95	6617.03	908002.44	19592817.39	21.50
63	0.007815	904693.92	7070.18	901158.83	18684814.95	20.65
64	0.008405	897623.74	7544.53	893851.48	17783656.12	19.81
65	0.009039	890079.21	8045.43	886056.50	16889804.64	18.98
66	0.009738	882033.79	8589.25	877739.16	16003748.14	18.14
67	0.010538	873444.54	9204.36	868842.36	15126008.98	17.32
68	0.011496	864240.18	9935.31	859272.53	14257166.61	16.50
69	0.012686	854304.88	10837.71	848886.02	13397894.08	15.68
70	0.014192	843467.17	11970.49	837481.92	12549008.06	14.88

附表3.1续表2

年龄	死亡率	生存人数	死亡人数	生存人年数		平均余额
(x)	q_x	l_x	d_x	L_x	T_x	e_x
71	0.016106	831496.68	13392.09	824800.64	11711526.14	14.08
72	0.018517	818104.60	15148.84	810530.17	10886725.50	13.31
73	0.021510	802955.75	17271.58	794319.96	10076195.32	12.55
74	0.025151	785684.17	19760.74	775803.80	9281875.36	11.81
75	0.029490	765923.43	22587.08	754629.89	8506071.56	11.11
76	0.034545	743336.35	25678.55	730497.07	7751441.67	10.43
77	0.040310	717657.80	28928.79	703193.40	7020944.60	9.78
78	0.046747	688729.01	32196.02	672631.00	6317751.19	9.17
79	0.053801	656532.99	35322.13	638871.93	5645120.19	8.60
80	0.061403	621210.86	38144.21	602138.76	5006248.26	8.06
81	0.069485	583066.65	40514.39	562809.46	4404109.50	7.55
82	0.077987	542552.27	42312.02	521396.25	3841300.05	7.08
83	0.086872	500240.24	43456.87	478511.81	3319903.79	6.64
84	0.096130	456783.37	43910.59	434828.08	2841391.98	6.22
85	0.105786	412872.79	43676.16	391034.71	2406563.90	5.83
86	0.115900	369196.63	42789.89	347801.68	2015529.20	5.46
87	0.126569	326406.74	41312.97	305750.25	1667727.52	5.11
88	0.137917	285093.76	39319.28	265434.12	1361977.27	4.78
89	0.150089	245774.49	36888.05	227330.46	1096543.14	4.46
90	0.163239	208886.44	34098.41	191837.23	869212.68	4.16
91	0.177519	174788.03	31028.20	159273.93	677375.45	3.88
92	0.193067	143759.83	27755.28	129882.19	518101.52	3.60
93	0.209999	116004.55	24360.84	103824.13	388219.33	3.35
94	0.228394	91643.71	20930.87	81178.27	284395.20	3.10
95	0.248299	70712.84	17557.93	61933.87	203216.92	2.87
96	0.269718	53154.91	14336.84	45986.49	141283.05	2.66
97	0.292621	38818.07	11358.98	33138.58	95296.56	2.45
98	0.316951	27459.09	8703.19	23107.50	62157.97	2.26
99	0.342628	18755.90	6426.30	15542.76	39050.48	2.08
100	0.369561	12329.61	4556.54	10051.34	23507.72	1.91
101	0.397652	7773.06	3090.97	6227.58	13456.38	1.73
102	0.426801	4682.09	1998.32	3682.93	7228.81	1.54
103	0.456906	2683.77	1226.23	2070.65	3545.88	1.32
104	0.487867	1457.54	711.09	1102.00	1475.22	1.01
105	1.000000	746.45	746.45	373.23	373.23	0.50

附表 3.2 中国人身保险业经验生命表(2010—2013)——非养老类业务二表(CL4)

年龄	死亡率	生存人数	死亡人数	生存人年数		平均余额
(x)	q_x	l_x	d_x	L_x	T_x	e_x
0	0.000455	1000000.00	455.00	999772.50	85437397.44	85.44
1	0.000324	999545.00	323.85	999383.07	84437624.94	84.48
2	0.000236	999221.15	235.82	999103.24	83438241.86	83.50
3	0.000180	998985.33	179.82	998895.42	82439138.62	82.52
4	0.000149	998805.51	148.82	998731.10	81440243.20	81.54
5	0.000131	998656.69	130.82	998591.28	80441512.10	80.55
6	0.000119	998525.87	118.82	998466.46	79442920.82	79.56
7	0.000110	998407.04	109.82	998352.13	78444454.36	78.57
8	0.000105	998297.22	104.82	998244.81	77446102.23	77.58
9	0.000103	998192.40	102.81	998140.99	76447857.42	76.59
10	0.000103	998089.58	102.80	998038.18	75449716.43	75.59
11	0.000105	997986.78	104.79	997934.39	74451678.25	74.60
12	0.000109	997881.99	108.77	997827.61	73453743.87	73.61
13	0.000115	997773.22	114.74	997715.85	72455916.26	72.62
14	0.000121	997658.48	120.72	997598.12	71458200.41	71.63
15	0.000128	997537.76	127.68	997473.92	70460602.29	70.63
16	0.000135	997410.08	134.65	997342.75	69463128.37	69.64
17	0.000141	997275.43	140.62	997205.12	68465785.62	68.65
18	0.000149	997134.81	148.57	997060.52	67468580.50	67.66
19	0.000156	996986.24	155.53	996908.47	66471519.97	66.67
20	0.000163	996830.71	162.48	996749.47	65474611.50	65.68
21	0.000170	996668.22	169.43	996583.51	64477862.03	64.69
22	0.000178	996498.79	177.38	996410.10	63481278.53	63.70
23	0.000185	996321.41	184.32	996229.25	62484868.42	62.72
24	0.000192	996137.09	191.26	996041.47	61488639.17	61.73
25	0.000200	995945.84	199.19	995846.24	60492597.70	60.74
26	0.000208	995746.65	207.12	995643.09	59496751.46	59.75
27	0.000216	995539.53	215.04	995432.01	58501108.37	58.76
28	0.000225	995324.50	223.95	995212.52	57505676.36	57.78
29	0.000235	995100.55	233.85	994983.62	56510463.84	56.79
30	0.000247	994866.70	245.73	994743.83	55515480.21	55.80
31	0.000261	994620.97	259.60	994491.17	54520736.38	54.82
32	0.000277	994361.37	275.44	994223.65	53526245.21	53.83
33	0.000297	994085.93	295.24	993938.31	52532021.56	52.84

附表3.2续表1

年龄	死亡率	生存人数	死亡人数	生存人年数		平均余额
(x)	q_x	l_x	d_x	L_x	T_x	e_x
34	0.000319	993790.69	317.02	993632.18	51538083.25	51.86
35	0.000346	993473.67	343.74	993301.80	50544451.07	50.88
36	0.000376	993129.93	373.42	992943.22	49551149.27	49.89
37	0.000411	992756.51	408.02	992552.50	48558206.05	48.91
38	0.000450	992348.49	446.56	992125.21	47565653.55	47.93
39	0.000494	991901.93	490.00	991656.93	46573528.34	46.95
40	0.000542	991411.93	537.35	991143.26	45581871.41	45.98
41	0.000595	990874.59	589.57	990579.80	44590728.15	45.00
42	0.000653	990285.02	646.66	989961.69	43600148.35	44.03
43	0.000715	989638.36	707.59	989284.56	42610186.67	43.06
44	0.000783	988930.77	774.33	988543.60	41620902.10	42.09
45	0.000857	988156.44	846.85	987733.01	40632358.50	41.12
46	0.000935	987309.59	923.13	986848.02	39644625.49	40.15
47	0.001020	986386.45	1006.11	985883.39	38657777.47	39.19
48	0.001112	985380.34	1095.74	984832.47	37671894.08	38.23
49	0.001212	984284.59	1192.95	983688.12	36687061.61	37.27
50	0.001321	983091.64	1298.66	982442.31	35703373.49	36.32
51	0.001439	981792.98	1412.80	981086.58	34720931.18	35.36
52	0.001568	980380.18	1537.24	979611.56	33739844.61	34.42
53	0.001709	978842.94	1672.84	978006.52	32760233.05	33.47
54	0.001861	977170.10	1818.51	976260.84	31782226.53	32.52
55	0.002027	975351.58	1977.04	974363.07	30805965.69	31.58
56	0.002208	973374.55	2149.21	972299.94	29831602.62	30.65
57	0.002403	971225.34	2333.85	970058.41	28859302.68	29.71
58	0.002613	968891.48	2531.71	967625.62	27889244.27	28.78
59	0.002840	966359.77	2744.46	964987.54	26921618.65	27.86
60	0.003088	963615.31	2975.64	962127.48	25956631.11	26.94
61	0.003366	960639.66	3233.51	959022.91	24994503.62	26.02
62	0.003684	957406.15	3527.08	955642.61	24035480.72	25.10
63	0.004055	953879.06	3867.98	951945.08	23079838.11	24.20
64	0.004495	950011.09	4270.30	947875.94	22127893.04	23.29
65	0.005016	945740.79	4743.84	943368.87	21180017.10	22.40
66	0.005626	940996.95	5294.05	938349.93	20236648.23	21.51
67	0.006326	935702.90	5919.26	932743.27	19298298.31	20.62
68	0.007115	929783.64	6615.41	926475.94	18365555.04	19.75
69	0.008000	923168.23	7385.35	919475.56	17439079.10	18.89
70	0.009007	915782.89	8248.46	911658.66	16519603.54	18.04

附表3.2续表2

年龄 (x)	死亡率 q_x	生存人数 l_x	死亡人数 d_x	生存人年数 L_x	T_x	平均余额 e_x
71	0.010185	907534.43	9243.24	902912.81	15607944.88	17.20
72	0.011606	898291.19	10425.57	893078.41	14705032.06	16.37
73	0.013353	887865.63	11855.67	881937.79	13811953.65	15.56
74	0.015508	876009.96	13585.16	869217.37	12930015.86	14.76
75	0.018134	862424.79	15639.21	854605.19	12060798.49	13.98
76	0.021268	846785.58	18009.44	837780.86	11206193.30	13.23
77	0.024916	828776.15	20649.79	818451.25	10368412.44	12.51
78	0.029062	808126.36	23485.77	796383.48	9549961.18	11.82
79	0.033674	784640.59	26421.99	771429.60	8753577.71	11.16
80	0.038718	758218.60	29356.71	743540.25	7982148.11	10.53
81	0.044160	728861.90	32186.54	712768.63	7238607.86	9.93
82	0.049977	696675.36	34817.74	679266.48	6525839.23	9.37
83	0.056157	661857.61	37167.94	643273.64	5846572.75	8.83
84	0.062695	624689.67	39164.92	605107.21	5203299.11	8.33
85	0.069596	585524.75	40750.18	565149.66	4598191.89	7.85
86	0.076863	544774.57	41873.01	523838.07	4033042.23	7.40
87	0.084501	502901.57	42495.69	481653.72	3509204.16	6.98
88	0.092504	460405.88	42589.39	439111.19	3027550.44	6.58
89	0.100864	417816.49	42142.64	396745.17	2588439.25	6.20
90	0.109567	375673.85	41161.46	355093.12	2191694.08	5.83
91	0.118605	334512.39	39674.84	314674.97	1836600.96	5.49
92	0.127985	294837.55	37734.78	275970.16	1521925.98	5.16
93	0.137743	257102.77	35414.11	239395.71	1245955.82	4.85
94	0.147962	221688.66	32801.50	205287.91	1006560.11	4.54
95	0.158777	188887.16	29990.94	173891.70	801272.19	4.24
96	0.170380	158896.23	27072.74	145359.86	627380.50	3.95
97	0.183020	131823.49	24126.33	119760.32	482020.64	3.66
98	0.196986	107697.15	21214.83	97089.74	362260.32	3.36
99	0.212604	86482.32	18386.49	77289.08	265170.58	3.07
100	0.230215	68095.83	15676.68	60257.49	187881.51	2.76
101	0.250172	52419.15	13113.80	45862.25	127624.01	2.43
102	0.272831	39305.35	10723.72	33943.49	81761.76	2.08
103	0.298551	28581.63	8533.07	24315.09	47818.28	1.67
104	0.327687	20048.56	6569.65	16763.73	23503.18	1.17
105	1.000000	13478.90	13478.90	6739.45	6739.45	0.50

附表3.3 中国人身保险业经验生命表(2010—2013)转换函数表——非养老类业务二表(CL3)

利率:2.5%

年龄(x)	D_x	N_x	S_x	C_x	M_x	R_x
0	1000000.00	35023412.19	991558414.65	604.88	145770.43	10839060.61
1	975004.88	34023412.19	956535002.47	442.32	145165.56	10693290.17
2	950781.95	33048407.31	922511590.28	327.44	144723.24	10548124.62
3	927264.71	32097625.36	889463182.98	251.49	144395.80	10403401.38
4	904397.00	31170360.65	857365557.62	202.06	144144.30	10259005.58
5	882136.48	30265963.64	826195196.97	172.12	143942.25	10114861.28
6	860448.84	29383827.16	795929233.33	152.78	143770.13	9970919.03
7	839309.50	28523378.32	766545406.17	140.84	143617.34	9827148.90
8	818697.69	27684068.83	738022027.85	136.58	143476.50	9683531.56
9	798592.87	26865371.13	710337959.02	137.90	143339.92	9540055.06
10	778977.10	26066778.26	683472587.89	142.12	143202.02	9396715.14
11	759835.54	25287801.16	657405809.64	149.74	143059.90	9253513.12
12	741153.22	24527965.62	632118008.47	159.08	142910.16	9110453.22
13	722917.24	23786812.40	607590042.85	169.27	142751.08	8967543.06
14	705115.84	23063895.16	583803230.45	179.55	142581.81	8824791.98
15	687738.35	22358779.32	560739335.29	187.87	142402.27	8682210.17
16	670776.37	21671040.98	538380555.97	195.02	142214.40	8539807.90
17	654220.96	21000264.60	516709514.99	201.05	142019.38	8397593.51
18	638063.29	20346043.65	495709250.39	206.05	141818.33	8255574.13
19	622294.73	19707980.36	475363206.74	210.06	141612.28	8113755.80
20	606906.74	19085685.63	455655226.38	213.75	141402.22	7972143.52
21	591890.39	18478778.88	436569540.75	217.12	141188.47	7830741.31
22	577236.92	17886888.49	418090761.87	220.76	140971.34	7689552.84
23	562937.21	17309651.58	400203873.37	224.63	140750.59	7548581.49
24	548982.41	16746714.37	382894221.80	229.23	140525.96	7407830.91
25	535363.36	16197731.96	366147507.43	233.99	140296.73	7267304.95
26	522071.72	15662368.60	349949775.47	239.90	140062.73	7127008.22
27	509098.37	15140296.87	334287406.88	246.85	139822.84	6986945.49
28	496434.49	14631198.50	319147110.00	254.76	139575.99	6847122.60
29	484071.57	14134764.02	304515911.50	263.52	139321.23	6707546.60
30	472001.42	13650692.45	290381147.48	273.99	139057.71	6568225.40
31	460215.20	13178691.02	276730455.03	285.11	138783.71	6429167.73
32	448705.33	12718475.82	263551764.01	298.12	138498.61	6290384.02
33	437463.18	12269770.49	250833288.19	312.41	138200.49	6151885.41

附表3.3续表1

年龄 (x)	D_x	N_x	S_x	C_x	M_x	R_x
34	426480.94	11832307.30	238563517.70	327.87	137888.08	6013684.92
35	415751.09	11405826.37	226731210.39	344.77	137560.21	5875796.84
36	405266.05	10990075.27	215325384.03	363.36	137215.44	5738236.64
37	395018.16	10584809.22	204335308.76	383.46	136852.08	5601021.20
38	385000.11	10189791.06	193750499.54	404.91	136468.63	5464169.12
39	375204.96	9804790.94	183560708.48	428.28	136063.72	5327700.49
40	365625.34	9429585.98	173755917.54	453.02	135635.44	5191636.77
41	356254.63	9063960.64	164326331.56	479.64	135182.42	5056001.34
42	347085.85	8707706.02	155262370.92	507.93	134702.78	4920818.92
43	338112.41	8360620.17	146554664.91	538.01	134194.85	4786116.14
44	329327.76	8022507.75	138194044.74	569.98	133656.83	4651921.30
45	320725.39	7693180.00	130171536.99	603.59	133086.86	4518264.46
46	312299.23	7372454.61	122478356.99	638.61	132483.27	4385177.61
47	304043.56	7060155.37	115105902.38	675.42	131844.65	4252694.34
48	295952.45	6756111.81	108045747.01	713.75	131169.23	4120849.68
49	288020.34	6460159.36	101289635.20	753.63	130455.48	3989680.45
50	280241.83	6172139.02	94829475.84	795.07	129701.85	3859224.97
51	272611.59	5891897.19	88657336.83	837.78	128906.78	3729523.12
52	265124.75	5619285.60	82765439.64	881.77	128069.00	3600616.34
53	257776.53	5354160.85	77146154.04	926.99	127187.24	3472547.33
54	250562.30	5096384.32	71791993.20	973.40	126260.25	3345360.10
55	243477.62	4845822.02	66695608.88	1020.71	125286.84	3219099.85
56	236518.44	4602344.39	61849786.86	1069.76	124266.14	3093813.01
57	229679.94	4365825.95	57247442.47	1120.17	123196.38	2969546.87
58	222957.83	4136146.01	52881616.51	1172.21	122076.22	2846350.49
59	216347.62	3913188.19	48745470.50	1225.69	120904.00	2724274.27
60	209845.16	3696840.57	44832282.32	1281.18	119678.31	2603370.27
61	203445.80	3486995.41	41135441.75	1338.18	118397.13	2483691.96
62	197145.53	3283549.61	37648446.33	1396.56	117058.95	2365294.82
63	190940.54	3086404.08	34364896.72	1455.81	115662.39	2248235.87
64	184827.65	2895463.54	31278492.64	1515.59	114206.59	2132573.47
65	178804.07	2710635.89	28383029.10	1576.79	112691.00	2018366.89
66	172866.21	2531831.81	25672393.21	1642.31	111114.21	1905675.88
67	167007.65	2358965.61	23140561.40	1717.00	109471.90	1794561.67
68	161217.29	2191957.96	20781595.79	1808.15	107754.90	1685089.77
69	155477.01	2030740.67	18589637.83	1924.27	105946.75	1577334.87
70	149760.61	1875263.67	16558897.16	2073.56	104022.47	1471388.12

附表3.3续表2

年龄（x）	D_x	N_x	S_x	C_x	M_x	R_x
71	144034.35	1725503.05	14683633.49	2263.24	101948.91	1367365.65
72	138258.08	1581468.70	12958130.44	2497.68	99685.67	1265416.74
73	132388.25	1443210.62	11376661.73	2778.22	97187.99	1165731.07
74	126381.05	1310822.37	9933451.11	3101.08	94409.77	1068543.08
75	120197.50	1184441.32	8622628.74	3458.17	91308.69	974133.30
76	113807.69	1064243.82	7438187.41	3835.60	87850.52	882824.61
77	107196.29	950436.13	6373943.60	4215.69	84014.93	794974.09
78	100366.06	843239.83	5423507.47	4577.38	79799.23	710959.16
79	93340.73	742873.77	4580267.63	4899.34	75221.86	631159.93
80	86164.79	649533.05	3837393.86	5161.73	70322.52	555938.07
81	78901.47	563368.26	3187860.81	5348.75	65160.78	485615.56
82	71628.30	484466.79	2624492.55	5449.83	59812.03	420454.77
83	64431.43	412838.49	2140025.77	5460.77	54362.20	360642.74
84	57399.17	348407.06	1727187.27	5383.20	48901.43	306280.54
85	50615.99	291007.89	1378780.22	5223.87	43518.23	257379.10
86	44157.58	240391.90	1087772.33	4993.04	38294.37	213860.87
87	38087.53	196234.32	847380.42	4703.12	33301.33	175566.51
88	32455.44	158146.79	651146.10	4366.98	28598.21	142265.18
89	27296.87	125691.34	492999.31	3997.03	24231.22	113666.97
90	22634.05	98394.48	367307.97	3604.64	20234.19	89435.75
91	18477.36	75760.42	268913.49	3200.08	16629.55	69201.56
92	14826.61	57283.06	193153.06	2792.71	13429.46	52572.01
93	11672.28	42456.45	135870.00	2391.38	10636.75	39142.55
94	8996.20	30784.18	93413.54	2004.57	8245.37	28505.80
95	6772.22	21787.97	62629.37	1640.52	6240.81	20260.43
96	4966.52	15015.75	40841.40	1306.89	4600.28	14019.62
97	3538.50	10049.23	25825.64	1010.18	3293.40	9419.34
98	2442.01	6510.73	15776.41	755.12	2283.21	6125.94
99	1627.33	4068.72	9265.68	543.97	1528.09	3842.73
100	1043.67	2441.39	5196.96	376.29	984.12	2314.64
101	641.92	1397.72	2755.57	249.04	607.83	1330.52
102	377.23	755.80	1357.84	157.07	358.80	722.68
103	210.95	378.57	602.04	94.04	201.72	363.89
104	111.77	167.62	223.47	53.20	107.69	162.17
105	55.85	55.85	55.85	54.48	54.48	54.48

附表3.4　中国人身保险业经验生命表(2010—2013)转换函数表——非养老类业务二表(CL4)

利率:2.5%

年龄(x)	D_x	N_x	S_x	C_x	M_x	R_x
0	1000000.00	35800464.83	1048295250.65	443.90	126817.93	10232287.99
1	975165.85	34800464.83	1012494785.82	308.25	126374.03	10105470.06
2	951073.07	33825298.98	977694320.99	218.98	126065.78	9979096.03
3	927657.19	32874225.91	943869022.00	162.91	125846.80	9853030.25
4	904868.50	31946568.72	910994796.10	131.54	125683.90	9727183.45
5	882667.00	31041700.22	879048227.38	112.81	125552.36	9601499.55
6	861025.73	30159033.22	848006527.16	99.96	125439.55	9475947.19
7	839925.14	29298007.49	817847493.94	90.14	125339.59	9350507.64
8	819349.02	28458082.36	788549486.45	83.93	125249.45	9225168.05
9	799280.96	27638733.34	760091404.09	80.32	125165.52	9099918.60
10	779705.99	26839452.37	732452670.76	78.35	125085.20	8974753.09
11	760610.42	26059746.39	705613218.38	77.92	125006.85	8849667.89
12	741981.03	25299135.97	679553471.99	78.90	124928.93	8724661.04
13	723805.03	24557154.94	654254336.02	81.21	124850.03	8599732.11
14	706070.04	23833349.92	629697181.08	83.35	124768.82	8474882.09
15	688765.47	23127279.88	605863831.16	86.01	124685.47	8350113.27
16	671880.30	22438514.41	582736551.28	88.49	124599.46	8225427.80
17	655404.48	21766634.12	560298036.87	90.16	124510.97	8100828.34
18	639328.85	21111229.64	538531402.75	92.94	124420.81	7976317.37
19	623642.52	20471900.79	517420173.12	94.92	124327.87	7851896.57
20	608336.82	19848258.26	496948272.33	96.74	124232.96	7727568.69
21	593402.59	19239921.45	477100014.07	98.42	124136.22	7603335.74
22	578830.94	18646518.86	457860092.62	100.52	124037.80	7479199.52
23	564612.59	18067687.91	439213573.76	101.91	123937.28	7355161.73
24	550739.65	17503075.32	421145885.85	103.16	123835.37	7231224.45
25	537203.81	16952335.67	403642810.53	104.82	123732.21	7107389.07
26	523996.46	16415131.86	386690474.86	106.33	123627.39	6983656.86
27	511109.73	15891135.40	370275343.00	107.71	123521.06	6860029.47
28	498535.93	15380025.68	354384207.59	109.43	123413.35	6736508.42
29	486267.08	14881489.75	339004181.92	111.49	123303.92	6613095.07
30	474295.42	14395222.67	324122692.17	114.29	123192.43	6489791.15
31	462612.95	13920927.25	309727469.50	117.80	123078.14	6366598.72
32	451211.91	13458314.30	295806542.25	121.94	122960.34	6243520.59
33	440084.80	13007102.39	282348227.95	127.52	122838.40	6120560.25

附表3.4续表1

年龄(x)	D_x	N_x	S_x	C_x	M_x	R_x
34	429223.51	12567017.59	269341125.56	133.58	122710.88	5997721.85
35	418621.06	12137794.08	256774107.97	141.31	122577.30	5875010.96
36	408269.48	11719173.02	244636313.88	149.77	122435.99	5752433.66
37	398161.92	11310903.54	232917140.86	159.65	122286.23	5629997.67
38	388291.00	10912741.62	221606237.31	170.47	122126.57	5507711.44
39	378650.02	10524450.62	210693495.69	182.49	121956.10	5385584.87
40	369232.16	10145800.60	200169045.07	195.24	121773.61	5263628.77
41	360031.26	9776568.43	190023244.47	208.99	121578.37	5141855.15
42	351041.01	9416537.18	180246676.04	223.64	121369.38	5020276.78
43	342255.40	9065496.16	170830138.86	238.74	121145.74	4898907.41
44	333668.96	8723240.76	161764642.70	254.89	120906.99	4777761.67
45	325275.81	8389571.80	153041401.94	271.96	120652.10	4656854.68
46	317070.29	8064295.99	144651830.14	289.23	120380.14	4536202.57
47	309047.64	7747225.71	136587534.15	307.54	120090.91	4415822.43
48	301202.35	7438178.07	128840308.44	326.77	119783.37	4295731.52
49	293529.18	7136975.72	121402130.37	347.08	119456.60	4175948.15
50	286022.85	6843446.54	114265154.65	368.62	119109.52	4056491.55
51	278678.06	6557423.69	107421708.11	391.24	118740.90	3937382.03
52	271489.80	6278745.62	100864284.42	415.31	118349.66	3818641.13
53	264452.79	6007255.82	94585538.80	440.93	117934.35	3700291.46
54	257561.79	5742803.03	88578282.98	467.63	117493.43	3582357.11
55	250812.17	5485241.24	82835479.94	496.00	117025.79	3464863.68
56	244198.80	5234429.08	77350238.70	526.04	116529.80	3347837.89
57	237716.69	4990230.28	72115809.62	557.30	116003.76	3231308.09
58	231361.42	4752513.59	67125579.34	589.80	115446.46	3115304.34
59	225128.66	4521152.17	62373065.75	623.77	114856.65	2999857.88
60	219013.94	4296023.51	57851913.59	659.82	114232.88	2885001.23
61	213012.32	4077009.56	53555890.08	699.51	113573.06	2770768.34
62	207117.39	3863997.24	49478880.52	744.41	112873.55	2657195.28
63	201321.33	3656879.86	45614883.27	796.45	112129.14	2544321.73
64	195614.61	3455558.52	41958003.42	857.84	111332.69	2432192.59
65	189985.68	3259943.91	38502444.89	929.73	110474.85	2320859.89
66	184422.16	3069958.23	35242500.98	1012.25	109545.13	2210385.04
67	178911.80	2885536.07	32172542.75	1104.19	108532.88	2100839.91
68	173443.91	2706624.27	29287006.67	1203.95	107428.68	1992307.03
69	168009.62	2533180.36	26580382.40	1311.29	106224.73	1884878.35
70	162600.53	2365170.74	24047202.04	1428.82	104913.43	1778653.62

附表3.4续表2

年龄（x）	D_x	N_x	S_x	C_x	M_x	R_x
71	157205.84	2202570.22	21682031.30	1562.09	103484.61	1673740.19
72	151809.46	2045364.38	19479461.08	1718.93	101922.52	1570255.57
73	146387.86	1893554.92	17434096.70	1907.04	100203.60	1468333.05
74	140910.39	1747167.06	15540541.78	2131.94	98296.55	1368129.45
75	135341.61	1606256.67	13793374.72	2394.42	96164.62	1269832.90
76	129646.17	1470915.07	12187118.05	2690.06	93770.19	1173668.28
77	123794.00	1341268.90	10716202.98	3009.22	91080.13	1079898.09
78	117765.42	1217474.89	9374934.08	3339.02	88070.91	988817.97
79	111554.07	1099709.48	8157459.19	3664.85	84731.88	900747.06
80	105168.39	988155.41	7057749.71	3972.59	81067.03	816015.18
81	98630.71	882987.03	6069594.30	4249.30	77094.44	734948.14
82	91975.78	784356.32	5186607.27	4484.56	72845.14	657853.70
83	85247.91	692380.54	4402250.95	4670.50	68360.58	585008.56
84	78498.19	607132.63	3709870.41	4801.41	63690.08	516647.98
85	71782.19	528634.44	3102737.79	4873.91	58888.67	452957.91
86	65157.50	456852.25	2574103.35	4886.05	54014.76	394069.24
87	58682.24	391694.75	2117251.10	4837.76	49128.71	340054.48
88	52413.20	333012.51	1725556.35	4730.18	44290.95	290925.77
89	46404.66	280599.31	1392543.84	4566.40	39560.77	246634.82
90	40706.44	234194.65	1111944.53	4351.30	34994.37	207074.05
91	35362.30	193488.21	877749.88	4091.85	30643.07	172079.68
92	30407.95	158125.92	684261.67	3796.84	26551.22	141436.61
93	25869.45	127717.96	526135.75	3476.43	22754.38	114885.38
94	21762.07	101848.51	398417.79	3141.42	19277.96	92131.00
95	18089.86	80086.44	296569.28	2802.20	16136.53	72853.04
96	14846.45	61996.58	216482.84	2467.84	13334.33	56716.51
97	12016.50	47150.13	154486.26	2145.62	10866.49	43382.18
98	9577.79	35133.64	107336.12	1840.67	8720.87	32515.68
99	7503.51	25555.85	72202.49	1556.37	6880.20	23794.81
100	5764.13	18052.33	46646.64	1294.62	5323.83	16914.61
101	4328.92	12288.20	28594.31	1056.56	4029.21	11590.78
102	3166.78	7959.28	16306.11	842.92	2972.65	7561.57
103	2246.62	4792.50	8346.83	654.37	2129.73	4588.92
104	1537.45	2545.89	3554.32	491.51	1475.36	2459.20
105	1008.44	1008.44	983.84	983.84	983.84	983.84

附表4.1 中国人身保险业经验生命表(2010—2013)——养老类业务表(CL5)

年龄	死亡率	生存人数	死亡人数	生存人年数		平均余额
(x)	q_x	l_x	d_x	L_x	T_x	e_x
0	0.000566	1000000.00	566.00	999717.00	83128896.54	83.13
1	0.000386	999434.00	385.78	999241.11	82129179.54	82.18
2	0.000268	999048.22	267.74	998914.35	81129938.43	81.21
3	0.000196	998780.47	195.76	998682.59	80131024.09	80.23
4	0.000158	998584.71	157.78	998505.82	79132341.50	79.24
5	0.000141	998426.94	140.78	998356.55	78133835.67	78.26
6	0.000132	998286.16	131.77	998220.27	77135479.12	77.27
7	0.000129	998154.38	128.76	998090.00	76137258.85	76.28
8	0.000131	998025.62	130.74	997960.25	75139168.85	75.29
9	0.000137	997894.88	136.71	997826.53	74141208.60	74.30
10	0.000146	997758.17	145.67	997685.33	73143382.07	73.31
11	0.000157	997612.50	156.63	997534.18	72145696.74	72.32
12	0.000170	997455.87	169.57	997371.09	71148162.56	71.33
13	0.000184	997286.30	183.50	997194.55	70150791.47	70.34
14	0.000197	997102.80	196.43	997004.59	69153596.91	69.35
15	0.000208	996906.37	207.36	996802.70	68156592.33	68.37
16	0.000219	996699.02	218.28	996589.88	67159789.63	67.38
17	0.000227	996480.74	226.20	996367.64	66163199.75	66.40
18	0.000235	996254.54	234.12	996137.48	65166832.11	65.41
19	0.000241	996020.42	240.04	995900.40	64170694.63	64.43
20	0.000248	995780.38	246.95	995656.90	63174794.23	63.44
21	0.000256	995533.43	254.86	995406.00	62179137.33	62.46
22	0.000264	995278.57	262.75	995147.19	61183731.33	61.47
23	0.000273	995015.81	271.64	994880.00	60188584.14	60.49
24	0.000284	994744.18	282.51	994602.92	59193704.15	59.51
25	0.000297	994461.67	295.36	994313.99	58199101.22	58.52
26	0.000314	994166.31	312.17	994010.23	57204787.23	57.54
27	0.000333	993854.14	330.95	993688.67	56210777.00	56.56
28	0.000354	993523.19	351.71	993347.34	55217088.34	55.58
29	0.000379	993171.48	376.41	992983.28	54223741.00	54.60
30	0.000407	992795.07	404.07	992593.04	53230757.72	53.62
31	0.000438	992391.00	434.67	992173.67	52238164.68	52.64
32	0.000472	991956.34	468.20	991722.24	51245991.01	51.66
33	0.000509	991488.13	504.67	991235.80	50254268.77	50.69

附表4.1续表1

年龄	死亡率	生存人数	死亡人数	生存人年数		平均余额
(x)	q_x	l_x	d_x	L_x	T_x	e_x
34	0.000549	990983.47	544.05	990711.44	49263032.97	49.71
35	0.000592	990439.42	586.34	990146.25	48272321.53	48.74
36	0.000639	989853.08	632.52	989536.82	47282175.29	47.77
37	0.000690	989220.56	682.56	988879.28	46292638.47	46.80
38	0.000746	988538.00	737.45	988169.27	45303759.19	45.83
39	0.000808	987800.55	798.14	987401.48	44315589.91	44.86
40	0.000878	987002.41	866.59	986569.11	43328188.44	43.90
41	0.000955	986135.82	941.76	985664.94	42341619.33	42.94
42	0.001041	985194.06	1025.59	984681.26	41355954.39	41.98
43	0.001138	984168.47	1119.98	983608.48	40371273.12	41.02
44	0.001245	983048.49	1223.90	982436.54	39387664.64	40.07
45	0.001364	981824.59	1339.21	981154.99	38405228.10	39.12
46	0.001496	980485.38	1466.81	979751.98	37424073.12	38.17
47	0.001641	979018.58	1606.57	978215.29	36444321.14	37.23
48	0.001798	977412.01	1757.39	976533.31	35466105.84	36.29
49	0.001967	975654.62	1919.11	974695.06	34489572.53	35.35
50	0.002148	973735.51	2091.58	972689.72	33514877.46	34.42
51	0.002340	971643.92	2273.65	970507.10	32542187.75	33.49
52	0.002544	969370.28	2466.08	968137.24	31571680.65	32.57
53	0.002759	966904.20	2667.69	965570.36	30603543.41	31.65
54	0.002985	964236.51	2878.25	962797.39	29637973.05	30.74
55	0.003221	961358.27	3096.53	959810.00	28675175.66	29.83
56	0.003469	958261.73	3324.21	956599.63	27715365.67	28.92
57	0.003731	954937.52	3562.87	953156.08	26758766.04	28.02
58	0.004014	951374.65	3818.82	949465.24	25805609.96	27.12
59	0.004323	947555.83	4096.28	945507.69	24856144.72	26.23
60	0.004660	943459.55	4396.52	941261.29	23910637.03	25.34
61	0.005034	939063.03	4727.24	936699.40	22969375.74	24.46
62	0.005448	934335.78	5090.26	931790.65	22032676.34	23.58
63	0.005909	929245.52	5490.91	926500.06	21100885.69	22.71
64	0.006422	923754.61	5932.35	920788.43	20174385.62	21.84
65	0.006988	917822.26	6413.74	914615.39	19253597.19	20.98
66	0.007610	911408.51	6935.82	907940.61	18338981.81	20.12
67	0.008292	904472.70	7499.89	900722.75	17431041.20	19.27
68	0.009046	896972.81	8114.02	892915.80	16530318.45	18.43
69	0.009897	888858.79	8797.04	884460.27	15637402.65	17.59
70	0.010888	880061.76	9582.11	875270.70	14752942.37	16.76

附表4.1续表2

年龄 (x)	死亡率 q_x	生存人数 l_x	死亡人数 d_x	生存人年数 L_x	T_x	平均余额 e_x
71	0.012080	870479.64	10515.39	865221.95	13877671.67	15.94
72	0.013550	859964.25	11652.52	854137.99	13012449.73	15.13
73	0.015387	848311.73	13052.97	841785.25	12158311.73	14.33
74	0.017686	835258.76	14772.39	827872.57	11316526.49	13.55
75	0.020539	820486.38	16851.97	812060.39	10488653.92	12.78
76	0.024017	803634.41	19300.89	793983.96	9676593.53	12.04
77	0.028162	784333.52	22088.40	773289.32	8882609.56	11.33
78	0.032978	762245.12	25137.32	749676.46	8109320.25	10.64
79	0.038437	737107.80	28332.21	722941.69	7359643.79	9.98
80	0.044492	708775.59	31534.84	693008.16	6636702.10	9.36
81	0.051086	677240.74	34597.52	659941.98	5943693.93	8.78
82	0.058173	642643.22	37384.48	623950.98	5283751.95	8.22
83	0.065722	605258.74	39778.81	585369.33	4659800.97	7.70
84	0.073729	565479.92	41692.27	544633.79	4074431.64	7.21
85	0.082223	523787.65	43067.39	502253.96	3529797.85	6.74
86	0.091239	480720.26	43860.44	458790.04	3027543.89	6.30
87	0.100900	436859.83	44079.16	414820.25	2568753.85	5.88
88	0.111321	392780.67	43724.74	370918.30	2153933.60	5.48
89	0.122608	349055.93	42797.05	327657.41	1783015.30	5.11
90	0.134870	306258.88	41305.14	285606.31	1455357.89	4.75
91	0.148212	264953.75	39269.32	245319.08	1169751.58	4.41
92	0.162742	225684.42	36728.33	207320.26	924432.49	4.10
93	0.178566	188956.09	33741.13	172085.52	717112.24	3.80
94	0.195793	155214.96	30390.00	140019.95	545026.72	3.51
95	0.214499	124824.95	26774.83	111437.54	405006.76	3.24
96	0.234650	98050.13	23007.46	86546.39	293569.22	2.99
97	0.256180	75042.66	19224.43	65430.45	207022.83	2.76
98	0.279025	55818.23	15574.68	48030.89	141592.38	2.54
99	0.303120	40243.55	12198.63	34144.24	93561.49	2.32
100	0.328401	28044.93	9209.98	23439.94	59417.25	2.12
101	0.354803	18834.94	6682.69	15493.60	35977.31	1.91
102	0.382261	12152.25	4645.33	9829.58	20483.72	1.69
103	0.410710	7506.92	3083.17	5965.34	10654.13	1.42
104	0.440086	4423.75	1946.83	3450.34	4688.80	1.06
105	1.000000	2476.92	2476.92	1238.46	1238.46	0.50

附表4.2 中国人身保险业经验生命表(2010—2013)——养老类业务表(CL6)

年龄	死亡率	生存人数	死亡人数	生存人年数		平均余额
(x)	q_x	l_x	d_x	L_x	T_x	e_x
0	0.000453	1000000.00	453.00	999773.50	88131288.79	88.13
1	0.000289	999547.00	288.87	999402.57	87131515.29	87.17
2	0.000184	999258.13	183.86	999166.20	86132112.73	86.20
3	0.000124	999074.27	123.89	999012.32	85132946.53	85.21
4	0.000095	998950.38	94.90	998902.93	84133934.20	84.22
5	0.000084	998855.48	83.90	998813.53	83135031.27	83.23
6	0.000078	998771.58	77.90	998732.63	82136217.74	82.24
7	0.000074	998693.67	73.90	998656.72	81137485.12	81.24
8	0.000072	998619.77	71.90	998583.82	80138828.39	80.25
9	0.000072	998547.87	71.90	998511.92	79140244.57	79.26
10	0.000074	998475.97	73.89	998439.03	78141732.65	78.26
11	0.000077	998402.09	76.88	998363.65	77143293.62	77.27
12	0.000080	998325.21	79.87	998285.28	76144929.97	76.27
13	0.000085	998245.34	84.85	998202.92	75146644.69	75.28
14	0.000099	998160.49	89.83	998115.58	74148441.78	74.29
15	0.000095	998070.66	94.82	998023.25	73150326.20	73.29
16	0.000100	997975.84	99.80	997925.94	72152302.95	72.30
17	0.000105	997876.04	104.78	997823.66	71154377.01	71.31
18	0.000110	997771.27	109.75	997716.39	70156553.35	70.31
19	0.000115	997661.51	114.73	997604.15	69158836.96	69.32
20	0.000120	997546.78	119.71	997486.93	68161232.81	68.33
21	0.000125	997427.08	124.68	997364.74	67163745.88	67.34
22	0.000129	997302.40	128.65	997238.07	66166381.15	66.35
23	0.000134	997173.75	133.62	997106.94	65169143.07	65.35
24	0.000139	997040.12	138.59	996970.83	64172036.14	64.36
25	0.000144	996901.54	143.55	996829.76	63175065.31	63.37
26	0.000149	996757.98	148.52	996683.72	62178235.55	62.38
27	0.000154	996609.47	153.48	996532.73	61181551.83	61.39
28	0.000160	996455.99	159.43	996376.27	60185019.10	60.40
29	0.000167	996296.55	166.38	996213.36	59188642.83	59.41
30	0.000175	996130.17	174.32	996043.01	58192429.46	58.42
31	0.000186	995955.85	185.25	995863.23	57196386.45	57.43
32	0.000198	995770.60	197.16	995672.02	56200523.23	56.44
33	0.000213	995573.44	212.06	995467.41	55204851.21	55.45

附表4.2续表1

年龄	死亡率	生存人数	死亡人数	生存人年数		平均余额
(x)	q_x	l_x	d_x	L_x	T_x	e_x
34	0.000231	995361.38	229.93	995246.42	54209383.80	54.46
35	0.000253	995131.45	251.77	995005.57	53214137.38	53.47
36	0.000277	994879.69	275.58	994741.89	52219131.81	52.49
37	0.000305	994604.10	303.35	994452.43	51224389.91	51.50
38	0.000337	994300.75	335.08	994133.21	50229937.49	50.52
39	0.000372	993965.67	369.76	993780.79	49235804.27	49.53
40	0.000410	993595.92	407.37	993392.23	48242023.48	48.55
41	0.000450	993188.54	446.93	992965.07	47248631.25	47.57
42	0.000494	992741.61	490.41	992496.40	46255666.18	46.59
43	0.000540	992251.19	535.82	991983.28	45263169.78	45.62
44	0.000589	991715.38	584.12	991423.32	44271186.50	44.64
45	0.000640	991131.26	634.32	990814.09	43279763.18	43.67
46	0.000693	990496.93	686.41	990153.72	42288949.09	42.69
47	0.000750	989810.52	742.36	989439.34	41298795.36	41.72
48	0.000811	989068.16	802.13	988667.09	40309356.02	40.75
49	0.000877	988266.03	866.71	987832.67	39320688.93	39.79
50	0.000950	987399.32	938.03	986930.30	38332856.26	38.82
51	0.001031	986461.29	1017.04	985952.77	37345925.96	37.86
52	0.001120	985444.24	1103.70	984892.40	36359973.19	36.90
53	0.001219	984340.55	1199.91	983740.59	35375080.80	35.94
54	0.001329	983140.64	1306.59	982487.34	34391340.21	34.98
55	0.001450	981834.04	1423.66	981122.21	33408852.87	34.03
56	0.001585	980410.38	1553.95	979633.41	32427730.65	33.08
57	0.001736	978856.43	1699.29	978006.79	31448097.25	32.13
58	0.001905	977157.14	1861.48	976226.40	30470090.46	31.18
59	0.002097	975295.65	2045.19	974273.06	29493864.07	30.24
60	0.002315	973250.46	2253.07	972123.92	28519591.01	29.30
61	0.002561	970997.38	2486.72	969754.02	27547467.09	28.37
62	0.002836	968510.66	2746.70	967137.31	26577713.07	27.44
63	0.003137	965763.96	3029.60	964249.16	25610575.76	26.52
64	0.003468	962734.36	3338.76	961064.98	24646326.59	25.60
65	0.003835	959395.60	3679.28	957555.96	23685261.61	24.69
66	0.004254	955716.32	4065.62	953683.51	22727705.66	23.78
67	0.004740	951650.70	4510.82	949395.29	21774022.15	22.88
68	0.005302	947139.88	5021.74	944629.01	20824626.86	21.99
69	0.005943	942118.14	5599.01	939318.64	19879997.85	21.10
70	0.006660	936519.13	6237.22	933400.52	18940679.22	20.22

附表4.2续表2

年龄	死亡率	生存人数	死亡人数	生存人年数		平均余额
(x)	q_x	l_x	d_x	L_x	T_x	e_x
71	0.007460	930281.91	6939.90	926811.96	18007278.69	19.36
72	0.008369	923342.01	7727.45	919478.29	17080466.73	18.50
73	0.009436	915614.56	8639.74	911294.69	16160988.45	17.65
74	0.010730	906974.82	9731.84	902108.90	15249693.75	16.81
75	0.012332	897242.98	11064.80	891710.58	14347584.85	15.99
76	0.014315	886178.18	12685.64	879835.36	13455874.27	15.18
77	0.016734	873492.54	14617.02	866184.03	12576038.91	14.40
78	0.019619	858875.52	16850.28	850450.38	11709854.88	13.63
79	0.022971	842025.24	19342.16	832354.16	10859404.50	12.90
80	0.026770	822683.08	22023.23	811671.46	10027050.34	12.19
81	0.030989	800659.85	24811.65	788254.03	9215378.88	11.51
82	0.035598	775848.20	27618.64	762038.88	8427124.85	10.86
83	0.040576	748229.56	30360.16	733049.48	7665085.97	10.24
84	0.045915	717869.40	32960.97	701388.91	6932036.49	9.66
85	0.051616	684908.42	35352.23	667232.31	6230647.58	9.10
86	0.057646	649556.19	37444.32	630834.03	5563415.28	8.56
87	0.064084	612111.87	39226.58	592498.58	4932581.25	8.06
88	0.070942	572885.30	40641.63	552564.48	4340082.66	7.58
89	0.078241	532243.67	41643.28	511422.03	3787518.18	7.12
90	0.086003	490600.39	42193.11	469503.84	3276096.15	6.68
91	0.094249	448407.29	42261.94	427276.32	2806592.31	6.26
92	0.103002	406145.35	41833.78	385228.46	2379316.00	5.86
93	0.112281	364311.56	40905.27	343858.93	1994087.54	5.47
94	0.122109	323406.30	39490.82	303660.89	1650228.61	5.10
95	0.132540	283915.48	37630.16	265100.40	1346567.72	4.74
96	0.143757	246285.32	35405.24	228582.70	1081467.32	4.39
97	0.155979	210880.08	32892.86	194433.65	852884.62	4.04
98	0.169421	177987.22	30154.77	162909.83	658450.97	3.70
99	0.184301	147832.44	27245.67	134209.61	495541.14	3.35
100	0.200836	120586.78	24218.17	108477.69	361331.53	3.00
101	0.219242	96368.61	21128.05	85804.59	252853.84	2.62
102	0.239737	75240.56	18037.95	66221.59	167049.25	2.22
103	0.262537	57202.62	15017.80	49693.72	100827.66	1.76
104	0.287859	42184.81	12143.28	36113.17	51133.94	1.21
105	1.000000	30041.54	30041.54	15020.77	15020.77	0.50

附表 4.3 中国人身保险业经验生命表(2010—2013)转换函数表——养老类业务表(CL5)

利率:2.5%

年龄 (x)	D_x	N_x	S_x	C_x	M_x	R_x
0	100000000.00	35450873.94	1022724756.27	552.20	135344.54	10506367.69
1	975057.56	34450873.94	987273882.33	367.19	134792.34	10371023.15
2	950908.48	33475816.38	952823008.39	248.63	134425.15	10236230.81
3	927466.96	32524907.90	919347192.01	177.35	134176.52	10101805.66
4	904668.46	31597440.94	886822284.10	139.45	133999.17	9967629.14
5	882463.93	30692772.48	855224843.16	121.39	133859.72	9833629.96
6	860819.03	29810308.55	824532070.68	110.86	133738.33	9699770.24
7	839712.58	28949489.53	794721762.13	105.68	133627.47	9566031.91
8	819126.11	28109776.94	765772272.60	104.69	133521.79	9432404.44
9	799042.73	27290650.84	737662495.66	106.80	133417.10	9298882.65
10	779447.09	26491608.10	710371844.82	111.02	133310.30	9165465.55
11	760325.16	25712161.02	683880236.72	116.46	133199.28	9032155.24
12	741664.18	24951835.86	658168075.70	123.01	133082.82	8898955.96
13	723451.81	24210171.67	633216239.84	129.87	132959.81	8765873.14
14	705676.77	23486719.87	609006068.17	135.63	132829.94	8632913.33
15	688329.51	22781043.10	585519348.30	139.68	132694.32	8500083.38
16	671401.31	22092713.58	562738305.20	143.45	132554.64	8367389.07
17	654882.22	21421312.27	540645591.62	145.03	132411.19	8234834.43
18	638764.45	20766430.06	519224279.34	146.45	132266.15	8102423.24
19	623038.38	20127665.61	498457849.29	146.49	132119.71	7970157.09
20	607695.83	19504627.23	478330183.68	147.03	131973.22	7838037.38
21	592726.95	18896931.40	458825556.45	148.04	131826.18	7706064.17
22	578122.16	18304204.45	439928625.05	148.90	131678.15	7574237.99
23	563872.71	17726082.30	421624420.60	150.18	131529.24	7442559.84
24	549969.54	17162209.58	403898338.30	152.38	131379.06	7311030.60
25	536403.27	16612240.04	386736128.72	155.43	131226.68	7179651.54
26	523164.83	16075836.78	370123888.68	160.27	131071.25	7048424.86
27	510244.45	15552671.94	354048051.90	165.77	130910.99	6917353.61
28	497633.69	15042427.50	338495379.95	171.87	130745.22	6786442.62
29	485324.42	14544793.80	323452952.46	179.45	130573.35	6655697.40
30	473307.79	14059469.38	308908158.66	187.94	130393.90	6525124.05
31	461575.76	13586161.59	294848689.27	197.24	130205.96	6394730.15
32	450120.57	13124585.83	281262527.68	207.28	130008.72	6264524.18
33	438934.75	12674465.26	268137941.85	217.97	129801.45	6134515.46

附表4.3续表1

年龄(x)	D_x	N_x	S_x	C_x	M_x	R_x
34	428011.05	12235530.51	255463476.59	229.25	129583.48	6004714.01
35	417342.51	11807519.46	243227946.07	241.04	129354.23	5875130.53
36	406922.39	11390176.94	231420426.62	253.68	129113.19	5745776.30
37	396743.77	10983254.56	220030249.67	267.08	128859.51	5616663.10
38	386800.02	10586510.79	209046995.11	281.51	128592.44	5487803.59
39	377084.35	10199710.77	198460484.32	297.25	128310.92	5359211.16
40	367589.92	9822626.42	188260773.55	314.87	128013.67	5230900.24
41	358309.44	9455036.50	178438147.13	333.84	127698.80	5102886.57
42	349236.35	9096727.06	168983110.63	354.69	127364.96	4975187.77
43	340363.70	8747490.71	159886383.58	377.89	127010.27	4847822.82
44	331684.26	8407127.01	151138892.87	402.88	126632.38	4720812.55
45	323191.52	8075442.75	142731765.86	430.08	126229.51	4594180.17
46	314878.72	7752251.22	134656323.11	459.57	125799.43	4467950.66
47	306739.19	7437372.50	126904071.89	491.08	125339.86	4342151.24
48	298766.66	7130633.32	119466699.39	524.08	124848.77	4216811.38
49	290955.59	6831866.66	112336066.07	558.35	124324.69	4091962.61
50	283300.76	6540911.07	105504199.41	593.69	123766.34	3967637.91
51	275797.30	6257610.31	98963288.34	629.63	123172.65	3843871.57
52	268440.91	5981813.01	92705678.03	666.26	122543.03	3720698.92
53	261227.31	5713372.11	86723865.02	703.15	121876.77	3598155.89
54	254152.77	5452144.79	81010492.91	740.14	121173.62	3476279.11
55	247213.78	5197992.03	75558348.12	776.85	120433.48	3355105.49
56	240407.32	4950778.25	70360356.09	813.63	119656.63	3234672.01
57	233730.09	4710370.94	65409577.84	850.78	118843.00	3115015.38
58	227178.58	4476640.84	60699206.90	889.65	117992.22	2996172.38
59	220747.99	4249462.26	56222566.06	931.02	117102.57	2878180.16
60	214432.87	4028714.28	51973103.80	974.89	116171.55	2761077.60
61	208227.92	3814281.41	47944389.52	1022.65	115196.66	2644906.05
62	202126.53	3606053.49	44130108.11	1074.33	114174.01	2529709.39
63	196122.29	3403926.96	40524054.62	1130.62	113099.68	2415535.38
64	190208.20	3207804.67	37120127.66	1191.72	111969.06	2302435.70
65	184377.25	3017596.47	33912323.00	1257.00	110777.34	2190466.64
66	178623.24	2833219.22	30894726.53	1326.17	109520.33	2079689.30
67	172940.41	2654595.98	28061507.31	1399.05	108194.16	1970168.97
68	167323.30	2481655.57	25406911.34	1476.69	106795.12	1861974.80
69	161765.56	2314332.26	22925255.77	1561.95	105318.43	1755179.68
70	156258.11	2152566.71	20610923.50	1659.84	103756.48	1649861.25

附表4.3续表2

年龄(x)	D_x	N_x	S_x	C_x	M_x	R_x
71	150787.10	1996308.59	18458356.80	1777.08	102096.64	1546104.77
72	145332.28	1845521.50	16462048.20	1921.22	100319.56	1444008.13
73	139866.37	1700189.22	14616526.70	2099.63	98398.34	1343688.57
74	134355.36	1560322.85	12916337.49	2318.25	96298.71	1245290.23
75	128760.15	1425967.49	11356014.64	2580.10	93980.45	1148991.52
76	123039.56	1297207.34	9930047.15	2882.97	91400.35	1055011.07
77	117155.62	1174167.78	8632839.81	3218.87	88517.38	963610.71
78	111079.30	1057012.16	7458672.03	3573.83	85298.52	875093.33
79	104796.23	945932.86	6401659.87	3929.81	81724.69	789794.81
80	98310.41	841136.63	5455727.01	4267.34	77794.88	708070.12
81	91645.25	742826.22	4614590.38	4567.60	73527.54	630275.23
88	84842.40	651180.96	3871764.16	4815.16	68959.94	556747.69
83	77957.92	566338.56	3220583.20	4998.59	64144.78	487787.75
84	71057.92	488380.64	2654244.64	5111.25	59146.20	423642.97
85	64213.55	417322.72	2165864.00	5151.05	54034.95	364496.77
86	57496.31	353109.17	1748541.28	5117.96	48883.90	310461.82
87	50976.01	295612.85	1395432.12	5018.03	43765.94	261577.92
88	44714.66	244636.84	1099819.27	4856.27	38747.91	217811.98
89	38767.79	199922.18	855182.42	4637.31	33891.64	179064.07
90	33184.92	161154.40	655260.24	4366.49	29254.33	145172.44
91	28009.05	127969.47	494105.84	4050.03	24887.84	115918.11
92	23275.87	99960.43	366136.37	3695.57	20837.81	91030.27
93	19012.60	76684.56	266175.94	3312.20	17142.24	70192.46
94	15236.68	57671.96	189491.39	2910.47	13830.04	53050.22
95	11954.58	42435.28	131819.43	2501.70	10919.57	39220.18
96	9161.30	30480.71	89384.15	2097.27	8417.87	28300.61
97	6840.59	21319.41	58903.44	1709.68	6320.60	19882.74
98	4964.06	14478.82	37584.03	1351.31	4610.92	13562.14
99	3491.67	9514.76	23105.21	1032.58	3259.61	8951.22
100	2373.93	6023.09	13590.45	760.59	2227.02	5691.61
101	1555.44	3649.16	7567.36	538.42	1466.44	3464.59
102	979.09	2093.71	3918.21	365.14	928.02	1998.15
103	590.07	1114.62	1824.49	236.44	562.88	1070.12
104	339.24	524.55	709.87	145.65	326.45	507.24
105	185.31	185.31	185.31	180.79	180.79	180.79

附表4.4 中国人身保险业经验生命表(2010—2013)转换函数表——养老类业务表(CL6)

利率:2.5%

年龄(x)	D_x	N_x	S_x	C_x	M_x	R_x
0	1000000.00	36150047.43	1076430930.45	441.95	118291.53	9895634.49
1	975167.80	35150047.43	1040280883.02	274.95	117849.57	9777342.97
2	951108.27	34174879.62	1005130835.59	170.74	117574.63	9659493.39
3	927739.78	33223771.35	970955955.97	112.23	117403.89	9541918.77
4	904999.74	32296031.57	937732184.62	83.88	117291.66	9424514.88
5	882842.70	31391031.83	905436153.05	72.35	117207.78	9307223.22
6	861237.60	30508189.13	874045121.22	65.54	117135.43	9190015.44
7	840166.27	29646951.53	843536932.09	60.66	117069.89	9072880.01
8	819613.75	28806785.26	813889980.56	57.57	117009.23	8955810.12
9	799565.60	27987171.51	785083195.30	56.16	116951.66	8838800.89
10	780007.84	27187605.91	757096023.79	56.31	116895.50	8721849.23
11	760926.94	26407598.07	729908417.88	57.16	116839.18	8604953.73
12	742310.59	25646671.13	703500819.81	57.94	116782.02	8488114.55
13	724147.51	24904360.55	677854148.68	60.05	116724.08	8371332.53
14	706425.33	24180213.03	652949788.13	62.03	116664.03	8254608.44
15	689133.41	23473787.71	628769575.10	63.87	116602.01	8137944.41
16	672261.41	22784654.29	605295787.39	65.59	116538.13	8021342.41
17	655799.20	22112392.88	582511133.10	67.18	116472.55	7904804.27
18	639736.92	21456593.68	560398740.22	68.65	116405.37	7788331.72
19	624064.93	20816856.76	538942146.54	70.02	116336.71	7671926.35
20	608773.82	20192791.83	518125289.78	71.27	116266.70	7555589.64
21	593854.40	19584018.01	497932497.95	72.42	116195.43	7439322.94
22	579297.73	18990163.61	478348479.94	72.91	116123.00	7323127.52
23	565095.61	18410865.88	459358316.33	73.88	116050.10	7207004.51
24	551238.91	17845770.28	440947450.44	74.75	115976.22	7090954.41
25	537719.31	17294531.36	423101680.17	75.54	115901.47	6974978.19
26	524528.66	16756812.06	405807148.80	76.25	115825.93	6859076.72
27	511659.03	16232283.40	389050336.75	76.87	115749.68	6743250.79
28	499102.67	15720624.37	372818053.35	77.91	115672.80	6627501.12
29	486851.52	15221521.70	357097428.98	79.32	115594.90	6511828.31
30	474897.77	14734670.18	341875907.27	81.08	115515.57	6396233.42
31	463233.82	14259772.41	327141237.09	84.06	115434.49	6280717.84
32	451851.37	13796538.59	312881464.68	87.28	115350.43	6165283.35
33	440743.33	13344687.21	299084926.10	91.59	115263.15	6049932.92

附表4.4续表1

年龄(x)	D_x	N_x	S_x	C_x	M_x	R_x
34	429901.90	12903943.89	285740238.88	96.89	115171.56	5934669.77
35	419319.60	12474041.99	272836295.00	103.50	115074.68	5819498.21
36	408988.79	12054722.39	260362253.01	110.53	114971.18	5704423.53
37	398902.93	11645733.59	248307530.62	118.70	114860.65	5589452.36
38	389054.89	11246830.66	236661797.03	127.91	114741.95	5474591.71
39	379437.84	10857775.77	225414966.37	137.71	114614.04	5359849.76
40	370045.55	10478337.93	214557190.60	148.02	114476.33	5245235.72
41	360872.03	10108292.38	204078852.67	158.43	114328.31	5130759.39
42	351911.84	9747420.36	193970560.29	169.60	114169.88	5016431.08
43	343159.02	9395508.52	184223139.93	180.79	114000.27	4902261.20
44	334608.50	9052349.50	174827631.41	192.28	113819.49	4788260.93
45	326255.04	8717741.00	165775281.91	203.71	113627.21	4674441.44
46	318093.89	8391485.96	157057540.91	215.06	113423.50	4560814.23
47	310120.44	8073392.07	148666054.95	226.92	113208.44	4447390.73
48	302329.61	7763271.63	140592662.88	239.21	112981.52	4334182.29
49	294716.51	7460942.02	132829391.25	252.16	112742.31	4221200.77
50	287276.14	7166225.51	125368449.23	266.26	112490.15	4108458.46
51	280003.15	6878949.38	118202223.71	281.64	112223.89	3995968.31
52	272892.16	6598946.23	111323274.33	298.18	111942.25	3883744.42
53	265938.07	6326054.07	104724328.10	316.27	111644.07	3771802.17
54	259135.50	6060116.00	98398274.03	335.99	111327.79	3660158.10
55	252479.13	5800980.50	92338158.02	357.17	110991.80	3548830.31
56	245963.94	5548501.37	86537177.52	380.34	110634.64	3437838.50
57	239584.47	5302537.43	80988676.15	405.77	110254.29	3327203.87
58	233335.18	5062952.96	75686138.72	433.66	109848.52	3216949.57
59	227210.41	4829617.78	70623185.76	464.84	109414.86	3107101.05
60	221203.86	4602407.37	65793567.99	499.60	108950.02	2997686.20
61	215309.04	4381203.51	61191160.62	537.96	108450.42	2888736.18
62	209519.65	4165894.47	56809957.11	579.71	107912.46	2780285.76
63	203829.71	3956374.82	52644062.64	623.82	107332.76	2672373.29
64	198234.43	3752545.12	48687687.82	670.71	106708.94	2565040.54
65	192728.74	3554310.69	44935142.70	721.09	106038.23	2458331.60
66	187306.95	3361581.95	41380832.01	777.37	105317.14	2352293.37
67	181961.12	3174275.00	38019250.06	841.46	104539.77	2246976.22
68	176681.58	2992313.89	34844975.06	913.92	103698.31	2142436.45
69	171458.36	2815632.31	31852661.17	994.12	102784.40	2038738.13
70	166282.32	2644173.95	29037028.86	1080.43	101790.27	1935953.74

附表4.4续表2

年龄(x)	D_x	N_x	S_x	C_x	M_x	R_x
71	161146.22	2477891.63	26392854.91	1172.83	100709.84	1834163.46
72	156043.00	2316745.41	23914963.27	1274.07	99537.01	1733453.62
73	150963.00	2160702.41	21598217.86	1389.74	98262.94	1633916.61
74	145891.23	2009739.41	19437515.45	1527.23	96873.20	1535653.67
75	140805.68	1863848.18	17427776.04	1694.06	95345.97	1438780.47
76	135677.33	1723042.50	15563927.87	1894.85	93651.90	1343434.50
77	130473.28	1587365.17	13840885.36	2130.09	91757.05	1249782.60
78	125160.91	1456891.90	12253520.19	2395.64	89626.96	1158025.55
79	119712.57	1331730.98	10796628.30	2682.85	87231.32	1068398.59
80	114109.90	1212018.42	9464897.31	2980.22	84548.48	981167.26
81	108346.52	1097908.51	8252878.90	3275.66	81568.26	896618.79
82	102428.26	989562.00	7154970.38	3557.31	78292.60	815050.52
83	96372.70	887133.74	6165408.38	3815.04	74735.29	736757.92
84	90207.11	790761.04	5278274.65	4040.84	70920.25	662022.63
85	83966.09	700553.93	4487513.61	4228.29	66879.41	591102.38
86	77689.85	616587.84	3786959.68	4369.28	62651.13	524222.97
87	71425.70	538897.98	3170371.84	4465.60	58281.85	461571.84
88	65218.01	467472.28	2631473.86	4513.85	53816.24	403289.99
89	59113.47	402254.28	2164001.58	4512.29	49302.39	349473.75
90	53159.39	343140.80	1761747.30	4460.36	44790.10	300171.35
91	47402.46	289981.41	1418606.50	4358.67	40329.75	255381.25
92	41887.64	242578.95	1128625.09	4209.28	35971.08	215051.51
93	36656.71	200691.31	886046.14	4015.47	31761.80	179080.43
94	31747.18	164034.60	685354.84	3782.06	27746.33	147318.63
95	27190.79	132287.42	521320.24	3515.97	23964.27	119572.29
96	23011.63	105096.63	389032.81	3227.40	20448.30	95608.02
97	19222.98	82085.00	283936.18	2925.25	17220.90	75159.72
98	15828.87	62862.02	201851.19	2616.34	14295.65	57938.82
99	12826.47	47033.15	138989.17	2306.27	11679.32	43643.17
100	10207.35	34206.68	91956.02	2000.00	9373.04	31963.85
101	7958.39	23999.33	57749.34	1702.26	7373.04	22590.81
102	6062.03	16040.94	33750.02	1417.85	5670.78	15217.76
103	4496.33	9978.91	17709.08	1151.66	4252.94	9546.98
104	3235.00	5482.58	7730.17	908.51	3101.28	5294.04
105	2247.59	2247.59	2247.59	2192.77	2192.77	2192.77